LA ARGENTINA EN LOS PRIMEROS AÑOS DE LA REVOLUCIÓN

BIBLIOTECA de LA NACIÓN

J. P. y N. ROBERTSON

LA ARGENTINA
EN LOS PRIMEROS AÑOS
DE LA REVOLUCIÓN

TRADUCCIÓN DE

CARLOS A. ALDAO

BUENOS AIRES
1916

Imp. de La Nación.—Buenos Aires

INDICE

Señor Director de la *Biblioteca de La Nación:*

Me es muy grato poner a su disposición las «Cartas sobre la Argentina en la época de la Revolución» de los hermanos Robertson, para ser impresas y divulgadas por la *Biblioteca de La Nación*, que presta servicios tan positivos a la cultura nacional.

He traducido la mayor parte de los dos volúmenes publicados en Londres, en 1838, con el título de *Letters en Paraguay*, manteniendo los números ordinales del original inglés. Lo omitido no altera la ilación y continuidad del relato y solamente importa reducir la obra a límites más estrechos ajustándola a su título y suprimiendo todo aquello que no emane directamente de la observación personal. Al seleccionar las cartas con este criterio, he suprimido las referentes a los viajes entre Europa y Sud América, las invasiones inglesas y la historia de las misiones jesuíticas, que presentan interés secundario y pueden estudiarse en otras fuentes.

Análogo procedimiento he adoptado con lo relativo al estado social y político del país como consecuencia de la Revolución, pues, aunque inserto al principio de la obra, a guisa de introducción, fué escrito cuando los autores habían ya conocido gran parte del continente sudamericano y tenían de él una visión de conjunto. La traducción se limita a las cartas escritas, de 1808 a 1815, a medida que los autores recorrían las comarcas bañadas por los ríos Paraná y Paraguay.

Juan Parish Robertson, a la edad de catorce años, seducido, como otros jóvenes fogosos, por las noticias llegadas a Inglaterra en 1806, describiendo como una Nueva Arcadia el país conquistado por el general Beresford, se embarcó en Greenock, con destino a Buenos Aires. La víspera de llegar, ya entrado al Río de la Plata, el barco que los conducía fué detenido por un navío de guerra británico, cuyo capitán comunicó que Beresford y su ejército estaban prisioneros y los ingleses no tenían más tierra que pisar en Sud América que la ocupada por las tropas del general Auchmuty sitiadoras de Montevideo, ordenándoles dirigirse allí y ponerse a las órdenes del almirante británico.

Fondeado el buque en la rada con otros cientos de barcos que esperaban en análogas condiciones, Robertson presenció desde a bordo el ataque y toma de la plaza, pudiendo en consecuencia desembarcar. Allí esperó el resultado de la expedición del general Whitelock y, cuando, con otros dos mil comerciantes de su nacionalidad se preparaba para trasladarse a Buenos Aires, llegó la noticia de la capitulación, que obligó a los invasores a abandonar para siempre el Río de la Plata en son de guerra. Desvanecidas sus ilusiones volvió a Inglaterra, en el convoy que llevaba al ejército vencido.

La emigración de la Corte de Portugal al Brasil, abrió este país al comercio libre y Robertson, en octubre de 1808, se dirigió a Río de Janeiro con ánimo de establecerse. El clima y el espectáculo de la esclavitud le desagradaron y vino aquí en 1809, desde donde se encaminó al Paraguay dos años después.

Su acción en aquel país, junto con la de su hermano Guillermo que se le unió en 1814, constituyen el tema de las cartas traducidas. Viéndose obligado

Juan a regresar de Buenos Aires al Paraguay, sin trasladarse a Europa, como era su intento, para desempeñar la misión que le encargó Francia ante el Parlamento inglés, cayó en desgracia con aquel tirano sombrío y extraño. Fué gran fortuna que se limitase a expulsarlos de sus dominios, permitiéndoles llevar consigo sus bienes.

En 1815 llegaron a Corrientes, a la sazón todavía inquieta por el estado de anarquía, confusión, sangre, violencia y rapiña producido por la entrega de la ciudad al poder de Artigas. Su influencia fué considerable, pues fueron los primeros en introducir el uso del dinero en las transacciones, que hasta entonces se efectuaban por simple permuta. Conocieron al irlandés Pedro Campbell, desertor del ejército de Beresford, que establecido en Corrientes con una curtiduría, había sido convertido por la Revolución en caudillo temible. Lo tomaron a su servicio para pacificar la campaña, habilitaron a muchos estancieros y, ambos hermanos en Corrientes y Goya, respectivamente, emprendieron en grande escala el acopio de cueros que continuaron hasta 1820.

Entretanto, en 1817, Juan se había trasladado a Inglaterra, residiendo en Liverpool hasta 1820, cuando, en conocimiento de las victorias del general San Martín en Chile y de sus luchas por la independencia del Perú, decidió retornar a Sud América con la intención de establecer casas comerciales en el primero de estos países y en Lima. Esto le dió oportunidad de trasmontar los Andes, recorrer el Pacífico desde Concepción hasta Trujillo, y hacer un empréstito al gobierno peruano.

En 1824 volvió a Greenock en barco propio, llevando una fortuna de £ 100.000 ganada en los negocios del Río de la Plata y la costa del Pacífico. En esta ocasión el gobierno argentino lo encargó, en unión con Félix Castro, para negociar en Londres el primer empréstito nacional, y ambos comisionados, Guillermo P. Robertson, Braulio Costa y Juán P. Sáenz Valiente adelantaron $ f. 250.000 para ser reembolsados con los fondos del empréstito a realizarse.

Regresó al país en 1826 para fundar la colonia escocesa de Monte Grande a que alude el general Miller en sus *Memorias*, señalando a Robertson como el futuro Guillermo Penn de las pampas. Pero la guerra del Brasil y la revolución del general Lavalle, arruinaron el establecimiento, y en 1830 el fundador partió definitivamente para Inglaterra casi en la miseria. No obstante frisar en los cuarenta años, ingresó en la Universidad de Cambridge siguiendo los cursos durante tres años, para entregarse luego en el retiro de la isla de Wight a sus trabajos literarios hasta su muerte, acaecida en Calais en 1843.

Su hermano Guillermo se le había unido en Inglaterra en 1834 y juntos emprendieron una serie de publicaciones ; «*Letters on Paraguay*» en 1838, seguidas de «*Francia's Reign of*» etc.

Nuestra historia financiera menciona el nombre de los Robertson, pues Juan junto con Félix Castro, fueron comisionados para negociar en Londres el primer empréstito nacional de 1824 ; y los nombrados, Guillermo P. Robertson, Braulio Costa y Juan P. Sáenz Valiente adelantaron al gobierno $ f. 250.000, para ser reembolsados con los fondos del empréstito a realizarse.

Finalmente se retiraron a Londres, sin perder el contacto con el país donde habían hecho fortuna, el mayor en 1830 y Guillermo en 1834. Allí publicaron las «*Letters on Paraguay*» en 1838, seguidas de

«*Francia's Reing of Terror*» en 1839, y luego «*Letters on South America*» en 1843. Las cartas sobre el Paraguay fueron publicadas traducidas (supongo que la parte relativa a Montevideo) en 1841, en «El Nacional», periódico mensual que aparecía en dicha ciudad.

Estos libros, actualmente muy escasos, tuvieron gran éxito en su tiempo ; pero hoy, como tantos de la rica literatura inglesa referentes a nuestro país, están en poder de bibliófilos o abandonados en los anaqueles de las bibliotecas. Un ejemplar de «*Letters on Paraguay*» vino a mis manos y, cautivado por la verdad de la narración, traduje la parte relativa a Santa Fe, y me interesó tanto que, poco a poco, he rematado la agradable tarea en la forma que la presento.

La descripción de la ciudad de Santa Fe en 1812, agregándole el detalle que en sus calles asoleadas y solitarias se veían gallos de riña encerrados en grandes jaulas de madera, o simplemente atados de la pata con cuerda adherida por el otro extremo a una estaca pequeña, clavada en el cordón de la áspera y accidentada vereda de ladrillo, hubiera sido exactísima cincuenta años después. He conocido, muy posteriormente, Corrientes, Entre Ríos y Paraguay ; pero ya sea por referencias y conversaciones oídas y olvidadas, o bien (¡ quién sabe ! Robertson habitó en Santa Fe la casa que heredé de mi padre, no salida de la familia desde 1712) por algunas células de mi organismo que hayan vibrado en aquella época, cuando recorro las páginas descriptivas de tipos y costumbres de esas comarcas, los veo surgir ante mis ojos como de una placa fotográfica expuesta a la luz ha largo tiempo y revelada recientemente en la cámara obscura.

De aquí que considere la obra de los Robertson fundamental para explicar nuestros orígenes nacionales. Porque así como nadie se contempla a sí mismo desde lejos, los que formamos parte y somos producto de un organismo social, en la sucesión del tiempo, no podemos comprenderlo acabadamente sin ayuda extraña. Se aclaran las ideas con las observaciones y descripciones, llenas de fluidez y amenidad, hechas por hombres fuertes y sanos, pertenecientes a una civilización superior, con la sinceridad, alegría y benevolencia propias de los años juveniles.

Las causas individuales y privadas que trabajaron, como las aguas subterráneas silenciosas y ocultas, para producir la Revolución, han sido estudiadas y expuestas por nuestros grandes historiadores ; pero para las nuevas generaciones, ajenas al medio en que los sucesos se desarrollaron, escapa el verdadero sentido de sus enseñanzas. En la historia de nuestra independencia, el pueblo prefiere lo heroico que hable directamente al sentimiento y enardezca el patriotismo, sea por el amor al *panache* tan natural en el hombre, o porque, en realidad, la guerra es la florescencia de la suma de ambiciones, intereses y pasiones que imprimen el sello permanente a una nación.

No basta leer el admirable resumen, contenido en el párrafo XVIII, Capítulo I, de la *Historia de Belgrano* por el general Mitre, acerca de las causas que contribuyeron a la formación de la sociedad criolla y produjeron la Revolución. Se recorren sus páginas en diez minutos ; pero no hay en ellas una palabra que huelgue ni frase que no envuelva un amplio concepto, y puede agregarse, que éstos pasarían inadvertidos, sin el comentario de libros como el de los Robertson que nos transportan al escenario de los sucesos, describiéndonos el aspecto del país y las costumbres sencillas de los habitantes.

Monopolio comercial de Cádiz, aislamiento legal

de las antiguas colonias entre sí y con la metrópoli, son palabras que muy pronto se dicen o se escriben ; pero no se aprecia la extensión de su significado sino con datos anecdóticos de la vida cotidiana que graben en la mente la magnitud del concepto que encierran. Por ejemplo, tengo en mi poder una escritura pública extendida en 1734 en la Concepción del Cuzco, en que consta que Antonio Candioti y Mujica (padre del Francisco Antonio, amigo de los Robertson) y Tomás Andrés Varela compraron, en Lima, a Francisco Derbao «dos memorias de géneros de Castilla» por $ f. 86.000. El precio fué abonado al vendedor mediante la cesión de créditos, por igual cantidad, reconocidos en favor de los compradores por varias personas residentes en el Perú. Así, no era solamente el larguísimo viaje para transportar a lomo de mula las mercaderías, recargadas de 500 ó 600 % de su costo originario, con el flete desde Puerto Cabello, a través del continente, sino que los metales preciosos amonedados o en especie no podían pasar al sur de Potosí.

Contra estas trabas legales impuestas al comercio trabajaba por gravitación natural el puerto cerrado de Buenos Aires, mediante el contrabando, hecho primero al abrigo de la trata de negros y luego, perfectamente organizado por los portugueses de la Colonia. El país vivió siglos con este absurdo sistema y la creación tardía del Virreinato para hacer frente a las guerras con Portugal, dió mayor importancia a su Capital desviando hacia ella las rutas comerciales del continente con el célebre auto de Ceballos en 1777 permitiendo el comercio de Buenos Aires con todos los puertos de la metrópoli.

La luz que venía con el comercio era escasa y no se difundía en los vastos desiertos del interior sino muy amortiguada. No creo que hayan influído en la revolución argentina la independencia de los Estados Unidos o la Revolución francesa, porque ambos sucesos, grandes como fueron, eran desconocidos para una masa analfabeta, no domada por otra fuerza que el pavor religioso. No se admitían libros ni prédicas liberales y había echado tales raíces el sistema, que mucho después de la independencia, Gelabert, el cura de Santa Fe, apostrofaba en público desde el púlpito a un padre de familia por tener y leer la «Moral Universal» de Holbach, y el mismo, ascendido a obispo, lanzó, en 1867, la excomunión mayor contra todos los que habían sancionado y acataran la ley del matrimonio civil, promulgada bajo la administración de Oroño, conteniendo una serie de maldiciones propias de las edades bárbaras.

Las peregrinaciones del general Miranda por las Cortes europeas buscando apoyo para independizar las colonias españolas, idea acogida por el ministro británico Pitt, no tenía eco en el Río de la Plata. Lo prueba la conversación de Belgrano (hombre de letras educado en Salamanca) con el prisionero general inglés Crawford, cuando el primero admitía, sin dificultad, que el país no estaría maduro para la independencia antes de un siglo.

Fueron en realidad los ingleses, durante un año de permanencia en el Plata, quienes desempeñaron el papel de Mefistófeles en el poema de Goethe, escribiendo en el álbum del estudiante: *Eritis sicut Deus bonum et malum scientes*. Ellos instalaron logias masónicas que los ponían en estrecha relación con los nativos, e hicieron activa propaganda en favor de la independencia, imprimiendo nuevos rumbos a las energías dormidas en los criollos hasta ser despertados por la victoria.

Auchmuty escribía : «La opresión de la madre patria ha hecho más ansioso en los nativos el anhelo de
sacudir el yugo de España y aunque por su ignorancia, su falta de moralidad y la barbarie innata de sus
inclinaciones sean completamente incapaces de go-
gernarse por sí mismos, quisieran seguir los pasos de
los norteamericanos erigiendo un estado independiente.»

Los argentinos, pues, se sintieron renovados y
Saavedra fué el primero que, dirigiéndose a los Pa-
tricios, proclamó la igualdad de criollos y peninsu-
lares. En los funerales celebrados en Santiago de
Chile por los caídos en Buenos Aires en defensa de
su patria, apareció una inscripción que empezaba
«Militibus argentinis», es decir, a los guerreros argentinos, nombre olvidado desde los remotos tiempos de Barco Centenera y Ruy Díaz de Guzmán.

Las grandes fuerzas determinantes de las acciones
colectivas son los sentimientos que después el pensamiento abarca y les da formas. El sentimiento gene-
rador de la Revolución fué señalado con perspicacia
por Azara, citado por el general Mitre : «Tienen tal
idea de su igualdad, que aun cuando el rey acordase
títulos de nobles a algunos particulares, ninguno los
consideraría como tales. El mismo virrey no podría
conseguir un cochero o lacayo criollo.» «Existe una
especie de alejamiento o más bien dicho, aversión
decidida de los criollos hacia los europeos y el gobierno español. Esta aversión es tal que la he visto reinar
entre el hijo y el padre, entre marido y mujer, cuando unos eran europeos y otros americanos.» Que cualquier argentino examine el fondo de su corazón y
aquilate la verdad de estas palabras.

Se las puede recordar porque, para celebrar el
centenario de la declaración de nuestra independen-

cia, y olvidando que la constitución asigna al gobierno federal el cuidado de las relaciones exteriores, se intenta rendir homenajes populares a España. Homenaje ¿por qué? ¿Por haberla vencido? No sería serio ni noble. Menos se concibe que sea un reconocimiento de trescientos años de opresión, atraso y obscurantismo, o de que hayamos venido a la vida nacional de un siglo atrás en civilización. Que sean bien venidos los españoles, como todos los hombres del mundo que quieran vivir al amparo de nuestras leyes; pero España jamás.

Los individuos como las naciones tienen una razón de ser y una ruta marcada de que no pueden apartarse sin perder su personalidad. Las cartas de Robertson hacen revivir escenas pasadas que demuestran el estado de una sociedad patriarcal, ignorante, sencilla y pobre. Si agrego mis recuerdos personales de haber aprendido las primeras letras con una buena mujer, doña Jacinta Zabroso, mediante retribución mensual de dos reales bolivianos y luego ingresado en la única escuela primaria de Santa Fe donde funcionaba vivamente una regla negra y cilíndrica para hacer entrar la letra a golpes de palmeta, aparece el enorme camino andado para llegar a nuestra actual civilización. El homenaje brota espontáneo pero exclusivamente para los próceres de la Revolución y para los hombres cultos y representativos de la segunda independencia, la que desmoronó al sistema colonial en 1820, de cuyas ruinas nació una democracia inorgánica que, pasadas dolorosas luchas intestinas, se modeló en 1853, fué afianzada en 1862 y definitivamente consolidada en 1880.

Me subscribo de Vd. afectísimo s. s.

CARLOS A. ALDAO.

CARTA XIV

Al señor J. G.

Tormenta en Río Janeiro.—El Pampero.—Sociedad ᴄ
Buenos Aires.—Música y baile.

Londres, 1838

Poco después de haber presenciado el espectácul'
del Campo de Santa Ana (1), me despedí sin pena
de Río de Janeiro. No me agradaba el clima ni la
gente, y pronto encontré que toda la fertilidad y belleza con que la Naturaleza ha formado aquel suelo
compensaban con creces los muchos desagrados producidos por la ciudad sin atractivos y sus insociables
ciudadanos.

El desenvolvimiento de los sucesos políticos había

---

(1) El campo de Santa Ana es una enorme y
amplia plaza inconclusa en los suburbios. Es una especie
de campo comunal cubierto de verde grama menuda. Allí
todos los domingos y días de fiesta, multitudes de diez o
quince mil negros acuden para divertirse y recrearse. Es
curiosísima recreación y brinda tan singular espectáculo
de hilaridad, alboroto y confusión africanos, como quizá
no se presente en ningún otro país, fuera de Africa.—
J. P. R.—Carta XIII.

abierto nuevamente el Río de la Plata al comercio libre y me consideré feliz en aprovechar una propuesta favorable que se me hizo para trasladarme a Buenos Aires.

La tarde antes de embarcarme, presencié un espectáculo espléndido. Regresando a la puesta del sol, desde la bella Bahía de Botafogo para alistarme e ir a bordo la madrugada del día siguiente en que mi buque debía hacerse a la vela, fui sorprendido en el camino por la más violenta tempestad. Las nubes repentinamente se condensaron en una masa densa y tenebrosa de vapor negro y descendente. El relámpago asomaba en el horizonte y el hueco murmullo del trueno hacía rodar su profundo y portentoso sonido sobre toda la ennegrecida bóveda del cielo. El aire estaba bochornoso y pesado; y todo indicaba la proximidad de una gran tormenta.

Yo cabalgaba con la esperanza de escapar a sus furores; pero antes de llegar a Río, se abrieron las cataratas del cielo y derramaron en un solo poderoso torrente las aguas impetuosas. El trueno estallaba con estrépito creciente y el relámpago era más ramificado y vívido en sus resplandores. Mi caballo, tembloroso y asustado, se empacó breves momentos en el camino y atropelló un seto vivo para guarecerse. No había casa cercana y la tormenta, presentando por momentos aspecto más terrible, parecía haber decidido enfurecerse para siempre. El fulgor del relámpago ahora iluminaba toda la atmósfera, excepto en intervalos tan cortos que hacían, al mismo tiempo, espantoso y sublime el paso de la luz a la obscuridad. Mi impresión en cada transición era de haber enceguecido de repente, mientras el estrepitoso y constante rugido del trueno era tal que habría anunciado el estallido de la guerra en el cielo.

Quien nunca haya visto tormentas tropicales tiene limitadísima idea de su fuerza irresistible. Esa tarde parecía que estaban por caducar las leyes ordinarias de la Naturaleza. Yo espoleaba, sin embargo, mi casi frenético caballo y llegamos finalmente a la ciudad. Allí se presentó un espectáculo del todo nuevo para mí. Las calles, con excepción de la Rua Direita, son estrechísimas y los caños para descargar los techos se proyectan por ambos lados casi hasta encontrarse en media calle. El caso es que cuando cae lluvia muy copiosa, las aguas de estos caños se unen y forman arcos como de cristal, a lo largo de toda la vía. Estos arcos líquidos, cuando yo pasaba debajo, eran iluminados y bruñidos por los vívidos relámpagos, y toda la ciudad parecía que fuese morada de genios, con techumbre de cristal transparente e iluminaciones de fuego eléctrico.

Al romper el día, la mañana siguiente, flotábamos mansamente fuera de la bahía con la brisa de tierra; porque así como hay una brisa de mar, que generalmente entra al puerto todas las tardes, también hay otra de tierra en la madrugada, durante una o dos horas. Si no fuera por ellas, especialmente por la vespertina, la vida en Río sería imposible. A menudo he observado con ansia su llegada y, cuando la he visto venir encrespando levemente la bahía, y sentido su primer aire refrescante abanicando mi cuerpo afiebrado, he experimentado la transición más deliciosa; sensación tan grata que constituye uno de los lujos mayores que el clima proporcione.

Llegamos frente a la desembocadura del Plata en siete días y calculábamos fondear en Buenos Aires dos días después. Pero encontramos uno de esos huracanes llamado pamperos—ventarrones del sudoeste—que soplan sobre las llanuras interpuestas entre los An-

des y el Río de la Plata. Nos forzó a salir mar afuera
y no alcanzamos nuestro puerto de destino sino en
veintidós días, en vez de los nueve que nos prome-
tíamos. La furia de estos huracanes, mientras duran,
es increíble. No domado por ninguna resistencia en
su carrera, el viento barre cientos de leguas de terreno nivelado y frecuentemente, al llegar al Plata, deja
descubiertas algunas millas de las riberas arenosas en
su margen occidental. Recuerdo que en 1811-1812,
se retiró el agua del río frente a Buenos Aires y aunque el Plata tiene allí treinta millas de ancho y la marea rara vez retrocede un cuarto de milla, sin embargo la playa quedó descubierta en más de seis y los
porteños enviaron artillería para atacar un barco de
guerra español que estaba encallado a aquella distancia aproximada de la ciudad. Había sido dejado en
seco a consecuencia de la bajante extraordinaria producida por el pampero. Después que éste hubo amai-
nado lo bastante para permitir que las aguas volvie-
sen a su cauce natural, éstas se precipitaron con ce-
leridad torrencial. Varias personas que caminaban por
la playa se ahogaron, imposibilitadas de escapar al
ímpetu abrumador con que volvió la marea.

Fué buena fortuna, en llegando a Buenos Aires,
encontrar allí establecida una persona que yo había
conocido en Montevideo y que, por este motivo, se
consideró obligada a llevarme a su hogar y alojarme en
su propia casa. Recién casado en una interesante familia de nombre Castellanos, y viviendo con su esposa
y dos preciosas cuñadas (una casada con un capitán
de navío español) formaban un lindísimo grupo familiar. Nada hubiera sido más agradable o útil que
esta iniciación ; porque mientras yo, de esta manera,
después de seis meses de destierro de la sociedad femenina era nuevamente admitido a ella, hice rápidos

progresos, con nuestro trato diario, en el idioma español, y tuve oportunidad de conocer la mayor parte de las mejores familias. Fuí presentado al virrey Liniers, cuya estrella visiblemente palidecía. Tenía las riendas del gobierno muy flojas, bajo el control de la Audiencia y del Cabildo ; mientras la entonces famosa Madama O'Gorman era árbitro único de sus asuntos domésticos y dispensadora de sus favores. Cisneros había sido ya nombrado por la Corte de la vieja España para suceder al vencedor de Whitelocke.

Entretanto, se daban las más espléndidas tertulias por Madama ; y vi congregadas noche a noche, en su casa, tales muestras de belleza y viveza femenina, que hubieran suscitado envidia o impuesto admiración en los salones ingleses. Las porteñas con razón se jactan entre ellas de mujeres muy encantadoras, quizás más pulidas en la apariencia y maneras exteriores que en gustos altamente refinados ; pero tienen tan buen sentido, penetración y viveza, de haceros dudar si no sean mejores tales como son que lo serían más artificialmente enseñadas. Tienen seguramente poquísima afectación u orgullo ; y no puede ser educación muy defectuosa la que excluye, en la formación del carácter femenino, dos condiciones tan odiosas.

Pasando un día por el convento de Santo Domingo, llamó mi atención una de las torres, en que vi claramente pintadas gran número de balas de cañón de todo tamaño. «¿ Es posible», observé a la señora de Torrents, en cuya compañía caminaba, «que tantos tiros hayan hecho blanco en la torre sin derribarla?» «No, no», replicó, «dos o tres pegaron allí, pero los frailes han pintado todas esas para hacer creer que las balas de vosotros los herejes no derriban torres católicas. Y el vulgo lo cree. Pero las damas, aunque no seamos soldados, sabemos algo más ; porque ved lo que vuestras balas han hecho en Montevideo. Por mi parte creo que ninguna religión razonable tiene nada que ver con pólvora y balas».

Había cierto tono amable, y aun un giro de cumplimiento, en estas palabras, evidentemente dirigidas a paliar el pesar que mi bella compañera imaginaba se asociase en mi mente con la derrota de Whitelocke y la ostentación bombástica con que había sido conmemorada por la piadosa superchería de los dominicos.

La gran fluidez y facilidad observable en la conversación de las porteñas deben atribuirse, sin duda, a su temprana entrada en sociedad y a la costumbre casi cotidiana de congregarse en tertulias por la noche. Allí la niña de siete u ocho años, está habituada a manejar el abanico, pasear, bailar y hablar con tanta propiedad como su hermana de diez y ocho o su mamá. Y este constante método de enseñanza práctica, en la extensión que alcanza, vale más que diez años de escuela para la formación del carácter y conversación, delicados, naturales y agradables.

En cuanto a los *bonos mores* de las señoritas. las señoras creen que están más seguras bajo la vigilancia materna. Las hijas, en consecuencia, cuando por primera vez visité Buenos Aires, nunca se veían sino en compañía de las mamás, o de alguna parienta o amiga casada. Las solteras no podían salir de paseo sino en compañía de casadas. Caminaban en fila, una atrás de otra, con el paso más fácil, gracioso y, sin embargo, dignificado que imaginéis. Luego el cariñoso saludo con el cortés y elegante movimiento del abanico no era para olvidarse ni para ser imitado. La mamá iba siempre detrás. Si un amigo se encontraba con el pequeño grupo de familia, le era permitido sacarse el sombrero, dar vuelta, acompañar a la niña que más le gustase y decirle todas las lindas cosas que se le ocurriesen ; pero no había apretones de mano ni ofrecimientos del brazo. La matrona no se cuidaba de oir la conversación de la joven pareja ; se contentaba con «ver» que no se produjese ninguna impropiedad práctica o indecorosa familiaridad. Lo mismo sucedía si visitabais en una casa. La madre se apresuraba a entrar en la sala y permanecía presente con su hija durante toda la vista. Para reparar esta pequeña restricción, no obstante, podíais decir lo que gustaseis junto al piano, en la contradanza o mejor, durante el paseo.

Aun cuando estas son todavía las reglas generales de la sociedad femenina en Buenos Aires, se han modificado grandemente y continúan modificándose, por el trato y casamientos con extranjeros. Las costumbres y maneras francesas e inglesas gradualmente se mezclan con las del país, particularmente en las clases superiores.

La música es muy cultivada. Siempre hay una dama en todas las casas que puede ejecutar muy bien todos los tonos requeridos para el minué, el vals y la contradanza. Y cuando las porteñas «bailan», es con una graciosa compostura y suelta elegancia, mucho mejores que el término medio obtenido en este país, en cuanto yo sepa, de cualquier sistema de educación en escuelas de baile.

Vuestro, etc.

J. P. R.

CARTA XV

Al señor J. G.

Expedición al Paraguay.—Preparativos de viaje a caballo.—Partida para Asunción.

Londres, 1838

Os he bosquejado brevemente la sociedad femenina de Buenos Aires; y omito ahora mencionar la de
hombres, porque ya me he referido a ella en alguna
de las cartas precedentes y ha sido descripta como
parte ligeramente modificada de la gran familia sudamericana. Dejando atrás Buenos Aires, por el momento mi objeto es conduciros conmigo a una región
remota y muy poco conocida—la República del Paraguay. Hasta aquí nuestro bosquejo de Sud América,
especialmente de Buenos Aires, puede considerarse
como prólogo necesario al interior del Río de la Plata; pues aparte de que sus provincias se designaron
un tiempo con el nombre genérico de Paraguay, creo
que la manera quizás vaga en que hemos intentado
proporcionaros una vislumbre del Nuevo Mundo, pri-

mero, tal como fué bajo el dominio de la vieja España, y, segundo, cómo ha sido modificado y está modificándose por la Revolución, os habilitarán mejor para comprender la cuestión en conjunto y apreciar las acciones y aventuras personales que nos proponemos suministren ilustración más detallada del tema general.

Lo que en adelante hemos de decir, tendrá relación más inmediata con la aislada provincia, o mejor dicho, República del Paraguay, como hoy se distingue de las otras provincas del Río de la Plata; pero, como hay gran distancia que salvar para llegar a Asunción; y como hay alguna novedad, tanto en el modo de hacer la jornada como en las cosas que se encuentran por el camino, intentaré en primer lugar describiros éstos.

La expedición que emprendí al Paraguay fué comercial; y el buque fletado con este propósito, una vez provisto y cargado con todo lo necesario, comenzó en diciembre de 1811 la engorrosa navegación del río Paraná. Tenía que navegar mil doscientas millas, alternativamente a vela y espía, contra la corriente de tres millas por hora; y como no se esperaba durante la estación de verano (diciembre allí es la mismísima mitad del estío) que hiciese el viaje en menos de tres meses, mientras yo podía recorrer la misma distancia a caballo en quince o diez y seis días, resolví ir por tierra.

Me despojé de los vestidos de inglés, endosé una chaqueta liviana, oculta por el ponchillo mezcla de hilo y algodón tejido en el país. La ligereza del material me mantenía fresco, mientras lo cerrado de la trama y la posición suelta en que colgaba, me libraban de la lluvia. Mi ponchillo era más que eso, pues servía de colcha por la noche y de toldo sobre mi cabeza cuando me sentaba a comer o dormía siesta durante el calor del día. La siguiente y más visible parte de mi vestido, era un enorme sombrero de paja con la amplitud circular de un gran quitasol. Rodeaba mi cintura un ancho cinto de cuero prendido al frente con un gran botón. A un lado del cinto estaba mi trinchante protegido por una vaina curiosamente labrada y en el opuesto metido un par de pistolas. Una faja de seda carmesí en derredor de mi ropa inferior la sostenía ; y un par de suaves botas fuertes, armadas con espuelas de plata, cuyas rodajas tenían cerca de una pulgada de diámetro, completaban mi atavío de viajero.

El apero del caballo era tan adaptado al país como mi traje. La silla de caza estaba substituída por el lomillo, especie de albarda, puesto encima de una gran carona de suela que cubre todo el lomo y las ancas, y hecha con el objeto de impedir que el sudor llegue a la matra o parte superior del recado. Sobre el lomillo se colocó una jerga en varios dobleces para blandura del asiento y, encima de todo, para procurar fresco, un sobrepuesto, pieza de cuero fuerte pero finamente trabajado.

El lomillo estaba asegurado al caballo con fortísima cincha de argollas, estirada por correones y que aguanta cualquier fuerza cuando se requiere ajustar los múltiples accesorios. La matra iba asegurada con una sobrecincha de vistoso tejido. Tal aparato debe ser engorroso : pero no pudiendo conseguirse cama en la campaña, el apero susceptible de transformarse en cómodo lecho es conveniente en sumo grado. El freno usado es el común español, con riendas y cabezadas trenzadas por los indios pampas en un estilo combinado de ligereza y fuerza que sorprendería a algunos de nuestros mejores fabricantes de látigos. Mi sirviente, gaucho completo y antiguo correo, estaba equipado menos primorosamente pero de la misma manera que yo, con la sola diferencia del sombrero. Nunca he visto sombrero más chico que el suyo ni más grande que el mío. Luego sus botas habían sido sacadas de las patas de un caballo y sus espuelas eran de hierro. Su poncho y recado eran ordinarios y tristemente deshilachados. Denunciaban el hombre acostumbrado a trabajo duro y corta paga. Llevaba atrás, colgados del recado, unos chifles llenos de aguardiente y en la cabezada delantera una bolsita con algunos bizcochos y sal. Tenía al costado izquierdo un sable grande y herrumbrado, y al derecho un no menos herrumbrado trabuco y de este modo «él» estaba equipado. Por último venía el postillón, todo andrajos, descalzo, cubierta la cabeza con un gorro viejo que parecía recogido de la basura, del que asomaban largos y enmarañados cabellos, chaqueta y poncho rotos, chiripá liado, a modo de kilt escocés, con un par de no superlimpios calzoncillos aguaitando por debajo. Arrojó mi maletita atrás de su recado y ató con dos tientos las extremidades de lo que contenía mi guardarropa portátil. Viéndonos a mi sirviente y a mí ya montados, el bribonzuelo del guía (pues era un muchacho) dijo, con tono de interrogación : «Vamo-nos, Señor?» Respondí : «Vamos», y los tres, espoleando los caballos poco después de romper el día, tomamos al galope corto por las silenciosas y en esa hora desiertas calles de Buenos Aires, en marcha para Asunción.

Tenía cartas de recomendación para la mayor parte de la gente de las ciudades que se hallan en el camino : y con la fluctuación del viajero inclinado a nuevos descubrimientos y del especulador que va a vi-

sitar el fabuloso país de El Dorado ; con el placer
además de ser el primer inglés que se había lanzado
a explorar las regiones del Paraguay y conocer su capital, Asunción, me sentí liviano como pluma y me
parecía cabalgar rápido como el viento.

Vuestro, etc.

J. P. R.

CARTA XV

Comida en Lujan, carne con cuero.—Viaje a Santa Fe.

Londres, 1838

Al final de la primera jornada encontré que habíamos recorrido sesenta y tres millas y pasado por tres aldeas, San José de Flores, Morón y Luján. Habíamos cambiado cabalgaduras en chozas miserables llamadas postas, cuatro veces ; y había comido en compañía del cura y los frailes de Luján.

Esa comida fué el único rasgo saliente de aquel día.

Habiendo sido eficazmente recomendado al cura, éste creyó oportuno organizar una fiesta en honor mío, a la que fueron invitados el Gobernador y los tres frailes del lugar. El día era excesivamente caluroso y tanto el Gobernador como yo fuimos invitados a despojarnos de nuestras chaquetas, no estando ambos vestidos con ropa más de etiqueta. El cura se sacó la sotana y los conventuales aflojaron sus amplios hábitos. Encontré que todo este preparativo para asegurar la comodidad en la comida, no era menos necesario, pues el primer manjar puesto sobre la mesa era una enorme olla podrida, en una enorme fuente de barro que despedía masas de vapor de su contenido variado y casi bullente.

«Sans ceremonie» y a pesar del calor, todos los comensales se aproximaron a la olla y comieron en común sacando cada uno el sabroso bocado que más apetecía. Solamente el Gobernador y yo teníamos platos ; pero parecía que a él le gustaba más comer directamente de la fuente ; y yo, no deseando singularizarme, seguí su ejemplo. Detrás de nosotros estaban de pie dos sirvientes mulatos y una negra sin más sobre la camisa que una enagua ceñida a la cintura. Estos sirvientes estuvieron con los brazos cruzados hasta que la olla había casi desaparecido. Luego entró la celebrada carne con cuero o carne asada en la piel del animal, y que ningún inglés haga alarde de su «roastbeef» sin haber gustado previamente ese manjar. La verdadera carne con cuero (y la del cura lujanero era excelente) consiste en el costillar, cortado con cuero y todo, de una ternera gorda.

Puede pesar, cuando se sirve, alrededor de veinte libras, y asándose en el cuero, es natural que todo el jugo de la carne se conserve. El animal, junto a una parte del cual estábamos agrupados, había sido matado aquella misma mañana, y sin embargo, su carne era tierna y muy sabrosa. La carne con cuero es en conjunto uno de los platos más exquisitos que se pueda gustar. Fué atacada y demolida como lo había sido la olla podrida ; y los sirvientes entonces cambiaron platos tras platos como lo habían hecho antes.

Aves asadas o hervidas, picadillos y guisados siguieron en rápida sucesión. Luego vino el pescado, que los españoles sirven al final, y abundancia de confitados, leche y miel. Tal comida, tan rápidamente despachada y por tan poca gente, yo no lo había visto en ninguna de las que asistí en Buenos Aires; y aunque confieso que mi larga cabalgata me habilitaba para hacerle pleno honor, debo ceder la precedencia a los frailes, al cura y al Gobernador. Ciertamente comieron cuatro veces más que yo, y en su conversación dieron demasiada importancia a mi falta de apetito. Después de la comida fumamos y dormimos la siesta. A la tarde proseguí mi viaje con la bendición del cura y un sentimiento de cordial gratitud por su cortesía y generosa hospitalidad.

Luján es un lugar pobre y casi desierto, con trescientos habitantes más o menos. Tiene cabildo, una linda iglesia y espaciosos departamentos, dispuestos en forma cuadrangular, para los eclesiásticos.

Viajar en la Pampa y las privaciones a ello inherentes se conocen bien ahora (porque todo es desdicha, menos la velocidad con que se avanza sobre el terreno) y por eso no me detendré en relatar mis jornadas hasta Santa Fe.

Las postas, con pocas excepciones, son todas iguales, simples ranchos de quinchos, imperfectamente techados de paja, muy sucios, con pisos de barro, y dos o tres niños chillones tendidos sobre cueros secos; cráneos de vacas se usan como sillas. Hay un cuarto apartado, no tan confortable como la construcción principal, destinado a los pasajeros; y una ramada abierta a todos los vientos, de cuatro pies en cuadro, sirve de cocina. Lo único que se ve cocinar allí es un poco de agua hirviente para el mate y un trozo de asado para la comida. Pocas gallinas vagabundas se ven picando carroña alrededor del rancho; y hay siempre a corta distancia un amplio corral de palo a pique para encerrar caballos y vacunos. Junto al corral mayor hay otro más pequeño para la majada de ovejas que el maestro de posta siempre cuida. Cuan-

do se llega a uno de estos ranchos para mudar caballos, dos peones jinetes van en busca de la tropilla
que anda paciendo. A veces la encuentran en diez minutos, otras ni en media hora ; y si el tiempo es ne-
buloso, como suele suceder a menudo en invierno,
uno debe contentarse no raras veces con esperar dos
o tres horas para conseguir su objeto. La tropilla, generalmente compuesta por doscientos o trescientos
caballos, es arreada al corral y las bestias necesarias
para los viajeros son enlazadas y luego enfrenadas.
Siendo en seguida llevadas a la puerta de la posta, se
procede a la larga y compleja operación de ensillarlas.

En el rancho donde pasamos la primera noche, llamado la posta de Rojas, mataron un cabrito, lo coci-
naron para nuestra cena y nos alojaron gratis. Cuando, antes de partir por la mañana, reconvine al maestro de posta o insistí en que debiera recibir el pago de
sus servicios, se mostró ofendido y dijo muy enfáticamente que tal era la costumbre del país, cualquiera que fuese en el mío. Quería que se pagase solamente por los tres caballos—el mío, el de mi sirviente y el del postillón—según la tarifa usual de tres
peniques por tres millas cada uno y con libertad de
correr tanto como se quiera. Así es que por un recorrido a hacer de quince millas, por una noche de alojamiento y la cena, por tres caballos y un postillón,
todo lo que hube de pagar fueron siete reales y medio, o sean tres chelines y nueve peniques. El postillón no exige remuneración para sí y, con todo, está
deseando galopar a razón de trece o catorce millas por
hora.

Compárese el gasto de este modo de viajar con lo
que sucede en Inglaterra :

Los caballos cuestan 1s. 3d
por milla; ergo, tres 1s,
10 ½ d.......................

	£	s	d
esto por quince millas monta	1	8	0
Al postillón se le deben 4s (más que todo nuestro gasto)	0	4	0
Y apenas se obtiene cama y cena para uno y el sirviente por menos de 7s. 6d. con 2s. 6d. a los sirvientes............	0	10	0
	£ 2	2	0

Lo que es aproximadamente doce veces más de lo que cuestan las mismas cosas entre Santa Fe y Buenos Aires. Es cierto que todo es mejor en Inglaterra; pero se comprende que los sudamericanos tengan derecho a esperar que sea doce veces mejor; y la cuestión de superioridad relativa puede sólo y honradamente comenzar, según que la diferencia en el gasto haya sido pagada en la misma proporción. Siento tener que observar que la primitiva costumbre de no cobrar al viajero por comida y alojamiento, aunque invariable en la época a que me refiero, 1811-12, no existe más. El aumento de los viajes, el incremento del trato con extranjeros, las crecidas y crecientes necesidades, la codicia, están rápidamente acercando al maestro de posta de las Pampas (sin ninguna mejora de la tarifa establecida para los pasajeros) a los principios y práctica de mister Boniface en el camino de Bath.

Tales son los viajes en la Pampa. ¿Para qué decir nada sobre los caballos salvajes y los feroces insectos? Sir Franci Bond Head, gobernador del Ca-

nadá, ha agotado estos temas ; ¿y quién no ha leído su
libro?

Me levanté en la mañana de mi segunda jornada
un poco envarado ; pero, no obstante, anduve noventa
millas. Al siguiente día hice otras tantas ; y día y
medio después llegué a Santa Fe. La distancia total
entre Santa Fe y Buenos Aires es de 340 millas, que
recorrí en cuatro días y medio. El correo regular la
hace en tres días y medio.

Considérese ahora la extensión del país que había
atravesado y pregúntese qué es lo que vi en todo su
largo y ancho. Después de abandonar Luján, vi dos
miserables villas, Areco y Arrecife ; vi tres pequeños
pueblos, San Pedro, San Nicolás y Rosario, cada
uno con 500 ó 600 habitantes ; vi un Convento llamado de San Lorenzo, que albergaba treinta frailes ;
y vi también ranchos de barro. Vi cardos más altos
que un caballo con jinete ; aquí y allí pocos trozos de
algarrobo ; pasto alto, innumerables ganados, alzados
y mansos ; gamas y avestruces retozando en la llanura ; vizcachas barbadas saliendo en grupos, al caer
el sol, de las mil cuevas que cortan el campo : ahora
las zumbantes perdices volando de entre las patas de
mi caballo ; y luego el caparazonado armadillo apartándose aprisa del camino. De cuando en cuando se
presentaba a mi vista el espléndido Paraná. La población del Rosario está situada sobre una alta barranca a pique que domina el río, pero su ancha y
diáfana superficie no era interrumpida por ningún
barco ; sus magníficas aguas corrían con toda majes-
tad, pero con todo el aislamiento de la Naturaleza
por que aquí el hombre ha abandonado a ella casi
todo. Vi una corriente de dos millas de ancho y diez
pies de profundidad en el sitio que yo reconocí y ese
lugar estaba a ciento ochenta millas de la boca en

el Plata y dos mil de su origen. No hay catarata que impida la navegación ; no hay salvajes que pretendan interrumpir el tráfico o que sea necesario arrojar de las orillas.

La tierra en ambas márgenes es tan fértil como la Naturaleza puede hacerla y no ofrece dificultades de piedras o bosques para ararla. El clima es de lo más saludable y el suelo ha estado en posesión tranquila de una potencia europea durante trescientos años. Sin embargo, todo era silencio como la tumba. Al considerar rápidamente estas circunstancias, la inteligencia se abisma al contemplar todo lo que el hombre ha dejado de hacer, allí donde la Naturaleza le dijo tan claramente lo mucho que él podría haber hecho. Vuestro, etc. J. P. R.

CARTA XVI

Santa Fe y sus habitantes.—Las cartas de presentación
en Sud América.—Mi recepción en Santa Fe.—Baños.
—La fatiga del viaje.

Londres, 1838

Santa Fe está situada a orillas de un afluente del
gran río Paraná, llamado el Salado, que nace en latitud sur 24° 30' cerca de Salta, capital de la ancha
provincia del mismo nombre. El Salado la riega toda
entera y corriendo sus aguas al través del Tucumán y
gran parte del Gran Chaco, se derrama en el Paraná,
en latitud 31°, 30'. El brazo sobre que está Santa Fe,
forma allí un gran recodo, y vuelve al Paraná nuevamente, alrededor de la latitud 32°, 20' formando, con
este río una isla considerable en frente de Santa Fe.
La ciudad es de pobre apariencia, construída al
estilo de las españolas, con una gran plaza en el centro y ocho calles que de ella arrancan en ángulos rectos. Las casas son de techos bajos, generalmente de
mezquina apariencia, escasamente amuebladas, con
las vigas a la vista, los muros blanqueados, y los pisos de ladrillos, en su mayor parte desprovistos de al-
fombras o de esteras para cubrir su desnudez. Las
calles son de arena suelta, con excepción de una, en

parte pavimentada. Los habitantes de la ciudad y suburbios son de cuatro a cinco mil.

Llegué justamente después de la hora de siesta que, durante el calor del verano, se prolonga desde la una hasta las cinco. Se presentó a mis ojos una escena muy primitiva, cuando, seguido por mi postillón y mi sirviente, sobre nuestros cansados caballos y con los trajes de viaje cubiertos de polvo, recorrí las estrechas calles de la ciudad. Previamente he de decir que las puertas de las casas se abren directamente de las habitaciones principales a la calle, y donde no está así dispuesto, un corto pero ancho zaguán a que se entra por un portón, conduce al patio en cuyos lados están alineados los aposentos. Cada habitación tiene generalmente su puerta que da al patio.

Todos los portones, todas las puertas en todos los patios, todas las salidas de todos los cuartos a la calle, estaban completamente abiertos y los habitantes, hombres y mujeres, con todo el lujo del «deshabillé», sentados en las entradas de sus respectivas moradas. Los que se encontraban del costado de la sombra, sentados literalmente en la calle, mientras aquellos de cuyas casas los rayos del sol aun no se habían retirado, se sentaban dentro de los zaguanes para disfrutar su sombra. Los caballeros estaban vestidos sencillamente con camisa y pantalones blancos, y los pies en chinela; mientras las damas, en obsequio a la frescura y comodidad, se regocijaban dentro de una camisa primitiva, pollera y alguna bata suelta y transparente que apenas aprisionaba el cuerpo.

Vi al momento que las damas de Santa Fe eran completamente distintas por su apariencia y manera de las de Buenos Aires.

¿Cómo pensáis que los habitantes empleaban su

tiempo de la manera descripta, cada hombre, mujer o niño sentado dentro de sus zaguanes o descansando indolentemente en las puertas de sus casas? Pues estaban fumando cigarros, chupando el mate por una bombilla o comiendo sandías. Algunos estaban entregados alternativamente a las tres operaciones. Las calles mostraban esparcidas las cáscaras de la fruta favorita mientras el aire estaba perfumado con su no menos favorito tabaco. Imaginaos cuánto debió chocarme ver por primera vez gran cantidad de mujeres abierta y francamente, no solamente fumando, sino fumando cigarros de tamaño tan enorme que no admitían comparación con los que gustaban sus acompañantes masculinos. Luego se seguía aquel acto tan generalmente relacionado con el fumar, que no es de nombrar para oídos cultos. El mate, la sandía, el traje, la rusticidad general del espectáculo, yo podría haberlos tolerado; pero el gran cigarro en boca de mujer que, por bella que fuese, no podría considerarse desde aquel momento delicada, ¡oh! fué terrible choque para mis nervios, aun no tonificados por la costumbre, contemplar aquella vista tan impropia.

Después de doblar por dos o tres calles, entre aquellos grupos abigarrados, cuya curiosidad, como la de todo habitante de ciudad pequeña, parecía ansiosa de ser satisfecha acerca de quiénes eran los viajeros, llegamos a una casa de mejor apariencia que las que habíamos pasado. El postillón me dijo que esa era la morada del señor Aldao, para quien yo tenía una carta de presentación. Bajé del caballo y encontré a su familia, como todas las demás, sentada en el zaguán, con sus sandías, mate y cigarros. Cuando entregué mis credenciales, fuí lo más cordialmente recibido; y encontré allí, como antes había experimentado en Buenos Aires, que la carta de presentación, en Sud América, no es tal símbolo para una mera civilidad superficial como sucede en este país. Allí es un pasaporte para la hospitalidad positiva ; y eso en todas las formas en que puede ser otorgada por la bondad, la abundancia y la bienvenida más franca y sincera.

Tan pronto como el señor Aldao leyó el contenido de mi pasaporte de presentación de su amigo de Buenos Aires, toda la familia se levantó de sus sillas y me dió la bienvenida. Se llamaron los esclavos, los caballos fueron desensillados, se me condujo a una habitación demasiado espaciosa para los muebles que contenía, y se me dijo que allí era mi dormitorio. Se desplegaron ante mí licores, vino, bizcochuelos, panales, fruta y cigarros : me trajeron una gran palangana y jarra de plata con agua muy fresca y clara para las abluciones, en tanto que yo bebía el mismo líquido refrigerante en un jarro de plata con tapadera, de estilo antiguo. Un mate de plata maciza también adornaba la mesa : el catre sobre que se colocó mi colchón estaba tendido con sábanas de batista, fundas de hilo fino bordado y colcha de damasco carmesí. Pero no había cortinas ni mueble para lavatorio, que estaba reemplazado por una silla de baqueta de la más antigua apariencia. Estaba junto a mí una negra alta con un tejido colgando de su brazo en dobles pliegues hasta el suelo. La trama de la toalla (pues a tan bajo oficio la espléndida tela estaba destinada) era semejante a fino crespón de la India ; y cuando pregunté a mi servidora dónde había sido tejida, se limitó a decir : en Paraguay : habiéndome regalado y refrescado, hice salir a mi toallero autómata y, cambiando mi vestido de viaje, fuí a inspeccionar más de cerca la familia de don Luis Aldao. Era soltero y vivía con la madre, un hermano y dos hermanas. El crepúsculo empezaba a proyectar sus sombras sobre los santafecinos y la luna se levantaba con grande esplendor sobre el horizonte, para mostrar que sus rayos de plata pronto convertirían en el más sereno día la noche que se aproximaba. Hay una brillantez y magnificencia, una esplendente y, sin embargo, plácida gloria en el claro de luna en aquellas regiones de cielo sin nubes y de atmósfera incontaminada por nieblas, que para ser apreciada deben disfrutarse. El grupo de familia entonces, en vez de estar congregado, como en seguida de la siesta, en el zaguán, estaba en el patio y aumentado con la llegada de muchos amigos y vecinos de ambos sexos. Todos iban a bañarse en la cristalina corriente que lava las riberas cubiertas de verdor junto a las que gentilmente se deslizan.

Don Luis me invitó a que los acompañara ; y aunque completamente nuevo para mí y no parecerme raro ser invitado, en unión con otros de mi sexo, hacer compañía a las damas que iban a bañarse, jamás sospeché que fuéramos a estar con ellas al borde del agua. Yo, naturalmente, consentí en formar parte de tan nueva e interesante comitiva, y nos pusimos en camino. Las damas eran atendidas por numerosas esclavas que llevaban los vestidos de baño de sus señoras.

Así que nos movimos «en masse», mucha fué la broma y grande la risa que nos alegraron el camino. Demasiado sencillo y banal para repetirlo fué el lenguaje en que se entabló toda la conversación. Al fin el río brillante se alzó ante nuestras miradas, con sus aguas temblorosas bajo los danzantes rayos de la luna. Pero imaginad, amigo mío, si podéis, mi asombro, cuando, llegando a la orilla, vi a las náyades santafecinas que se habían echado al agua antes de nuestro arribo, cambiándose bromas, poseídas de gran júbilo, con los caballeros que estaban bañándose a corta distancia más arriba. Es cierto que todos estaban vestidos, las damas de blanco y los hombres con calzones; pero había en la exhibición algo que iba en contra de mis preconcebidas nociones de propiedad y decencia.

Mientras estuve, vi a todos los habitantes de Santa Fe (pues supongo que apenas uno habría quedado en su casa) ejecutar sus maniobras acuáticas tan familiarmente como si hubieran estado dando vueltas en el laberinto de una cuadrilla. La jarana, alegría y risa continua eran la orden de la tarde; y sin embargo, de todo lo que oí y vi durante el mucho subsecuente trato con la gente, verdaderamente creo que sus diversiones en el baño eran tan inocentes como un rígido mahometano puede pensar que son nuestros salones de baile europeos. Un juicio demasiado severo aplicado por un europeo a los habitantes de Santa Fe a causa de su modo de bañarse sería tan injustificado y tan erróneo como el del censor mahometano sobre las mujeres de Inglaterra, Francia y América, porque, como las de su país, no están confinadas en el harén.

Al fin nuestras compañeras salieron del agua. Las damas fueron vestidas con gran destreza por sus doncellas; se juntaron las ropas de baño mojadas; el cabello, las largas, las bellas trenzas negras, que habían sido recogidas con una peineta durante el baño, flotaban en lujuriante abundancia sobre los hombros y mucho más abajo de la cintura de las santafecinas, cuando en pausada procesión volvían a sus hogares.

Tenían cuidado de no caminar muy aprisa para no malograr el beneficio de su baño refrescante y, cuando al llegar a casa se juntaron en tertulia en los zaguanes o patios, el cabello, como un velo, continuaba envolviendo toda su persona menos el rostro. Sostenían que, de otra manera, no podían conseguir que se secasen sus trenzas y rizos antes de la hora del descanso.

En este punto siguió una prolongada conversación sobre los diferentes hábitos de las damas en Santa Fe y en Inglaterra; hasta que la llamada a cenar me libró afortunadamente de contestar algunas preguntas embarazosas.

La noche se cerró (no obstante el calor) con una cena caliente, abundante vino, más sandías y cigarros, de los cuales, me apena decirlo, las damas participaron aparentemente con el mayor deleite.

A media noche todos fuimos a nuestros respectivos aposentos, y yo, naturalmente, a mi gran sala vacía, pero con lujoso lecho. Allí, estirando mis cansados miembros, me sumergí en un reposo tan profundo, como se puede imaginar que necesita un hombre después de galopar casi cuatro días bajo un sol de fuego, sin las sombras de un solo árbol, con poco descanso— el viaje indiferente—e incesantes ataques de gran variedad de aquellos insectos ponzoñosos que viven de molestar al hombre Para quien ha sido tan martirizado, una cama como la del señor Aldao era un lujo para ser experimentado solamente por aquellos que la ocupan al mismo precio que pagan los viajeros de la Pampa.

Vuestro, etc.

J. P. R.

CARTA XVII

Candioti.—El Estanciero de Entre Rios.

Londres, 1838

Un día, después de la siesta, medio transformado
en santafecino, estaba yo sentado, sin chaqueta y chaleco, con el grupo de familia en el zaguán, cuando
llegó, al paso de su caballo, el caballero anciano más
apuesto y lujosamente equipado que habíase presentado a mi vista. «Allí, dijo Aldao, viene mi tío Candioti».

A menudo lo había oído nombrar : ¿a quién que
haya estado en aquel país no le ha sucedido lo mismo? Era el verdadero príncipe de los gauchos, señor
de trescientas leguas cuadradas de tierra, propietario de doscientas cincuenta mil cabezas de ganado,
dueño de trescientos mil caballos y mulas y de más
de quinientos mil pesos atesorados en sus cofres en
onzas de oro, importadas del Perú.

Llegaba a la sazón de una de sus excursiones a
aquel país, se sentaba sobre el lomo de un bayo lus-
troso y potente ; decididamente el animal más lindo
que yo había visto en el país. Nada más espléndido,

como caballo y jinete tomados en conjunto y en relación al estilo gaucho de montura en boga podría encontrarse en Sud América.

Cuando pasaron las felicitaciones de la familia al reunirse después de seis meses de ausencia, fuí presentado al señor Candioti, e hice mi saludo con toda la deferencia debida a potentado tan patriarcal. Sus maneras y hábitos eran igualmente sencillos, y su modo de conducirse con los demás tan sin ostentación y cortés, como eran sus derechos a la superioridad y riqueza universalmente admitidos.

El príncipe de los gauchos, era príncipe en nada más que en aquella noble sencillez que caracterizaba todo su porte. Estaba muy alto en su esfera de acción para temer la competencia, demasiado independiente para someter su cortesía por el solo beneficio personal ; y demasiado ingenuo para abrigar en su pecho el pensamiento de ser hipócrita.

Se mantuvo sobre el caballo y entabló una charla familiar con todos los que le rodeaban. De cuando en cuando encendía su cigarro sacando fuego con pedernal y acero en yesca guardada en una punta de cuerno pulido, adornado de plata con una cadena de oro adherida, de que colgaba la tapa o más bien el apagador. cuando se usaba el yesquero. Cuando lo contemplé no pude menos que admirar su singularmente hermoso rostro y su digno semblante.

Su pequeña boca y nariz estrictamente griega, su noble frente y finos cabellos delicadamente peinados en guedejas de plata, sus penetrantes ojos azules y su semblante tan sano y rubio como si hubiera pasado la vida en Noruega, en vez de cabalgar en las Pampas, eran todos interesantes. También sus atavíos, a la moda y estilo del país, eran magníficos. El poncho había sido hecho en el Perú y, fuera de ser del mate-

rial más rico, estaba bordado en campo blanco y en
soberbio estilo. Además, tenía una chaqueta de la más
rica tela de la India, sobre un chaleco de raso blanco que, como el poncho, era bellamente bordado y
adornado con botoncitos de oro pendientes de un pequeño eslabón del mismo metal. No tenía corbata y
el cuello y pechera de la camisa mostraban sobre
fino cambray francés los más ricos ejemplos de bordados circulares que producía el Paraguay. Su ropa
inferior era de terciopelo negro, abierta en la rodilla y, como el chaleco, adornada con botones de
oro, pendientes también de pequeños eslabones que,
evidentemente, nunca se había pensado usarlos en
los ojales. Debajo de esta parte de su traje se veían
las extremidades, con flecos y bordados circulares, de
un par de calzoncillos de delicada tela paraguaya.
Eran amplios como pantalones de turcomano, blancos como la nieve y llegaban a la pantorrilla lo bastante para dejar ver un par de medias obscuras hechas en el Perú de la mejor lana de vicuña. Las botas de potro del señor Candioti ajustaban los pies y tobillos, como un guante francés ajusta la mano, y las
puntas dobladas hacia arriba, dábanles aspectos de
borceguíes. A estas botas estaban adheridas un par
de pesadas espuelas de plata, brillantemente bruñidas.
Para completar su atavío personal el principesco gaucho llevaba un gran sombrero de paja del Perú, rodeado por una cinta de terciopelo negro y su cintura ceñida con rica faja de seda carmesí destinada al
triple objeto de cinturón de montar, de tirantes y de
cinto para un gran cuchillo con vaina marroquí de la
que salía el mango de plata maciza.

Si primoroso el atavío del jinete, era sobrepasado,
si es posible, por los arreos de su caballo. Allí todo
era plata prolijamente trabajada y curiosamente ata-

raceada. Las cabezadas del recado y las complicadas del freno estaban cubiertas con el precioso metal, las riendas con virolas del mismo y en la hechura de sus estribos debía haber agotado toda su habilidad el mejor platero del Perú, con un peso mínimo de diez libras de plata piña para trabajarlos. Tal, en carácter y en persona, era Candioti, el patriarca de Santa Fe. Para completar su semblanza debo dar idea de su extraordinaria y feliz carrera en la vida, de cómo vino a ser poseedor de tan vasta extensión de territorio y de qué manera sus ganados y rebaños se multiplicaron hasta superar el número a los de Jacob. Como él, Candioti creció y avanzó hasta ser muy grande y, como Abrahán, fué rico en ganado, plata y oro.

La ciudad de Santa Fe fué fundada en 1573, por un soldado muy intrépido, Juan de Garay, al mando de ochenta y seis hombres solamente.

El establecimiento de la ciudad en aquel sitio se verificó por orden de Martín Sáenz de Toledo, gobernador del Paraguay, con el propósito de extender las conquistas, y aumentar los súbditos indios de la vieja España. En corto tiempo, más de veinticinco mil indígenas de las Pampas, el Chaco y otros lugares se sometieron a Garay, y su banda de soldados; y aunque muchos de ellos después se dispersaron y la ciudad estuviese expuesta a frecuentes ataques y malones de las tribus hostiles, no obstante, se mantuvo la conquista, y el asiento gradualmente creció en fuerza y en número.

Pero no fué sino después de setenta u ochenta años que alcanzó su actual importancia; y a eso llegó de modo tan íntimo con el surgimiento de Candioti en el mundo, que su tráfico, riqueza y población, tales como hoy son, han seguido paralelos con la fortuna de su patriarca.

Habiendo en su juventud, con pocas mulas para vender, hecho corta excursión al Perú en tiempos que las minas de Potosí y otros parajes de aquel país producían vastos rendimientos, Candioti vió cuán desproporcionada a la demanda era la oferta de aquellos útiles animales para transportar minerales y mercaderías, tanto como pasajeros en un país árido y rocalloso. Crecientes cantidades de ellos se requerían también para la conducción de los productos del Paraguay a Córdoba, Mendoza, San Luis, Tucumán, Salta y otras ciudades.

De regreso a Santa Fe, el sagaz especulador y observador invirtió los diez mil pesos ganados en su primer viaje en la adquisición de una propiedad en el Entre Ríos, como a treinta leguas de Santa Fe, en la otra banda del Paraná. Determinó concentrar su principal atención en la cría de mulas para exportar al Perú. Desde entonces hacía un viaje anual a aquel país y cada año fué más provechoso que el precedente. Cuando volvía periódicamente a su ciudad natal, invertía regularmente en nuevas propiedades contiguas a las precedentes y en ganados para poblarlas la ganancia total de la expedición del año. En aquellos tiempos de superabundancia de tierra en Sud América y en verdad mucho después, el modo de adquirir propiedad raíz no consistía en pagar una suma dada por acre, milla y aun legua, sino que se abonaba tanto por cabeza del ganado que mantenía y una bagatela por algunos pocos accesorios, como media docena de ranchos y otros tantos corrales para encerrar ganado. El precio corriente que entonces se pagaba por un animal vacuno era de dos chelines y, por un yeguarizo seis peniques. Una propiedad de cinco leguas de largo por dos y medio de ancho, es decir, de doce y media leguas cuadradas, podía man-

tener, generalmente hablando, alrededor de ocho mil
cabezas de ganado y quince mil caballos. El valor
de ellos a los precios mencionados sería :

Por 8.000 cabezas de ganado a 2 s.	£ 800
15.000 caballos a 6 d..............	» 375
Ranchos y corrales..............	» 100

Costo total : £ 1.275

Dejando la propiedad de doce leguas y media o
treinta y media millas cuadradas, como bonificación
al comprador.

Si consideramos ahora que los viajes de Candioti
al Perú eran cada año más provechosos, habilitán-
dolo finalmente para comprar por año tres propiedades como las antes descriptas, se verá de qué manera su fortuna territorial debió haberse aumentado ;
cómo sus ganados, sus caballos y sus mulas han de-
bido crecer y multiplicarse y cómo el hombre mismo debe haberse hecho «excesivamente grande».

Otras muchas familias de Santa Fe siguieron a la
distancia el ejemplo de Candioti ; y en conclusión, la
ciudad llegó a suministrar mulas al Perú. Llegó también a ser el emporio y puerto de tránsito de los
productos paraguayos destinados a Chile y al Alto y
Bajo Perú ; y extendió su influencia y acreció su riqueza con la adquisición de muchas propiedades en la
Banda Oriental y el Entre Ríos, donde se criaban la
mayor parte de las mulas para exportación.

La manera en que Candioti hacía su caravana
anual al Perú, con cinco o seis mil mulas, era la siguiente : habiéndolas conducido desde sus estancias
hasta la ribera Este del Paraná, atravesando a nado
aquella vasta corriente, bajo la dirección de muchos

peones, las encerraba en potreros en la vecindad de Santa Fe hasta juntar el número requerido. Entonces cargaba treinta o cuarenta carros gigantes con las mercaderías más necesitadas en el Perú; y tomando consigo, bajo la guía de su mirada vigilante, quinientos bueyes para relevos en la tracción de los carros y sus seis mil mulas arreadas «en masse» por cuarenta o cincuenta peones gauchos, ponía cara a las llanuras y comenzaba su viaje en dirección a Santiago, Tucumán y Salta, dejando Córdoba a la izquierda. El país, cubierto de pasto y regado copiosamente por arroyos, proveía sustento para el ganado dondequiera que hiciera alto; y no encontraba en su camino obstrucción de zanjas y cercos, como tampoco necesitaba gastar un solo centavo para obtener la manutención de numerosa caballada. Además de sus bueyes llevaba novillos en suficiente número para carnear diariamente a medida que avanzaba; y ni él ni sus hombres pensaban en otra provisión necesaria que no fuera carne, mate, sal, agua y sandías. Ninguna de ellas, exceptuando la sal y el mate, podría decirse que costara nada a Candioti; y éstas eran muy baratas. Los peones tenían su lujo, igualmente, barato, de tabaco; pero aun esto se deducía de sus salarios. Siempre que la caravana hacía alto se dejaba a los bueyes, una vez desuncidos, pastar en la llanura; lo mismo se hacía con las mulas y, mientras la mitad de los peones a caballo las rodeaba constantemente para que no se dispersasen, la otra mitad se ocupaba en encender hogueras sobre el haz de la tierra, asar carne, hervir agua, comer sandías, o se cobijaban a la sombra de los carros para descansar.

A una hora dada el grupo descansado era enviado a relevar a los que estaban trabajando; y cuando hombre y bestias estaban suficientemente repuestos,

volvían otra vez a marchar el arreo y la caravana.
En las bellas noches de luna andaban desde la tarde
hasta la mañana y reposaban durante las horas de
calor solar ; pero cuando las noches eran obscuras,
necesariamente se detenían, encendían sus fogones
y hacían ronda cruzada sobre sus rebaños de ganado,
mientras vagando éstos sin limitación, bajo la ins-
pección de los peones, pastaban a la vista de los numerosos fogones encendidos para prevenir que se ale-
jaran del campamento.

Candioti era, por supuesto, el genio de la jornada. Durmiendo menos que sus peones, era siempre
el último en acostarse y el primero en levantarse.
Invariablemente se levantaba a media noche y en alguna otra hora de la noche o la madrugada para ver
si los vigías eran propiamente relevados y el ganado
mantenido junto. Toda la disciplina de este campamento errante estaba no solamente acorde con sus re-
glamentos precisos, sino que rara vez se infringía
por estar vigilantemente dirigida. Perdonaría la ebrie-
dad de un peón, la impertinencia (previa disculpa pe-
dida), la ausencia, el juego y aun el robo ; pero jamás
se supo que perdonara al hombre que sorprendió dormido cuando debía estar despierto.

Algunas anécdotas suyas se refieren curiosamente
ilustrativas del efecto producido por este hábito de
vigilancia. Llegó a pensar al fin que era una especie
de ignominia que se supiese que él dormía ; y todos
los sirvientes que tuvo estaban prontos para afirmar
que ellos nunca habían «visto» a su patrón dormido.
Para que su esposa no atestiguase haberlo encontrado
culpable de tal debilidad, siempre tenía dormitorio se-
parado. Dos de sus amigos intentaron sorprenderlo,
visitándolo uno a las dos y el otro a las tres de la
mañana, en distintos días. «Señor don Francisco»,

dijo el primero al llamar a la puerta, «¿está usted dormido?» Candioti estaba casi dormido ; porque a despecho de sus esfuerzos, ciertamente requería un poco de descanso ; pero con oídos listos como liebre, al momento que sonó la primera palmada del amigo, «no», replicó, «estaba pensando qué será lo que detiene a aquella última tropa de mulas tanto tiempo después de su hora de llegada». Instantáneamente encendió su yesquero, alumbró una vela, y con un cigarro en la boca, abrió la puerta a su amigo. Le brindó un cigarro, le invitó a sentarse y, sin la mínima observación sobre la hora de la visita, empezó a hablar corrientemente sobre temas interesantes para ambos. El amigo entonces creyó que debía disculparse ; pero Candioti, interrumpiéndole, dijo : «Sabe usted, amigo mío, que para mí es lo mismo recibir visitas a las dos de la mañana que a medio día : así, no hay el menor motivo para disculparse ; sírvase fumar su cigarro.»

El segundo amigo, después de un tiempo, llamó a la puerta y dijo : «Señor don Francisco» (éste era su nombre de pila) «¿está usted dormido?» «Nada de eso», replicó el príncipe de los gauchos, «pase usted adelante». Cuando su amigo entró, Candioti le dijo que acababa de ordenar que se ensillase su caballo y estaba por ir al potrero para ver si las mulas y peones estaban prontos para partir al día siguiente.

Candioti tenía una hija única de matrimonio, que es la heredera de toda su fortuna. Pero su progenie es tan numerosa, que la mayor parte de sus estancias están administradas por uno o más de sus hijos. Comí con él un día en que cuatro de ellos estaban presentes. Nuestra comida fué lo más abundante ; eran numerosos los esclavos que nos servían ; todos los artículos de la casa en que podía utilizarse la plata, de ella estaban hechos, fuentes, tenedores, platos, palanganas, bandejas. Y sin embargo, no había una alfombra en toda la casa ; las sillas eran con asiento de paja, las mesas de pino ni siquiera pintadas ; los lechos eran catres de cuero ; no había cortinas ni vidrieras en las ventanas ; y en la misma sala de recibo, sobre un caballete, estaba todo el apero de Candioti. El patio estaba continuamente lleno de capataces pidiendo órdenes, o peones trayendo mensajes, o entrando y sacando caballos.

En sus costumbres de comer y beber, Candioti era muy abstemio. Rara vez bebía sino agua y mate y era moderado en la comida a menos que, en el campo, le fuera puesta por delante la irresistible carne con cuero. Nunca parecía estar precisamente en su elemento sino a caballo y se daba maña, en casa o en viaje, para pasar diez y seis de las veinticuatro horas, de su manera favorita.

Fumaba y hablaba todo el día ; rara vez tomaba la pluma, excepto para firmar y, jamás, ni por broma, abría un libro. Solía decir que esto atañía a los clérigos y abogados y que él sospechaba deberse muchas de las luchas forenses y religiosas a la propensión que se observa en estas dos clases de hombres a absorberse en libros que, según él creía, estaban generalmente llenos de cavilaciones legales o de controversias y polémicas.

Vuestro, etc.

J. P. R.

CARTA XVIII

Al señor J. G.

Pasaje de Santa Fe.—A la Bajada.—La Bajada de Santa
Fe.—Viaje de Santa Fe a Corrientes.—Economía Mal-
thusiana. —Una estancia de Candioti.—La perdiz
grande.—Avestruces.—Doma de potros.—La hierra.

Londres, 1838

Permanecí un mes entre los santafecinos como
huésped agasajado a su modo, mientras yo hacía
observaciones a modo mío. Aun no se tenían noticias
de mi barquito, que había salido de Buenos Aires pocos días antes que yo. Pero la navegación del Paraná, aguas arriba, no es el único asunto fastidioso a
que deben someterse los que quieren ir contra la corriente en este mundo.

El bajel, en cuarenta días de viaje, no había, sin
embargo, recorrido cuatrocientas millas; esto es, ni
diez diarias.

Como las cosas empezaban a hacerse monótonas en
Santa Fe, pensé proseguir mi ruta. Me despedí de la
gente sencilla y buena de aquel lugar y provisto de
nuevas cartas de recomendación, especialmente de

Candioti para dos de sus hijos que administraban las estancias suyas de Entre Ríos que estaban en mi camino, volví a endosarme el traje de viajero y, con mi curtido y fiel sirviente Francisco, me embarqué en canoa con rumbo a la Bajada. Zarpamos en el riacho o brazo del Salado sobre que se halla Santa Fe, llevado por seis atléticos bogadores paraguayos. Después de deslizarnos doce o catorce millas, entramos al noble y majestuoso Paraná. Allí es de tres millas de ancho, terso y claro como cristal, con bosque en la banda occidental y limitado al oriente por barrancas precipitosas. Como el Salado desemboca abajo de la Bajada, nos vimos obligados a bogar aguas arriba, aproximadamente tres millas, antes de poder aventurarnos a cruzar, sin correr riesgo de ser llevados por la corriente más abajo del punto a que nos proponíamos llegar. Cuando habíamos recorrido esta distancia arriba de la Bajada, nuestra canoíta fué inmediatamente lanzada en plena correntada; y haciendo por el ímpetu de ésta tanto camino lateral como por el impulso de las palas hacia adelante, atravesamos el río de manera rápida y elegante. Alcanzamos en media hora desde nuestro punto de partida arriba de la Bajada aquel preciso lugar. Ningún marinero en el mundo habría más lindamente calculado, ni con mayor precisión ejecutado, la toma de puerto en esquife y en una rápida corriente, que aquellos paraguayos en su canoa expuesta a tumbarse al menor movimiento de un pasajero un poco más a la derecha o a la izquierda. Encontré el puerto de la Bajada situado al pie de una barranca altísima pero suavemente inclinada. La villa, distante del puerto, está en lo alto y de aquí deriva su nombre «Bajada de Santa Fe». Pudiera haberse llamado el Gólgota del ganado, porque estaba el terreno cubierto no solamente de cráneos,

sino también de osamentas. Estaba completamente
rodeada por mataderos y corrales; o, mejor, en vez
de estar éstos rodeando la villa, constituía parte de
ella. El suelo estaba empapado en sangre de animales
y los efluvios de sus desperdicios, de las grandes pilas
de cuero, y de las graserías, desprendidos por efectos
del sol quemante, con intensidad decuplicada, eran
casi insoportables. El aire en aquellos corrales estaba
casi obscurecido por las aves de rapiña. Caranchos,
chimangos y gaviotas aleteaban, rondaban, y descri-
bían círculos en el aire sobre las reses muertas. Aquí
una docena de tumultuosos asaltantes que aferraban
sus garras e introducían sus corvos picos en la carne
todavía palpitante del animal que había dado su cuero y sebo «únicos que se utilizaban» a los matarifes
gauchos. Allí, otros tantos lechones luchaban por el
predominio en bulliciosos banquetes y, cerca, algunos
perros voraces usurpaban y mantenían el derecho a
la presa. Patos, gallinas, pavos, todos parecían pre-
ferir la carne a cualquier otra cosa; y tal graznar, ca-
carear, ladrar y chillar en el constante tumulto de
aquella heterogénea familia de cuadrúpedos y criaturas aladas, que estaban vorazmente satisfaciendo
los deseos ardientes de la naturaleza, jamás se oyó
fuera de Babel. Emprendí mi camino a casa del gobernador, fuí recibido con el pomposo aunque zafio
decoro de un jefe de aldea recientemente nombrado
para el puesto, visó mi pasaporte y dos horas después
de mi desembarco, dejé a media rienda la carnívora
Bajada.

Al avanzar con velocidad de doce millas por hora
me apercibí que había entrado en un país completamente diferente del que media entre Santa Fe y
Buenos Aires. Allá todo era chato, monótono, con
leguas y leguas cubiertas por cardos de ocho pies de

altura, dejando solamente el espacio necesario para
el caballo a través de su obscura, densa e interminable maraña. Aquí el país era ondulado, verde, regado
con numerosos y tortuosos arroyos, y de vez en cuando sombreado y aun adornado por bosques de algarro-
bos. Los hatos de ganado eran más grandes, los caballos más lindos, los campesinos más atléticos que en
la banda occidental del Paraná ; y aunque allá como
aquí no había cercos, cultivos u otras señales de industria humana ; aunque las desparramadas habitaciones eran simples chozas de quincho, y sus habitantes, medio desnudos, poco apartados de la vida
salvaje, no obstante, todo el aspecto del país era más
alegre y placentero. Mientras cabalgaba en aparente
interminable extensión de lomas y cañadas, dotadas
con todo lo rico y bello de la naturaleza, no podía
menos de considerar en qué magnífica tierra se con-
vertiría algún día. Antojábaseme ver ya los inmensos hatos de lustrosos y mugientes ganados que cu-
brían prados sin término, encerrados en límites más
estrechos, y haciendo lugar para la ciudad, opulenta,
el pueblo atareado, la aldea rural y las variadas ocupaciones del agricultor, del comerciante y del artesa-
no. No podía menos que espantarme de la teoría de
los economistas que quisieran persuadirnos de que el
mundo está excesivamente poblado y que un Dios
bienhechor no ha proveído suficientes medios de subsistencia para sus criaturas. ¿Cómo podría no sonreir de los fantásticos cálculos aritméticos de los filó-
sofos malthusianos cuando nos dicen que en un número dado de años se producirá un proceso de exter-
minio humano, por carestía de las necesidades de la
vida, para dejar alimento y vestido a un número dado
y limitado de habitantes en la tierra?

Al fin de mi segunda jornada llegué a una de las

mejores estancias de Candioti en el Arroyo Hondo, y me detuve para pasar la noche. Al presentar las credenciales del gaucho veterano, fuí recibido por uno de sus numerosos vástagos, con toda la desbordante hospitalidad del país. El habitaba solamente un rancho de quincho con tres piezas que formaba, con otras dos o tres construcciones aisladas, el costado de un cuadrado inconcluso. Otro lado y medio estaba ocupado por las chozas pequeñas y bastante bajas de cuarenta y cinco peones que cuidaban las treinta mil cabezas de ganado y unos cincuenta mil caballos y mulas de la estancia. Alrededor de esta pequeña colonia había cuatro enormes corrales para ganados y un chiquero.

Con Selkirk, el hijo de Candioti podría haber dicho : «Soy dueño de todo lo que miro». Todos los rasgos de su bello semblante denunciaban a su progenitor. Con el mismo modo patriarcal de su padre me recibió el hijo bajo su modesto dintel. El sol se ponía, los numerosos rebaños eran arreados, mugiendo, al venir de la aguada a los corrales ; una incontable majada balaba a lo lejos guiada por un peón y doce perros sagaces—ellos también—venían a su lugar de reposo nocturno.

La alada tribu de aves domésticas cacareaba por el dormidero, y las palomas, girando en su último vuelo del día, se juntaban alrededor del palomar. Las voces profundas de los peones a caballo que rodeaban el ganado llegaban desde lejos ondulando en la brisa ; mientras la nota quejumbrosa de la perdiz, que abundaba en todas direcciones, trinaba y formaba parte de la armonía rural del final del día.

Muchas fueron las víctimas que se ordenaron sacrificar para proveer la cena. La ternera gorda fué matada para asarla con cuero ; se sacrificaron tres po-

llos para la olla y el asador ; tres yuntas de pichones
recién emplumados fueron destinados a la cacerola ;
un cordero mamón fué asado a la estanca. «Y ahora,
dijo el hijo de Candioti, vamos a agarrar unas perdices». Habéis oído que las perdices se cazan con
perdigones, pero quizás no sospecháis cómo se aga-
rran en aquellos países. Caminamos unas quinientas
yardas desde la casa, seguidos por dos gauchos a caballo. Cada uno tenía en sus manos un rebenque.
Luego vimos veintenas de perdices atisbando con sus
cabecitas por encima del pasto. Los gauchos se diri-
gieron al primer par que vieron e, inclinándose hasta
la mitad del costado del caballo, comenzaron por describir con sus rebenques también un gran círculo alrededor de las aves, mientras éstas, con ojos ansio-
sos, seguían el movimiento. Gradualmente el mágico
círculo se estrechaba y las perdices encantadas se asus-
taban más y más de intentar escaparse. Quedaron
estupefactas y los peones, acercándose a ellas con un
súbito y diestro golpe de rebenque les dieron en la
cabeza. Las pequeñas inocentes fueron entonces no
metidas en el morral (porque los gauchos no tienen
tal chisme de caza), sino colgadas, una por una, de
un tiento ; siendo tomadas de esta manera seis yuntas
aproximadamente en quince minutos, retornamos a
la casa. ¡ Pobres perdices ! Habían hallado la muerte,
no por los medios legítimos de pólvora y plomo, sino
que fulminadas por mágico hechizo, fueron derriba-
das por el golpe inesperado de un rebenque gaucho.

En Inglaterra la carne de vaca o carnero debe
guardarse una semana, y diez días la de caza, antes de
comerla. No es así en Sud América, pues las perdices
tomadas diez minutos antes, la ternera, los pollos y
pichones, que habían dicho adiós al mundo aquella
misma tarde, estaban todos y de distintos modos co-

cinándose ; se participó de ellos dos horas después y los encontramos delicados, tiernos, excelentes. No sé cómo es esto ; pero así es.

Una mesa de pino fué cubierta con un espléndido mantel bordado ; la mayor parte de los útiles de comer eran de plata ; agua cristalina brillaba en una garrafa de cristal ; vino, sandías, duraznos, miel y cigarros estaban en una mesa contigua ; y después de un refrigerio de dos horas, me estiré sobre el lujoso lecho, aunque sin cortinas, y dormí profundamente hasta la madrugada.

No debéis, sin embargo, abrigar la idea de que estábamos sentados en nada parecido a un comedor inglés.

El piso de nuestra habitación era de barro y también los muros. La paja del techo era bien visible. Aquí, en un rincón, estaba mi cama, y allí, en otro, desparramados, los engorrosos aperos de tres o cuatro caballos. En dos grandes tinajas se contenía el agua, y los criados cobrizos que nos servían, medio desnudos, con candor indio. No habíamos cambiado cuchillos, platos, ni tenedores. Candioti, su capataz principal y el cura de la capilla vecina, comieron del mismo plato. Los asientos eran sillas anticuadas de baquetas con respaldo de cinco pies desde el suelo.

La puerta permanecía abierta y en sus cercanías estaban media docena de caballos ensillados atados al palenque.

No había cuadros que adornaran las paredes, ni ventanas con vidrieras, ni siquiera postigos para protegerlas.

Todo a nuestro alrededor, inclusive el sabroso y abundante festín, demostraba que estábamos cenando con un jefe nómade. Su bienvenida era primitiva y cordial ; su riqueza consistía en ganados y rebaños, y los arreglos domésticos eran rudos y sencillos como los hábitos del señor. Todo evidenciaba la distancia a que nos encontrábamos del lujo y refinamiento modernos. La jofaina en que, como los judíos, nos lavamos las manos después de comer, fué pasada por una china sirviente ; y un mulato alto, llevando afuera mis botas, sacó con un palo la arcilla que tenían adherida, y las puso junto a mi cama, a manera de prevención de que era todo lo que podía esperar en cuanto a limpieza. Apenas comenzó a aclarar el día, mate y cigarro me fueron traidos por el joven Condioti, los aperos fueron sacados y puestos sobre el lomo de varios caballos magníficos que estaban ya prontos a la puerta para ser ensillados ; y en diez minutos, Candioti, su capataz, mi sirviente y ocho peones seguidos por seis grandes perros, estuvieron montados y listos para recorrer toda la estancia, a fin de que yo pudiera ver un poco la manera de administrarla y tener idea de la extensión de su superficie.

Partimos, como otros tantos árabes, con nuestros ánimos entusiasmándose a medida que los caballos se excitaban.

La perdiz se remontaba zumbando de debajo de nuestros pies ; el venado y la gama saltaban delante de nosotros ; el chillón teru teru, o ave fría cornada, volaba a nuestro derredor ; el avestruz arrancaba de su nidada y con musculosos miembros y alas abiertas desafiaba la velocidad del caballo.

Se levantó la perdiz grande y aquí comenzó el deporte del día. Tan pronto como esta noble ave hubo iniciado su vuelo perpendicular, el joven Candioti y todos los peones de su séquito metieron espuelas a sus caballos, se inclinaron sobre sus pescuezos, azuzaron a los perros, y me dijo : «Vamos, señor don Juan, atrás de la perdiz.» Los caballos seguían el vuelo de la per-

diz, y casi a la misma velocidad ; los perros, con rui-
dosa algarabía, seguían a los caballos ; cada hombre
se golpeaba la boca con rápido y reiterado movimiento, hasta que el cielo repicaba con el estrépito de los
gritos de jinetes y perros. No se necesitaba cuerno
de caza ; hubiera sido ahogado en el fuerte aunque no
inarmónico concierto de nuestra cuadrilla de caza.
A paso más ligero del que yo nunca había seguido al
zorro, seguimos a la perdiz grande. Los ojos de águila
de los gauchos perseguidores no la perdieron de vista
hasta que, después de un vuelo aproximado de tres
minutos, la «marcaron» abajo. Al sitio señalado llegaron los caballos y perros palpitantes. Al momento per-
cibieron el tufo las narices de los perros ya impacien-
tes. La perdiz corría. Sus perseguidores seguían su
rápida carrera con la seguridad del instinto ; y mientras ellos hacían esto, los jinetes iban al trote corto.
Por decirlo así, era el punto culminante de la cace-
ría ; y como, a cada momento se esperaba que el ave
volase y los perros llevasen de cerca y más estrecha-
mente el rastro, la emoción se hacía extrema.

Los sabuesos estaban en una agitación indescrip-
tible ; los peones, Candioti y yo mismo, no respirá-
bamos. Al fin, voló la asustada, impulsiva y perse-
guida ave. Su segundo vuelo fué más corto y débil
que el primero ; más animada se hizo la persecución
de cazadores y perros. Otra vez la siguieron y, vuelta a encontrar, la perdiz tomó su más corto y último
vuelo ; y luego, como el ciervo llorón, imposibilitada
de ir más lejos, se entregó en manos de sus perseguidores. La levantamos vencida por la fatiga y temblando de miedo ; pero, estando como otros cazadores, demasiado atentos a nuestro propio placer para preocu-
parnos del dolor de la víctima, fuimos inmediatamente consolados y complacidos con ver el objeto de nues-

tra persecución, ansiedad y recreo, zangoloteando de un tiento en los bastos de uno de los gauchos. Habíamos tomado tres yuntas cuando, levantándose un avestruz delante de nosotros, Candioti dió el grito de guerra a sus compañeros gauchos ; y a mí la entonces bien conocida prevención de : «Vamos, señor don Juan». Partieron o, más bien, volaron los gauchos : mi caballo se abalanzó en su compañía, y estuvimos luego, en vez de rastreando una presa invisible en el pasto tupido, en plena gritería, en seguimiento del ligero, visible y atlético avestruz. Con copete erguido y mirada colérica, destacándose de todo el herbaje, nuestra pieza huía de nosotros con el auxilio combinado de alas y patas, a razón de diez y seis millas por hora.

La persecución duraba la mitad de ese tiempo, cuando un peón indio, adelantándose a la cerrada falange de sus competidores montados, revoleó las boleadoras con admirable gracia y destreza por encima de su cabeza, y con mortal puntería las arrojó sobre el medio cursor, medio volador y ahora malhadado avestruz. Irreparablemente enredado cayó el ave gigante, rodando agitándose, jadeando ; y siendo en un instante despachada, los cazadores le arrancaron las plumas, las fijaron en sus tiradores y abandonaron la estropeada y desplumada res, muerta, en la llanura, para alimento de las aves de rapiña que ya estaban atisbando por los alrededores.

Después encontramos una manada inmensa de caballos salvajes y el joven Candioti me dijo : «Ahora, señor don Juan, he de mostrarle nuestro modo de domar potros». Así diciendo, se dió la orden de perseguir la manada ; y otra vez los jinetes gauchos partieron como relámpagos y Candioti y yo los acompañamos. La manada se componía de más o menos dos

mil caballos, relinchando y bufando, con orejas paradas, cola flotante y crines echadas al viento. Huye-
ron asustados desde el momento que se apercibieron
de que eran perseguidos. Los gauchos lanzaron su
grito acostumbrado ; los perros quedaron rezagados ;
y no fué antes de seguirlos a toda velocidad y sin interrupción en el trayecto de cinco millas, que los dos
peones que iban adelante lanzaron sus boleadoras al
caballo que cada uno había cortado de la manada. Dos
valientes potros cayeron al suelo, con horribles roda-
das. La manada continuó su huída desesperada aban-
donando a sus dos caídos compañeros. Sobre éstos se
precipitó todo el grupo de gauchos ; fueron enlazados
de las patas ; un hombre sujetó la cabeza de cada caballo y otro el cuarto trasero ; mientras, con singular
rapidez y destreza, otros dos gauchos enriendaron y
ensillaron a las caídas, trémulas y casi frenéticas víctimas. Hecho esto, los dos hombres que habían bo-
leado los potros los montaron cuando todavía yacían
sobre el suelo. En un momento, se aflojaron los lazos
que los ligaban y al mismo tiempo una gritería de los
circunstantes asustó de tal modo a los potros, que se
pararon en las cuatro patas, pero con gran sorpresa
suya, cada uno con un jinete en el lomo ; remachado
como estaba al recado, y sujetándolo por medio del
nunca antes soñado bocado. Los animales dieron una
voltereta simultánea sorprendente ; se alzaron en dos
patas, manotearon y patearon ; luego salieron a todo
correr y de cuando en cuando se detenían corto tiempo en su carrera, con la cabeza entre los remos, tra-
tando de arrojar a sus jinetes «¡ qué esperanza !» Inmóviles se sentaban los dos tapes ; se reían de los esfuerzos inútiles de los turbulentos y furiosos animales
para desmontarlos ; y en menos de una hora desde
que fueron montados, era muy evidente quién iba a

ser el vencedor. Por más que los caballos hicieron lo peor que podían, los indios nunca perdieron, sea la seguridad o la gracia en sostenerse; hasta que pasadas dos horas de los más violentos esfuerzos para librarse de su peso, los caballos estaban tan cansados que, empapados en sudor, con los flancos heridos de espuela y agitados, y sus cabezas agachadas, se pararon juntos cinco minutos, palpitantes y confundidos. Pero no hicieron un solo esfuerzo para moverse. Entonces llegó el turno del gaucho para ejercer su autoridad más positiva. Hasta aquí había estado puramente a la defensiva.

Su objeto era solamente aguantarse y cansar su caballo. Ahora necesitaba moverlo en una dirección dada. El capricho, el zigzag a menudo interrumpido, había guiado su corrida. Tranquilos, los gauchos tomaban rumbo a un lugar determinado y los caballos avanzaban hacia allí; hasta que al fin de tres horas más o menos, los ya dominados animales se movían en línea casi recta y en compañía de los otros caballos, hacia el puesto a que nos dirigíamos. Cuando llegamos allí, los dos potros que hacía muy poco tiempo habían sido tan libres como el viento, fueron atados al palenque del corral, esclavos del hombre dominador, y toda esperanza de emancipación había desaparecido.

En el puesto a que llegamos estaban marcando ganado. Como mil animales grandes y terneros se hallaban encerrados en un gran corral y cinco o seis peones con sus lazos los iban tumbando uno por uno. Al momento que el gaucho encargado de tener listas un par de marcas calientes al rojo, veía voltear un animal, allá corría y estampaba indeleblemente en el cuarto trasero las iniciales FC, que significaban Francisco Candioti. Desde entonces, dondequiera que fuera el animal marcado, podía ser reclamado por sus dueños legítimos.

También su cuero, si fuese arrancado por un ladrón o cuatrero, a menos que la marca original estuviera afianzada por la contramarca del vendedor, estaba sujeto a ser tomado «Vi et armis» por FC. Cuando se venden ganados o caballos, en consecuencia, para legalizar la venta, o asegurar la posesión, la contramarca del vendedor debe añadirse a la líquida. Después de ésta, la marca del adquiriente es fijada sobre el animal; de modo que todo animal vendido en Sud América está sujeto por lo menos tres veces a la prueba de la marca. He visto los cuartos traseros de alguno de los más lindos caballos del país absolutamente deformados por el procedimiento cruel y a menudo repetido.

Cierta vez, un amigo mío compró un caballo en Buenos Aires, sin esta precaución; y cuando andábamos a caballo una mañana, tres gauchos atléticos se nos acercaron. Bruscamente empujaron a mi amigo fuera de la montura; reclamaron, y uno de ellos se posesionó del caballo, bajo el prestexto que era de su marca. Mientras se alejaba al galope con animal, silla, riendas y todo, fué en vano que mi desmontado y desconcertado amigo gritase en su dialecto anglo-español: «Toma caballo but spera, spera the saddello.» «Tome el caballo, pero deje, déjeme la montura.» La silla valía cinco veces más que el caballo.

El puesto de que luego partimos estaba como a tres leguas de las casas de Candioti. De estos puestos tenía cinco en la estancia, cuya extensión era de treinta y seis leguas cuadradas; esto es, cuatro de frente por nueve de fondo. La cantidad de ganado manso era de veinticinco mil y del alzado seis u ocho mil, más o menos. Los caballos se computaban en cuarenta mil. El propietario podía matar del ganado manso la cuarta parte anualmente y todavía aumentaba su existencia. La manera de matar el ganado alzado es especial. Los animales se meten en los montes para dormir y en noches de luna, una cantidad de peones se les acercan tranquilamente cuando están echados sobre el pasto, los desnucan y abandonan hasta el día siguiente. Los peones entonces retornan, desuellan el animal y se llevan el sebo y el cuero. En el tiempo de que hablo, éstos sólo tenían algún valor, y así se dejaba la osamenta en el sitio para ser devorada por aves de rapiña y perros cimarrones. De estos últimos siempre hay grandes manadas correteando los campos en busca de alimento, que generalmente consiguen en los montes o en la vecindad de los corrales.

Regresando a la casa del joven Candioti para comer, participé una vez más de su hospitalidad abundante, y después de dormir siesta, para la que fué una excelente preparación la comida y los fatigantes deportes del día, volví a seguir con el fresco de la tarde mi viaje al Paraguay.

CARTA XIX

Ruta de Santa Fe a Corrientes.—Los ríos Paraguay, Pa-
rana y de la Plata.—Corrientes.—Hamacas.—Mujeres
correntinas

Londres, 1838

Corrientes dista de Santa Fe ciento sesenta leguas y está en los 27° 30'.

Las chozas del correo, donde se mudan caballos,
están a distancia de cinco leguas entre sí ; las cabalgaduras son excelentes, las mudas se consiguen más
expeditivamente que en la banda occidental del río y
muchas de las postas son estancias donde la comida
es siempre abundante y la hospitalidad invariable. En
toda la ruta de la Bajada a Corrientes hay solamente
dos pequeñas villas—Goya y Santa Lucía—una, considerable emporio de cueros y la otra, pequeña misión
de indios conteniendo alrededor de doscientos habitantes y dirigida por un cura y tres frailes. Entré a
caballo en Corrientes, a medio día del sexto después
de mi salida de la Bajada. La ciudad está bellamente
situada en la misma confluencia de los ríos Paraná
y Paraguay, que son allí magníficos.

El primero, teniendo su origen en la parte sud de

la provincia brasileña de Goyaz, corre desde los L.S. 18°, aumentado todavía en su curso por numerosos afluentes. No es interrumpido para la navegación por ningún obstáculo, exceptuando aquel formidable llamado el Salto Grande que en L.S. 24°, con ruido y estrépito que se oyen a muchas millas, rompe su espumante masa de agua sobre rocas, precipicios y abismos estupendos. Volviendo luego a tomar su plácida corriente, el ancho y cristalino Paraná, con grandes bosques en ambas márgenes y navegable para pequeñas embarcaciones, lleva sus aguas saludables impregnadas de zarzaparrilla, hasta que en Corrientes se confunde con el río Paraguay. De este punto, los dos unidos, siguen bajo el nombre de Paraná, siendo el último algunas veces, aunque erróneamente abajo de éste, considerado como la corriente principal. El Paraná descarga en el Río de la Plata por varias bocas; por la del Paraná Guazú, paraje en que también entran las aguas del Uruguay; del Paraná Miní más abajo; y del Paraná de las Palmas, todavía más cerca de Buenos Aires. Formado de este modo, el poderoso Río de la Plata derrama sus aguas acumuladas en el Atlántico; y aunque su boca, comprendida entre los cabos de Santa María y San Antonio, es de ciento cincuenta millas de ancho, no hace más que corresponder a la magnitud de la navegación interior.

Desde su frente en Matto Grosso, L.S 14° hasta su confluencia con el Paraná, en Corrientes, el río Paraguay ha corrido ya 1.200 millas.

De Corrientes a Buenos Aires la distancia recorrida por estos dos ríos bajo el nombre de Paraná es de setecientas cincuenta millas, mientras desde Buenos Aires a los cabos Santa María y San Antonio las aguas combinadas del Paraguay, Paraná y Uruguay unidas con el nombre del Río de la Plata, recorren además la distancia de doscientas millas, haciendo un curso total de 2.100 millas incluyendo las vueltas, que frecuentemente son de naturaleza violentísima.

De este inmenso camino acuático, 1.500 millas son navegables con barcos de diez pies de calado. El río es abundante en peces desde su boca hasta su origen. El pejerrey, el dorado, el armado, el pacú (variedad de rodaballo) y muchos otros se encuentran en él; sus riberas en su mayor parte están tachonadas magníficamente con bosques; sus variadas islas adornadas con bellos arbustos, siempreviva, enredaderas, etc. Los bosques abundan en caza y los campos adyacentes rebosan de ganado. Las aguas son sumamente saludables; el suelo en toda la extensión de sus orillas, con excepción del Gran Chaco, es rico y fértil en sumo grado; pero, no obstante estas ventajas; no obstante que el país ha estado trescientos años en posesión de una civilizada nación europea; después de haber galopado doscientas ochenta leguas no vi más de cuatro o cinco pequeñas ciudades, no más que igual número de barcos fueron observados en mi ruta, mientras, a cada quince millas de distancia, una choza miserable con su media docena de moradores interrumpía la monotonía del paisaje. De este cargo se puede exceptuar como oasis en el desierto, la distracción proporcionada por mi día de buena vida y deporte rural, de la estancia de Candioti. El secreto de todo el silencio, soledad y abandono de la naturaleza asimismo, que vi y lamenté, ha de atribuirse, sin duda, a los medios inadecuados hasta aquí empleados para proveer siquiera la apariencia de población necesaria para cubrir un país de tan vasta fertilidad y extensión.

Cuando llegué a Corrientes, a medio día, que allí es la hora de comer, fuí a casa de M. Perichon, francés para quien tenía carta de presentación de su hermana madame O'Gorman, la favorita del virrey Liniers.

Sabía que la dama había conseguido para su hermano el nombramiento de Director de Correos de la Provincia, y que él era, en tal calidad, un personaje en Corrientes. Con excepción, sin embargo, de la enorme cantidad de rapé derramado sobre el labio superior del Director de Correos, que daba un tinte ratonesco a toda esa porción de su rostro, unido a vestigios de cortesía parisiense, nada pude descubrir que lo diferenciase de los correntinos. Cuando mi comitiva viajera formó al frente de su casa y le entregué las credenciales de su hermana, fuí recibido con la mayor cordialidad. Como cosa natural, la casa de M. Perichon, se convirtió en la mía durante mi permanencia.

A mi arribo, el calor era cualquier cosa, menos soportable. No se veía un alma en las calles de arena suelta y ardiente. Las vacas que vagaban por esas calles en la mañana y la tarde estaban derritiéndose debajo de los árboles, o procurando guarecerse de los rayos del sol a la sombra de los altos cercos de espinosas tunas que circundan los grandes patios y corrales contiguos a las casas. Las gallinas y otras tribus aladas estaban palpitantes entre las ramas. Hasta el zumbante mosquito guardaba silencio ; y el único dueño del aire que andaba afuera era la inquieta mariposa. Yo estaba casi muerto de sed y calor, y cubierto de polvo de pies a cabeza. Los caballos, cuando nos apeamos, colgaron hacia bajo sus cabezas, bañados en sudor. Respiraban fuerte y rápidamente, mostrando todos los síntomas del completo agotamiento.

Las casas de Corrientes (especialmente las mejores) son construídas con altos y espaciosos corredores

y sobre una elevación considerable. Los habitantes
obtienen de este modo sombra y aire ; y no se puede
llevar la persuasión o el convencimiento a quienes no
han vivido en climas ardientes sobre lo que importan
estos detalles. Pero estos lujos pueden disfrutarse en
verano solamente tempranísimo por la mañana y después de las horas de siesta, por la tarde. Desde las
diez hasta las cinco las casas se mantienen cerradas
lo más posible para evitar el aire caliente y la resola-
na que entonces prevalecen. Así se consigue pequeño
alivio del intenso calor de esa parte del día. La familia, en sus horas de retiro, arroja de sí toda impedi-
menta respecto a vestidos, y todo esfuerzo en cuanto
a trabajo. No esperando visitas y no siendo de cumplimiento si vienen, los moradores de la casa se qui-
tan la ropa exterior y caminan, las mujeres en camisa y enaguas con pañuelo al pescuezo, los hombres
con camisa desabrochada en el pecho y pantalones,
estando las mangas de la primera arrolladas hasta los
codos. Se columpian en las hamacas, caminan indolentemente o se abanican con pantallas de paja.

En casa del Director de Correos encontré a los
moradores enclaustrados conforme a esta moda ; y la
gran habitación en que estaban por sentarse a la mesa
para comer tenía para mí, que había recién salido de
los ígneos rayos del sol, toda la apariencia de total
obscuridad. Pero habiéndose abierto un poco la gran
puerta de dos hojas que daba al patio sombreado con
naranjos, mis ojos recobraron la visión ; y allí encontraron un círculo doméstico de, para mí, verdaderamente aspecto primitivo. M. Perichon, que había entrado antes que yo, leía mi carta con un chico
medio desnudo en cada brazo. En el estrado o parte
levantada del piso cubierta con estera, se sentaban
tres damas que después supe eran su esposa y dos

cuñadas, una casada y la otra soltera. Con un niño en sus brazos, el cuñado de Perichon, notablemente gigantesco y linda figura, se paseaba por el cuarto. Una mulata esclava, de bellas formas y facciones, estaba meciendo la cuna en que lloraba un niño; y otras tres esclavas traían la comida poniéndola sobre una pesada mesa de madera tosca, cubierta, sin embargo, con rica tela de algodón hecha en el país. Una gran tinaja de agua y abundantes arreos de caballo, estaban en un rincón; muchos mates, una botella de caña y vasos para vino, en mesa lateral; todos habían estado fumando y todos estaban en «deshabillé» familiar. Fuí, una vez más, cordialmente agasajado por M. Perichon, y por las damas con una profusión de cumplimientos de que no entendí la mitad. Porque aquí el lenguaje de los aborígenes, o guaraní, ha hecho inútil, en gran proporción, el español, y exceptuando la mejor clase de hombres, pocos se expresan en castellano con fluidez y corrección. Las mujeres, casi invariablemente, lo hablan con dificultad y disgusto, prefiriendo mucho el idioma guaraní, en el que son muy elocuentes.

Es acompañado, sin embargo, por una tonada y retintín que de todo tiene menos de musical.

La comida se demoró un poco; me refresqué con copiosas abluciones y libaciones y me senté para la usual suntuosa y abundante comida completamente «en famille». La costumbre en Corrientes es desvestirse, en vez de vestirse para comer, y si cualquiera desea saber cuanto sea mejor la transgresión que la observancia de esta etiqueta europea, que vaya a un país en los 26 grados de latitud y se siente a comer en un medio día de verano.

Después de comer siguió la siesta que, en vez de dormirse aquí, como en Santa Fe y Buenos Aires, sobre el lecho, se disfruta de una magnífica hamaca. Esta hamaca es tejida con algodón fino; tiene ocho pies de largo, cinco de ancho y en el medio está hecha con puntadas tan grandes que deja pasar el aire por todas las aberturas. Es magníficamente ribeteada en todos los bordes y se cuelga esquinada en la habitación. Una cuerda flexible se toma en la mano tirando de ella, uno se puede columpiar en el ángulo que más le agrade. Pronto os dormís y os sumís en el olvido de la atmósfera fundente que se respira. Luego, cuando despertáis, viene el cigarro y el mate o el café. Se os alcanzan cuando estáis todavía en la hamaca, por una doméstica. Las mulatas esclavas son especialmente hermosas en Corrientes; su vestido es blanco como la nieve, sencillos como sus costumbres, y después de proveer a la decencia, es aireado y liviano, de acuerdo con las exigencias del clima. El busto se cubre simplemente con camisa; y los contornos sin ayuda de sostenes, se acusan atando sencillamente la camisa a la cintura con una cinta de vivos colores. Las esclavas y la clase baja de mujeres blancas van invariablemente descalzas; conservan sus pequeños pies y tobillos escrupulosamente limpios; y en este procedimiento las ayuda materialmente el suelo arenoso de su tierra nativa, y los manantiales y arroyos que la interceptan. Los bien torneados brazos se dejan desnudos casi desde el hombro y el largo cabello negro es trenzado y recogido atrás con una peineta. Este es el vestido de casa. Cuando las mujeres salen, agregan una manta, también de tela blanca de algodón y que, prendiéndola al peinado sobre la corona de la cabeza, se cruza en el pecho y se deja colgar en pliegues sobre el cuerpo.

CARTA XXI

Al señor J. G.

Entrada en el Paraguay.—Aspecto del país.—Hospitalidad paraguaya.—Don Andrés Gomez.—El sargento escocés.—El rancho de Leonardo Vera.

Londres, 1838

Después de haber recibido tanta hospitalidad de los habitantes de Corrientes como me habían prodigado los de Santa Fe, me despedí de la familia Perichon y de todo el «posse comitatus» de sus amigos laicos y clérigos. Crucé aquella tarde el Paraná por el Paso del Rey ; dormí en Curupaití y, a la mañana siguiente temprano, entré en la villa de Ñeembucú. Allí fuí recibido por el comandante y el cura con la hospitalidad usual. Ambos se hicieron después mis amigos íntimos ; y algunas muestras de la correspondencia del primero que conservamos, son tan originales modelos de estilo epistolar a su manera, que merecen imprimirse.

Ñeembucú es la primera población o comandancia del Paraguay a que se llega por el camino que yo recorría. Me hallaba ahora en el país propiamente así llamado, limitado por el río Paraguay a un lado y por el Paraná al otro. A medida que avanzaba hacia la Asunción, orillando el territorio de las Misiones, hasta atravesar el río Tebicuary, en L.S. 26° 30', pronto me apercibí de la diferencia saltante entre el aspecto del país que me rodeaba y el de cualquiera otra porción del hasta entonces recorrido.

La pampa abierta substituída por el bosque umbroso ; los pastizales protegidos por árboles y regados por numerosas corrientes de agua, en la mayor parte de los lugares, intensamente verde : la palmera frecuente ocupante del llano, los collados y lomas, contrastaban hermosamente con el valle y el lago. Boscosos desde la base a la cima, esos collados y lomas ostentaban ahora el magnífico árbol de la selva y luego el menos pretencioso arbusto. el limonero y el naranjo, cargados a la vez de azahares y fruta. La higuera extendía su ancha hoja obscura y brindaba al pasajero su fruta deliciosa sin dinero y sin precio, mientras las plantas parásitas prestaban toda su variedad de hojas y flores para adornar el paisaje. Pendiente de las ramas de muchos árboles se veía. o más bien dicho se denunciaba distintamente por su fragancia. la flor del aire. Las ardillas saltaban y los monos chillaban entre los gajos ; el loro y la cotorra, la pava del monte, el moigtú, el tucán, el picaflor, el guacamayo y otros innumerables pájaros descriptos por Azara. habitaban, con toda su pomposa variedad de plumaje, en los bosques por donde cabalgaba.

Hay un noble palmípedo que los habita, que nunca vi sino en las lagunas o sus orillas. Es el pato real, casi del tamaño del ganso, pero de rico y variado plumaje. Las lagunas están cubiertas de aves silvestres : los esteros de gallinetas y chorlos. En los terrenos pastosos se encuentra la martineta y en los cercados con cultivo, en grande abundancia, la perdiz.

Al proseguir mi marcha a través de un país tan realmente favorecido y tan sumamente engalanado por la Naturaleza, me alegraba de encontrar muchos más signos de cultivo e industria que los que se hallaban en las sendas solitarias porque hasta allí había apresurado mi monótono camino. Ranchitos blanqueados asomaban a menudo entre los árboles, y a su alrededor, considerables extensiones con plantas de algodonero, mandioca y tabaco. Maíz y caña de azúcar se veían también frecuentemente en las inmediaciones de granjas de mejor aspecto que los ranchos ; y abundancia de monte y tunas. Los campos cultivados tanto como los potreros, están invariablemente bien cercados, con las últimas.

Me sorprendió mucho la extraña ingenuidad y urbanidad de los habitantes. En el primer rancho en que paré para pasar la noche (y fué uno de la mejor clase) pedí, cuando descendí del caballo, un poco de agua. Me fué traída en un porrón por el dueño de casa, que se mantuvo en la actitud más respetuosa, sombrero en mano, mientras yo bebía. Fué en vano pedirle que se cubriese ; no quiso escuchar mi súplica ; y vi, en el curso de la tarde, que sus hijos varones estaban acostumbrados a guardar igual respeto.

Las hijas mujeres, respetuosamente cruzaban los brazos sobre el pecho cuando servían de comer o beber a sus padres o a los extraños.

Aquí, como en Corrientes, en la clase a que mi hospitalario casero pertenecía, el castellano se hablaba poco y de mala gana por los hombres, y por las mujeres nada. Era casi dominado por el guaraní. La mayor parte de las últimas se avergonzaban de mostrar su deficiencia del español, mientras los prime-

ros demostraban gran aversión a expresar inadecuada
y toscamente en aquel idioma lo que podían hacer con
tanta fluidez y aun retóricamente en el propio. Como
todas las lenguas primitivas, el guaraní admite gran
cantidad de giros metafóricos.

Afortunadamente tenía conmigo a la sazón un caballero joven, llamado Gómez, a quien en Buenos
Aires había nombrado sobrecargo de mi barco, y que
después de una navegación cansadora de dos meses
se me había incorporado en Corrientes. De allí venía en calidad de compañero de viaje, intérprete y
guía. Era natural de Asunción; de buena familia,
educado y completamente versado en español y guaraní, conocía las costumbres y maneras de sus paisanos y, en consecuencia, bien calificado para guiarme
en una tierra remota, digna ciertamente de observación, pero hasta aquí (me refiero al tiempo de mi primera visita) no explorada por ningún súbdito británico. He de exceptuar, por cierto, al sargento escocés, que, habiendo desertado del ejército del general
(hoy lord) Bere-.ord, había olvidado cuando por primera vez lo vi, su idioma nativo. Nunca pudo poseer
ni el castellano ni el guaraní; así es que compuso en
su pobre cabeza y articulaba tartamudeando, una jerga de cuatro idiomas (inglés, escocés, castellano y guaraní) y era casi inteligible, después de frecuentes re-
peticiones, tartamudeos, circunloquios y aclaraciones.

Para volver al rancho que entonces habitaba, os
haré su descripción y la de sus moradores y os dejaré
«ex uno discere omnes».

Los paraguayos están llenos de urbanidad, y la
siguiente anécdota algo ilustrará esta afirmación.

Tienen, naturalmente, gran prevención contra el
inglés, como nación, no solamente por ser «herejes»,
sino por haber sitiado a Montevideo, donde gran

parte de la guarnición se componía de tropas paraguayas. El bondadoso huésped, por quien fuí tan respetuosamente hospedado, que había pertenecido al
destacamento paraguayo defensor de aquella fortale-
za, sabiendo que yo era inglés y deseando que su familia lo supiera, y, sin embargo, no queriendo que
yo sospechase que hablaba de mí, lo hizo en la siguiente forma : En guaraní no hay palabra para decir inglés y los que hablan ese idioma lo expresan en
español. Ahora, mi huésped se daba cuenta que si usaba aquel término, yo necesariamente comprendería
que hablaba de mí. Por consiguiente, dijo a los que
lo rodeaban, en guaraní (evitando pronunciar la palabra inglés), que yo era paisano de los que tiraron balas en Montevideo. Esto lo supe después por Gómez.

Había sido sorprendido, al acercarme, por una
singular construcción levantada muy cerca del rancho. Cuatro palmeras de quince pies de altura estaban enterradas como postes, con intervalos que constituían un cuadrado de veinte pies. Entre cada palmera había un poste intermedio de igual altura, sos-
teniendo vigas que formaban el entramado del techo.
Sobre éste estaban extendidas esteras toscas de ma-
nufactura india. La ramada tenía aspecto de alto
proscenio accesible desde el suelo por una larga escalera portátil. Cenamos copiosamente, leche, mandioca, miel y un borrego asado entero. Inmediatamente después de cenar, toda la numerosa familia
de nuestro huésped vino a él y, juntando las manos
en actitud de plegaria, dijeron en guaraní : «La bendición, mi padre». El viejo movió su mano trazando
en el aire una cruz y dijo a cada uno de su prole,
sucesivamente : «Dios lo bendiga, mi hijo» o «mi hija», según el caso. Tenía una familia de nueve, de
quienes el mayor, bella joven, rubia como una euro-

pea, sería de 22 años ; y el menor, un gauchito paraguayo de 8.

Después hicieron lo mismo con la madre, y recibieron de ella igual bendición.

Grande fué mi deleite al ver realizar, por hijos del tiempo moderno, este patriarcal homenaje a sus padres : y no menor fué mi sorpresa, cuando, inmediatamente después, los vi subiendo la escalera uno por uno hasta encima de la enramada y, allí, después de aflojar sus escasas vestiduras, acostarse para dormir. Gómez me dijo que nosotros dormiríamos allí también, para evitar los mosquitos y, tan pronto como me informó que no suben jamás a la altura de la ramada, trepé con presteza no concebible fácilmente sino por quienes han sido mártires de las ampollas y zumbidos atormentadores de aquellos insaciables insectos. Mientras estuvimos sentados a la puerta del rancho, no habíamos sufrido poco de sus picaduras y sido fastidiado por su constante y molesto susurro alrededor de nuestros oídos. «¡ Mirabile dictu !». Tan pronto como alcancé la envidiable eminencia, donde ahora extendida en profundo sueño, yacía la familia del buen hombre, un solo mosquito e insecto de cualquier clase no se sintió. Arriba vino Gómez, arriba vinieron el huésped y su esposa ; arriba vinieron los tres peones ; y, finalmente, arriba vino la escalera. Los caballos que se necesitaban para la mañana, atados a soga, comían pasto cerca del rancho ; el ganado en el corral y las ovejas en el chiquero ; los gallos y las gallinas en sus pértigas, los perros echados como muchos serenos dormidos, pero no como éstos alertas ; no había ladrones afuera, sino uno o dos jaguares sin bastante audacia para acercarse a esta colonia familiar ; y al punto que la media luna empezaba a derramar sus lánguidos pero acariciadores rayos sobre

los árboles, y las estrellas a lucir, toda la familia—
esposa, hijos, extraños, sirvientes, ganados, perros y
aves, del rural y realmente patriarcal rústico del Paraguay se sumergió en el sueño, bajo la bóveda azul
del cielo. La buena compañía de este modo extendida debajo de la pálida luna, consistía en hijos del
paraguayo, en número de 9, de su padre y madre 2,
de Gómez, yo, sirviente y postillón 4, y de los peones 3, en total diez y ocho, acomodados sin auxilio
de lecho o ropa de cama en doce yardas en cuadro de
entramado, cubierto con estera y a la elevación de
quince pies sobre el nivel del suelo. ¡ Pensar solamente de gente que duerma así en la casa de campo de
un caballero en Inglaterra !

La primera clarinada del gallo fué la señal para
un restregamiento general de ojos y cambiar de lado.
No hubo estiramientos de brazos, por «un poco más
sueño y un poco más descanso». La familia había ido
a dormir a las ocho y ahora se levantaba a las cinco.
No hubo preparativos para lavarse a esa hora ; esto se
hacía en el arroyo, cinco horas después. Abajo fué la
escalera, abajo los ya sin pereza, miembros de la familia ; y los extraños también ; mugiendo del corral
salió el ganado, y balando de su chiquero los ovinos ;
los gallos cantaban, los perros retozaban, las jóvenes
fueron a ordeñar las vacas, los jóvenes a ensillar los
caballos y Gómez y yo, con nuestro sirviente y postillón, a poner en orden nuestro equipaje. En un momento la escena del más profundo reposo se convirtió en el más agitado bullicio y actividad rural. Tomamos mate, un jarro de leche recién ordeñada y un
cigarro, y, en menos de media hora estábamos nuevamente en ruta para la Asunción. Previamente, dimos cordial y grato adiós a nuestro huésped ejemplar.
No habíamos nunca conocido al hombre ; él no sa-

bía de mí, sino que pertenecía a la nación hostil que pocos años antes había invadido su país y, sin embargo, me albergó con mi séquito, sometido a los principios de la hospitalidad a mano abierta que, desdeñando la idea de recompensa, se satisfacía únicamente con dar a sus huéspedes la respetuosa atención personal suya y de sus hijos. Ni es este un caso aislado. Me sucedió lo mismo en todo el país y al mismo tiempo que no puedo menos, en justicia a sus habitantes de corazón sencillo, de constatar este hecho general, puedo todavía menos, en honor del huésped particular de quien ahora me había apartado, dejar de mencionar su nombre. Llamábase Leonardo Vera.

Vuestro, etc.—J. P. R.

CARTA XXII

Al Sr. J. G.

Las hormigas y sus tacurús.—Proximidad a la Asunción.—Llegada.—El doctor Vargas.

Londres, 1838

Viajando a la Asunción, una mañana salimos del bosque a un extenso palmar. Me sorprendió mucho el observar que, entremezcladas con las palmeras y casi en igual número, se levantaban miles de masas cónicas de tierra, hasta la altura de ocho o diez pies y con base de casi cinco en diámetro. Mi sorpresa aumentó cuando, aproximándome a esas pirámides, encontré que no solamente estaban habitadas por miriadas de hormiguitas blancas, sino que eran obra colosal de estos diminutos insectos. Apeándome para investigar la economía de tan vastas y curiosas repúblicas, primero intenté cerciorarme de la clase de material con que construían sus templos babilónicos. Eran impermeables a las más copiosas lluvias y nada podía con ellos el huracán más violento. Parecía que jamás los hubiera penetrado la lluvia ni el rayo los

hubiera fulminado. Sin embargo, eran montones de
arcilla. Con mi cuchillo gaucho, intenté cavar uno
de ellos. Podría lo mismo haber intentado introdu-
cirlo en pedernal. Mi compañero Gómez, queriendo
sorprenderme, no me dijo palabra, y en mi apresuramiento de cerciorarme por mí mismo de la naturaleza de tan curioso fenómeno, no le había hecho ninguna pregunta. Pero cuando intenté cavar la masa
impenetrable, sonrió y dijo : «Señor Robertson, es de
balde». Luego prosiguió diciéndome que aquellos obe-
liscos habían estado allí desde tiempo inmemorial y
que en cuanto a él o cualquiera otro, sabían serían
antediluvianos. Aun no siendo anticuario o geólogo
esta historia me incitó a examinar más de cerca la
estructura de estos venerables montículos ; y cuanto
de más cerca los examinaba, mayor era mi asombro.
En el vértice del cono había un recipiente oval del
que se desprendían unos treinta acueductos, con objeto evidentemente de extraer el agua que cayese sobre la construcción. Entre aquellos conductores, de
la base a la cima de la estructura, había innumerables perforaciones. Se derramaban por ellas en un
lado y entraban por otro miriadas de atareadas hormigas. Las que entraban iban todas cargadas hasta
el tope con pesadas cargas de hojas, pasto y semillas ;
las que salían se apresuraban en busca del mismo material que, en una excursión previa, habían depositado
en el gran emporio común de la riqueza pública en la
construcción. Ninguna vacilación en el camino, ninguna intermitencia en el trabajo embarazaban a un
solo miembro de la comunidad. A veces una enorme
carga de paja o parte de una hoja de palmera caía
del lomo de su portador ; pero al momento era vuelto
a colocar por media docena de trabajadores salientes y
descargados. El robusto portador entonces proseguía

como antes a su lugar de destino, bamboleándose bajo
el pesado montón que apretaba sobre los hombros.

En seguida procedía a escudriñar las varias sendas
que conducían a las torres de arcilla. Estas sendas se
interceptaban y literalmente dividían el campo.
Estaban atestadas con multitudes yendo y viniendo
y en cada individuo, la única ansiedad predominante
parecía ser—*la prisa*. Pero sus excursiones no se li-
mitaban al suelo. Todas las palmeras estaban seña-
ladas en media docena de lugares con sus huellas y los
frutos como las hojas de las magníficas plantas (que
no se consiguen hasta no alcanzar sus copas) eran elementos visibles del tráfico de los atareados habitantes
de las pirámides que abajo había.

Azara ha mencionado, en su obra sobre el Paraguay, que encontró masas de tierra semejantes le-
vantadas por las hormigas, pero tan blandas, que su
caballo, habiendo tropezado desprevenido con una
de ellas (naturalmente debe haber sido de noche), no
solamente demolió el tucurú, sino que hundió los
remos delanteros en el abismo subterráneo. Viajaba,
sin embargo, por la costa y por terrenos pantanosos.
Yo estaba bastante apartado de la costa y rodeado de
un terreno en que la arcilla es muy notable por su du-
reza y consistencia. Las hormigas, conociendo instintivamente estar sujetas a las inclemencias del tiempo, también instintivamente eligen para hacer sus moradas la arcilla más dura e impenetrable que encuentran en la vecindad inmediata. No solamente esto,
sino que, como diestros maestros albañiles, mezclan
la arcilla con millones de fragmentos de hojas de palmeras, para forjar aquella duradera e impenetrable
masa de que he hablado. Que cualquiera examine la
consistencia del nido de golondrinas—la curiosa, complicada y elegante obra del hornero—y aludiendo a

la vez a la habitación de la golondrina, del hornero
y de la hormiga, exclamará con el sabio romano :
«Deus anima brutorum».

Llegamos al fin a las últimas cuatro leguas de la
Asunción y en este punto de nuestra jornada avista-
mos el majestuoso Paraguay, serpenteando su argentina y dilatada corriente a través de la tierra que,
juntamente, enriquece y engalana. De repente se nos
cerró el campo abierto y seguimos nuestra ruta por
un camino terraplenado de doce pies de altura. Estaba cubierto por bóveda vegetal que juntaba y re-
torcía sus ramas a uno y otro lado de la fresca y um-
brosa senda. Abajo, en innumerables manantiales, a
ambos lados del camino, borbotaban las aguas cris-
talinas ; ni un rayo de sol nos alcanzaba en nuestro
retiro, y, como el ciervo palpitante, después de la fu-
riosa persecución de los sabuesos, se regocija en el
torrente, así gozábamos en la densa y refrescante
sombra que nos proporcionaba el fresco y selvático
pasaje por donde dirigíamos nuestra marcha a la capital. Todos los accesos (o pasos, como más correctamente podían llamarse) a la Asunción, son de esta
clase. Al principio fueron hechos con el fin de de-
fenderse de las frecuentes y hostiles invasiones de
los indios ; y estos desfiladeros pueden ser protegidos
fácilmente por hombres armados de mosquetes contra
cualquier número de aborígenes. Habiendo desaparecido todo peligro de incursiones, los accesos de la ciudad sirven solamente como frescos y agradables caminos para entrar los viajeros, o para que los habitantes rurales conduzcan sus cargas de legumbres,
frutas y carne, para proveer a la ciudad. De estos habitantes encontramos o alcanzamos cientos, principalmente mujeres. Algunos a pie, otros en asnos, algunos aprovechaban caballos o mulas con canastas

por delante y los de condición superior usaban un tosco
carro de caballo, que, con gran esfuerzo y después de
muchas dilaciones, manejaban por las profundas huellas de arena que son comunes para caminantes, jinetes y vehículos. Era algo más que pintoresco ver la
mujer elegante, ligeramente vestida, con su busto
perfecto, brazos bien torneados, manos pequeñas, y
más pequeños pies, enaguas cortas, tipoi bordado,
cabello trenzado y ojos negros, caminando con destreza, sea con el cántaro de agua, mazo de tabaco,
carga de sal o atado de mandioca sobre la cabeza.
Vestida toda de blanco, se desliza como sílfide a través del verde follaje. Era espectáculo muy encantador.

Después de cabalgar por estas umbrosas callejuelas de doce millas, entré en la Asunción con todo el
entusiasmo del hombre llegado por primera vez a un
país de tan manifiesta sencillez y felicidad árcade.

Las imágenes de mi fantasía, sin duda, fueron des-
medradas un tanto después de tratar un mes con la
gente. «Mais ça ne veut rien dire». Jamás olvidaré
mi primera impresión; ni puedo creer sino que las
mismas imágenes resplandecientes de nuestra primera visita a un país nuevo, en días juveniles aparecen
siempre ante nuestros ojos. ¡Qué románticos retra-
tos no hubiéramos trazado aún de los esquimales!
La novedad y el contraste tienen encantos irresisti-
bles, hasta que se marchitan con el soplo helado de
la experiencia. Proyecta una frialdad flemática sobre
nuestra apreciación de hombres y cosas; y, mientras
dilata la esfera de nuestra filosofía, estrecha el círculo
de nuestros más cálidos afectos y ardientes uniones.

Paré en la Asunción en casa del doctor Vargas.
Era doctor en leyes, graduado en la Universidad de
Córdoba; pero teniendo un viñedo patrimonial en

Mendoza que le producía quinientos barriles de vino anualmente, había venido al Paraguay con el propósito de venderlos. Rechinante como es esta ensambladura de leyes y mercancías en una sola persona, para nuestra asociación de ideas, nada hay perceptiblemente anómalo en ello, para las mentes sudamericanas. El día que llegamos era de fiesta. El doctor Vargas había ido a palacio con su traje de etiqueta. Este consistía en frac amarillo claro con grandes botones de nácar, calzones de raso verde con hebillas de oro en las rodillas y medias de seda blancas, chaleco bordado, sombrero tricornio, redecilla, y un antiquísimo espadín. Sus abundantes cabellos sumamente empolvados y empomados, y una porción de corbatas y velados de camisa, que parecerían verdaderamente monstruosos en esta época, se interponía a la observación, como reclamando respeto de todos los mirones. La casa de este doctor Vargas se componía de tres piezas. Una era el almacén para su vino mendocino, y para el tabaco y yerba mate con que lo permutaba. Servíale a la vez de depósito, comedor y sala, y la puerta se abría directamente a la calle. Atrás de este almacén estaba el dormitorio del doctor, en el que se veían catre, apero, varios petacones, o cajones de cuero con tabaco y cigarros superiores, palangana sobre una silla y ventanita sin bastidor o vidriera. Las ropas diseminadas aquí y allí, botas y zapatos por todas partes. La pared blanqueada, y negras las vigas visibles. El piso, de ladrillo polvoriento, sin alfombra o estera; algunos cascos de vino mendocino en un rincón, mientras una primorosa hamaca, un trabuco español y un par de pistolas se exhibían pomposamente en las paredes. Atrás de esta habitación y «en suit», había una cocina con piso y paredes de barro en que, con fuego encendido en el centro, un

esclavo tuerto, Bopí, en guaraní, cocinaba el asado
del doctor, hacía su puchero o sazonaba con ajo su
más exquisito guisado.

El doctor nos recibió en traje de corte, sentado
sobre un petacón de tabaco. Con hospitalidad no fingida y no poca gracia de porte, me dió la bienvenida
a la Asunción. Barrenó un barril de su mejor vino
mendocino, dedicó a Bopí a engorrosos preparativos
para la cena y después de comer, reir, bromear y oir-
le todo lo relativo a la recepción matinal en la Asunción, y a su intimidad con el marqués de Torre Tagle
en Lima, nos recogimos ; él al catre y yo a la más
envidiable hamaca de su dormitorio. Fatigado quizás
con la cabalgata del día, me dormí, cuando Vargas
comentaba pesadamente la superioridad de su ciudad
natal, Mendoza, sobre la Asunción ; donde, me dijo
(y fueron los últimas palabras que le oí), encontraría
que todos los habitantes eran unos bárbaros.

Vuestro, etc.—J. P. R.

CARTA XXIII

Al Sr. J. G.

La Junta del Paraguay.—Mi recepción.—Más del doctor Vargas.—La ciudad y sus habitantes.

A la mañana siguiente de mi llegada, fuí acompañado por el doctor Vargas y el señor Gómez, para presentarme en Casa de Gobierno, enseñar mis pasaportes, dar cuenta de mis negocios y rendir homenaje a los hombres del poder. La Junta que en este período gobernaba la provincia se componía de tres miembros, asistidos por un asesor y un secretario. De éstos, el presidente era don Fulgencio Yegros, y seguía en categoría don Juan Caballero. Ambos habían sido factores principales en la derrota del ejército de Belgrano, y la subsiguiente deposición del gobernador español, Velazco. Eran militares; y como consecuencia de la revolución, respectivamente habían ascendido del grado de capitán al de general. Eran hombres de escasa capacidad o educación y mal criados en costumbres de sociedad, no habiendo nunca salido de su provincia natal. El tercero de la Junta era don Bernardo de la Mora, abogado de mucho conocimiento, alguna agudeza y gran urbanidad. Había sido graduado en Córdoba, y siendo el único miembro instruído del Ejecutivo, arreglaba, con ayuda del asesor, don Gregorio de la Cerda, todo lo que técnicamente se llamaba el despacho de gobierno. Sus decretos eran redactados y sus documentos refrendados por un secretario de un escribano público. El nombre del primero era don Larios Galván y el del segundo, don Jacinto Ruiz.

Menciono estos nombres, porque fueron víctimas en una u otra forma, y en no largos períodos, de la desconfianza ingobernable y la crueldad implacable de Francia. Poco antes de mi llegada, había sido secretario de la Junta, pero había demostrado genio tan petulante, áspero y terco, que fué causa de que los pacientes Yegros y Caballero manifestaran alguna diferencia de opinión. Por tanto, el incipiente tirano se retiró del gobierno ; dió lugar a Mora y a Galván, y al tiempo de mi primera visita a la Asunción, estaba meditando en su casa de campo y en fatal descontento sobre su pérdida del poder. Al mismo tiempo estaba planeando con toda su influencia y por todos los artes de la intriga, la rápida reasunción del mando, esta vez no compartido ni controlado.

Fuí admitido, luego, previo anuncio de un centinela, a la sala de despacho del gobierno y salón de audiencia ; pues se usaba como tal después de las horas de oficina.

Era habitación espaciosa y bien amueblada. Cerca de la cabecera, en grande y solemne aunque zafia postura, se sentaban ante la mesa cubierta con carpeta verde los tres miembros de la Junta, acompañados por el secretario, el asesor y el notario. Había en el centro de la mesa un tintero de plata maciza ; y en pila enorme delante del notario, estaban tanto los procesos y solicitudes que la Junta había resuelto aquel día, como los pasaportes, permisos, etc. que había concedido. Fuí recibido con fría y formal civilidad : se me ofreció asiento y después de breves preguntas, se me dijo que podía retirarme. Se ordenó al doctor Vargas y a Gómez que se quedasen.

Al volvernos a reunir en casa del primero se me advirtió de las extrañas informaciones que habían llegado hasta el Gobierno : de cuya sustancia el asesor y hombre más influyente, don Gregorio de la Cerda, se había expresado así : «El Gobierno está seriamente informado que mister Robertson es seguido por una grandísima partida de mercaderías y que su propósito es monopolizar el comercio de la provincia. Esto ha suscitado gran recelo y descontento entre los comerciantes nativos ; y algunas medidas fiscales especiales habrá que aplicar necesariamente en su caso contra excesos de especulación, estratagemas y fraudes. A aquellas medidas, el Gobierno se encargará de proveer. Pero también se dice que mister Robertson tiene a bordo de su barco municiones de guerra y que ha hecho, mientras viajaba, un mapa del país y otras observaciones de naturaleza sospechosa. Estas son cosas para ser cuidadosamente examinadas. Nos importa también ver que mister Robertson no hace nada «contra bonos mores», o subversivo de la religión. Por el momento, esto bastará. En usted, doctor Vargas, cuyo huésped es mister Robertson, confiamos que cuidará de su persona y hará vigilante observación de su conducta y a usted, señor Gómez, como sobrecargo, y principalmente interesado al introducir al país este extranjero, reclamamos la más estricta observancia, bajo fianza de dos mil pesos, de las reglamentaciones a que someteremos a ambos dos.»

Yo creí que esto era más bien un recibimiento

hostil. No había estado sujeto a tales restricciones o vigilancia ya sea en Santa Fe o en Corrientes ; y atribuía a tres causas las que se me habían impuesto en Asunción : primera, a su aisladísima y remotísima situación que, disminuyendo el intercambio con otros países, aumenta la desconfianza hacia los extranjeros ; segunda, a las falsas y exageradas informaciones hechas circular en mi perjuicio, por celosos competidores ; y tercera, a indefinidos temores relativos a contrabando, herejía y monopolio. Sin embargo, con «mens conscia recti», a este respecto, no temblé por la ley prohibitiva de la Junta. Me sentí seguro que con la determinación que había tomado de respetar sus leyes y tratar abierta y cortésmente con todos los habitantes de la tierra, mis acciones pronto hablarían por sí mismas ; y que, al mismo tiempo que impusieran silencio a la calumnia privada, demostrarían también al Gobierno la falta de base de sus sospechas y lo vano de sus temores.

Me instalé muy bien entre los barriles de vino mendocino y tercios de yerba y tabaco del doctor Vargas. A menudo era tentado de la risa cuando presenciaba las ocupaciones diarias de este instruído, chistoso, o quizás engreído personaje. En un rincón del almacén de vinos estaba su bufete profesional o estudio de abogado.

Sobre éste hacía sus escritos de demanda para sus clientes. En seguida, y frecuentemente interrumpiendo su tarea de escribir, compraba tabaco a los chacareros del campo, en cantidades desde diez hasta cien libras, traficaba cigarros con las ninfas paraguayas que los fabricaban ; vendía vino por cascos o galones ; pasas de higo de Mendoza por arrobas ; y todo esto con sus propias manos, ayudado solamente por su hombre para todo servicio, el tuerto Bopf. El doctor asombraba a los pequeños corrillos con sus discusiones sobre la política, disputas polémicas, derecho civil e internacional. Su facilidad de palabra era admirable, su facultad de monopolizar la conversación, asombrosa. Mendoza, su ciudad natal, y la viña que había pasado de padres a hijos, por muchas generaciones, eran tópicos inagotables para los discursos del buen doctor. Los virreyes que habían pasado por Mendoza, en camino para Lima, todos eran sus conocidos y todos los presidentes de Chile, en los últimos cien años, habían habitado, en la vertiente occidental de los Andes, en la mansión de sus padres. Había sido alcalde de primer voto, en su ciudad, durante tres años y estaba inscripto como miembro de la Audiencia o Suprema Corte de Charcas. Tenía esposa que era «abundante en nalgas» y sus cuatro hijos eran otros tantos querubines. El doctor siempre asistía a la misa cantada de la Catedral, los domingos, en el traje de etiqueta que he descripto. Lo he visto a menudo al punto en que la campana sonaba el último toque, agacharse en este traje de gala, servir al cliente un frasco de vino del último barril barrenado en su almacén. También el tuerto Bopí se vestía para la misa cantada, y equipado con chaqueta, pantalón y camisa blancos y un sombrerito, caminaba con paso solemne detrás de su amo. Este no consideraba que había necesidad de que el calzado o las medias formasen parte de la librea de Bopí.

A la tarde el doctor acostumbraba salir a caballo y el apero era lujoso como el vestido de su dueño— no era gauchesco sino enteramente elegante. Su silla de arzón forrada con terciopelo punzó, las cabezadas del freno sólidamente montadas en plata ; usaba grandes estribos del mismo metal, y (salva la marca) grandes y pesadas espuelas ajustadas a sus finos zapatos y medias de seda. La combinación de ser abogado y comerciante en vino habilitaba al doctor para ataviarse de esta suerte. Derivaba su riqueza de la producción de la viña y de Córdoba había traído su instrucción. La combinación lo hacía un ciudadano de lo más respetable. Con el doctor Vargas y con Gómez no perdí de conocer a todos los habitantes de la Asunción, grandes y chicos. Una quincena me bastó para este objeto, y, como el barco, no obstante haber salido de Buenos Aires hacía tres meses, no aparecía, tuve libertad completa y tiempo desocupado para observar.

De la ciudad diré muy poco. Como ciudad, en nuestra acepción de la palabra, nada puede decirse. En extensión, arquitectura, comodidad o población, no se compara con ninguna ciudad inglesa de quinto orden. Es cierto que tiene una catedral y cuando pensamos en Glocester, Salisbury y aun Chester y otras catedrales, el nombre suena bien. Pero ni tiene la Asunción mayor pretensión a la comparación con las ciudades nombradas, como su mezquina y blanqueada iglesia episcopal no admite comparación con ninguno de los nobles y sólidos edificios que, con el nombre de catedrales, adornan este país. Su Casa de Gobierno, con el título de palacio, es una miserable, baja, blanqueada aunque extensa estructura. Sus mejores edificios—aunque nada suntuosos—son los conventos, y tan pocas casas particulares buenas y cómodas hay, que pasé un mes para encontrar una bastante amplia, con el alquiler más elevado que jamás se pagó allí, de trescientos sesenta pesos u ochenta libras esterlinas, por año, para el establecimiento reducido que intentaba instalar en esta antigua capital. De tales casas no había más de media docena en el lugar. Las demás eran pequeñas, miserables tiendas con tres o cuatro habitaciones anexas ; mientras la mayor parte de las moradas eran simples chozas, formando estrechas callejuelas, o aisladas, rodeadas por pocos naranjos. No se puede decir que hubiera más de una calle en la ciudad y ésa no pavimentada. Las casas y tiendas de una acera estaban defendidas del sol por un corredor continuo, algo como los portales de Chester. Pocas casas eran de azotea ; las más eran de teja y sus puertas se abrían directamente de la habitación principal a la calle. La situación de la ciudad, sin embargo, es noble. Está en anfiteatro sobre la ribera del majestuoso y plácido río Paraguay. De muchos puntos se domina aquella magnífica corriente, y los románticos accesos a la ciudad antes descriptos, junto con los poblados y cultivados alrededores, forman un «tout ensemble» agradabilísimo—podría casi decir encantador.

Los habitantes de la Asunción y suburbios ascendían, en el tiempo en que escribo, a diez mil. Había poquísimos negros y no mucho mulato entre ellos. La gran masa de la población era mestiza de español e indio, tan atenuada respecto a la apariencia de la última casta, como para dar a los naturales el aire y aspecto de descender de europeos. Los hombres son generalmente bien formados y atléticos, las mujeres casi invariablemente hermosas. La ligereza y simplicidad de su vestido, y sus atractivos personales, todavía más notables que en las correntinas, agregado al escrupuloso cuidado de su limpieza personal, les dan un aire interesante y atrayente. Cuando las solía ver con sus cántaros en la cabeza viniendo de los pozos y manantiales, siempre me recordaban otras tantas Rebecas.

La población puede clasificarse así : miembros del cuerpo político, incluso los oficiales de milicia, clero secular y regular, abogados y doctores, curanderos, escribanos, comerciantes, grandes propietarios, tenderos, pequeños propietarios o labradores inmediatos a la ciudad, trabajadores (incluyendo los que navegan el río y benefician los yerbales) e indios sometidos.

Vuestro, etc.—J. P. R.

CARTA XXIV

Al Sr. J. G.

El mercado de la Asunción.—Pai Mbatú.—Llegada del barco.—El compadre la Cerda.—Doña Juana Esquivel.

Londres, 1838

El espectáculo más interesante, curioso y nuevo que ofrece la Asunción al viajero, es el mercado. Se halla en la plaza central. Allí presencié una mañana a las cinco, la reunión de la gente que suministra a la ciudad sus provisiones diarias.

Todas las entradas del campo a la plaza derramaban cientos de mujeres, sin excepción vestidas de blanco, unas llevando sobre su cabeza botijas de miel, otras atados de mandioca, y las de más allá de algodón en rama, otras cargadas de velas de sebo, pan dulce, flores, cántaros de aguardiente, pasteles y masas frías y calientes, cebollas, ají, ajo y maíz, otras con canastillas de sal en la cabeza, y otras con grandes mazos de tabaco y paquetes de cigarros. Aquí iba una tirando del pollino con canastas repletas de gallinas y huevos, allá otra, trayendo por iguales medios, melones de olor y sandías, higos y naranjas para vender.

Muchas cargadas con caña dulce, pelada y cortada en pedacitos, listos para ser chupados. Luego venían los carros de carnicero, con carne mediocre, malamente beneficiada, colgada en grandes trozos dentro de la carreta techada de paja, sin ninguna atención a la limpieza y cortada con descuido completo de precisión anatómica. No hay carnero comible en el Paraguay, y, con excepción de la mandioca, las legumbres son escasas y malas. Casi nadie las come. Después de los grupos mencionados venían los indios payaguás, sanos y atléticos, con el pescado colgando de luengas palas, apoyadas sobre los hombros. Otros seguían con atados de chala o pasto traído del Chaco, para los caballos de la Asunción. Cuando todos estos grupos se congregaron en la plaza del mercado, en número, según creo, de quinientos, se distribuyeron con sus productos, en filas que dejaban entre sí justamente el espacio necesario para que pasasen los compradores. No había puestos ni sillas. Los artículos se extendían sobre esteras en el suelo y sus dueños se sentaban en cuclillas. Del total de vendedores, a lo menos tres cuartas partes eran mujeres, y de los compradores igual proporción; de modo que el suelo se hallaba cubierto por una masa compacta de figuras vestidas de blanco, charlando, regateando, disputando y dando gritos, en guaraní, hasta hacer resonar el aire con el murmullo y estrépito del bullicioso espectáculo.

Extraordinario personaje en aquel sitio, era un hombre llamado Pai Mbatú. Había recibido las órdenes sacerdotales en su juventud; pero, sea que herido por punta de amor y luego atormentada su conciencia por haber admitido en su pecho pasión tan profana para hombre dedicado al templo—como algunos dicen—o sea, según otros, que Pai Mbatú, no habiendo sido nunca dotado de grande intelecto lo había debilitado por mucho aprender ; lo cierto es que el Pai, sin colgar los hábitos, abandonó la iglesia y hacía una vida de descuidada indiferencia y dejadez. Esto iba muy bien mientras le duró el patrimonio ; pero éste no era inagotable y le falló. El buen caballero entonces echó por tierra el concepto de sus amigos en cuanto a su escasez de inteligencia, por la ingenuidad con que proveía a sus necesidades. Asistía al mercado regularmente al venir el día. Por algún tiempo, gracias al respeto que inspiraba su calidad a muchos, y por lástima que inspiraba a otros, mendigaba en todos los puestos de provisiones y obtuvo un modo de vivir que si no honorable, nada le costaba.

Pero la caridad, lo mismo que el patrimonio del Pai Mbatú, tiene inclinación a agotarse en proporción a la frecuencia con que se le ejercita ; y la generosidad con que hasta aquí habían favorecido los puesteros del mercado al clérigo venido a menos, se alarmó al verle aparecer un día acompañado por un tape corpulento, llevando sobre la cabeza una gran tipa, o receptáculo circular para provisiones. Tenía también en la mano derecha una honda caja de velas. El Pai Mbatú se había satisfecho hasta entonces con amontonar en una alforja, llevada por él mismo, los artículos variados que recogía de sus contribuyentes. Pero cuando vieron los formidables preparativos hechos para recibir provisiones más abundantes, y dedujeron que el tape debía comer como el amo, se adoptó una resolución general por la gente de ambos sexos más influyentes del mercado, para suprimir «in toto» los suministros al Pai Mbatú.

Como de costumbre, y con su criado detrás, abor-

dó a sus mejores protectores. No obtuvo ni una torta, ni una vela, cigarro, gota de miel, pedazo de caña
dulce o mazorca de maíz. Se encaminó hacia la carreta del carnicero : «Paisano, dijo, venga la carne».

«Se .acabaron los favores», replicó el carnicero y
se dió vuelta para servir a los clientes que pagaban.
De los aristócratas del mercado el Pai Mbatú apeló
a los pobres y los encontró aún dispuestos a contri-
buir lo bastante para la provisión de aquel día. Pero
hasta ellos le aconsejaron que despidiese al sirviente ;
y una se permitió decir, que aunque ella había con-
tribuído durante muchos años para mantener al Pai,
nunca había tenido sirviente, y creía que era algo impropia la pretensión de los mendigos de convertirse
en caballeros. Ella suponía que pronto el Pai Mbatú
y su sirviente vendrían al mercado a caballo. El hecho fué que aquel día el arruinado clérigo volvió a su
casa mucho más escasamente provisto que antes ; pero no dispuesto a someterse a la repetición de tal tratamiento. A la mañana siguiente se presentó, con sirviente y tipa, como el día anterior. Llevaba, además,
una caña larga con un clavo fuerte y bien afilado y
encajado en la extremidad inferior.

Dirigiéndose a varios de las clases más pobres con
quienes había tratado, les previno y amonestó por el
pecado mortal de negar carne a ninguno y especialmente a un hombre de su vocación. Temblaron y él
entonces hizo señales de la cruz y exorcismos, con
su caña. Retiraron las manos que antes habían estado extendidas para proteger las provisiones. El círculo mágico trazado por el bastón disminuía gradualmente, hasta que encontrando el centro de él una
torta del agrado de Pai Mbatú, la pinchaba con la
caña, y la presa iba atrás derecha al tape. Con la
debida compostura el sirviente la echaba en la tipa.

El Pai Mbatú entonces se dirigía a otro sitio elegido por su ocupante para la venta de sus productos. Otra vez comenzaban la exhortación y amonestación ; los exorcismos, declaraciones y refunfuños se seguían ; la vara mágica describía con pompa el círculo, y arriba venían, para ser entregados al indio, mandioca, maíz, cigarros, carne, velas, caña dulce y muchos otros artículos del mercado. Cuando necesitaba líquido, el Pai Mbatú ponía en la punta del bastón un porroncito y lo alcanzaba a la mujer del mercado para que suministrase el cordial. En menos de un mes, toda la gente del mercado se sometió de buen grado a las expoliaciones del Pai Mbatú y su sirviente indio, consolándose con reflexionar que si por ello sufrían una pequeña pérdida temporal, servían mejor a intereses mejores y más duraderos. Pensaban también que como había quinientos que vendían sus artículos en los puestos y se necesitaban solamente diez para llenar las necesidades diarias del Pai, la visitación les vendría individualmente dos veces por trimestre ; así, a pesar de todo, decían, ¿qué era la provisión de un día, dos veces por trimestre, para un reverendo?

Cuando visité el mercado por vez primera, no solamente me llamó la atención el conspicuo personaje que ha sido tema de este episodio, sino que seguí sus pasos. Observé y admiré la calma con que este hombre y su sirviente llenaban sus alforjas, y la fácil condescendencia por parte de la sencilla gente paraguaya en sus ahora aparentemente establecidas exigencias sobre su generosidad. Recién al volver a casa y referir al doctor Vargas lo que había visto, él me contó la historia que acabo de relatar. La creo un ejemplo curioso de la ingenuidad y maña del Pai y de la bondad y hospitalidad, aumentada por la superstición de los paraguayos.

No es menos curioso que el Pai Mbatú y su sirviente no solamente se alimentaban con las contribuciones que imponían en el mercado, sino que se vestían. Vendían el sobrante de carnes y bebidas y con su producto, compraban manteos, sotanas y sombreros de teja para el sacerdote, y chaquetas, ponchos y camisas para el tape servidor.

A menudo he conjeturado hasta qué punto se fomentaría un caso como el mencionado, en los puestos de Coven Garden o Leadenhall. Me pregunto si aun un obispo venido a menos (si fuera posible esto) obtendría y eso vitalicio, con las mismas fáciles condiciones, en cualquiera de aquellos sitios, lo que el cura degenerado en el mercado de la Asunción.

Pero el barco llegó. La ciudad se alborotó, el Gobierno lanzó sus decretos. Toda la carga, contrariando la práctica establecida, fué enviada a los depósitos fiscales; y, entre otras prescripciones, se ordenó que no solamente no podría extraer sino una cantidad limitada cada vez, sino que al sobrecargo Gómez se le juramentó para que rindiese cuenta mensual de todas mis operaciones.

Se me prohibió exportar dinero e importar más mercaderías. Todos los bultos que había traído fueron escrupulosamente revisados y antes del examen no se me permitía llevarlos a casa. Se puso guardia doble a bordo, y se tomaron todas las precauciones que la suspicacia podía sugerir; pero nada se encontró incorrecto.

Mis operaciones tomaron gran vuelo, tanto con los comerciantes nativos como con los cultivadores de productos. No perjudiqué a ninguno sino que fomenté los intereses de ambos. El gran monte de ri-

queza (y para la Asunción era grande) que yo manejaba y administraba trajo, gradualmente, las usuales concomitancias que acompañan al prestigio del dinero. Ni remotamente me mezclaba en política ; pagaba subidos impuestos al Estado, me hice íntimo
amigo del asesor Cerda ; e intimé también con los
funcionarios del Gobierno ; los visité y fuí visitado por
ellos, y al fin se me dijo que, aunque para satisfacer
desconfianzas de la gente, era necesario mantener los
decretos dictados en mi contra, como si estuvieran en
pleno vigor, sin embargo, considerase los más perju-
diciales como virtualmente abolidos. En menos de
tres meses desde mi llegada fuí no solamente persona tolerada sino bienvenida en todos los círculos altos y bajos. Trataba liberalmente al rico, daba empleo
al pobre, y no me mezclaba en el credo político o religioso de nadie. Cuando se me pedía opinión sobre
estos tópicos, me excusaba de emitirla, alegando mi
falta de conocimiento necesario para discutir el uno,
y de la erudición que me autorizase a entrar en polé-
mica sobre el otro. Poca duda se tendrá de la exacti-
tud de mi observación cuando diga que, en el tiempo
a que me refiero, aun no había cumplido veinte años.

De este modo, todo marchaba plácidamente, y al
cabo de cuatro meses de permanecer en la Asunción
me sentí en gran manera identificado con sus habitantes. Tenía libre entrada en todas partes ; y donde no
podía conquistar afección, intentaba, por conciliación,
desarmar la enemistad. El asesor, puedo decir, el director del Gobierno, don Gregorio de la Cerda, se
había convertido en mi mano derecha ; ni deseaba yo
menos marchar bajo el amparo de quien no solamente
hacía su voluntad en asuntos de Estado, sino que era
padrino de los hijos de toda familia de rango en la
ciudad. Todos lo saludaban, lo cortejaban, le envia-

ban regalos, y su influjo en todo el país no era más notable que el control voluntario a que se sometían todas las personas de nota. Las órdenes del padrino Cerda y aun sus deseos se hacían irrevocables. Sabemos poco en este país de la absoluta y casi sagrada influencia del padrino católico romano sobre las familias con quienes está ligado en esta calidad ; y sabemos aún menos de la estricta obligación que se impone de fomentar de bueno o de mal grado el interés de las familias y especialmente el de los ahijados ante quienes contrae sus deberes superiores en la pila bautismal.

Don Gregorio me presentó un día a la bisabuela de una de sus comadres. La anciana contaba ochenta y cuatro años : rica, fuerte, vigorosa y activa, y acostumbraba venir de su quinta a la Asunción y volver, jinete en un garboso petizo, tres veces por semana. Aunque arrugado esqueleto y obscura como momia egipcia, era erguida ; no temblequeaba, y su palabra, aun en español, era clara, llena y distinta. Su nombre (y antiquísimo apellido) era doña Juana Esquivel.

Había buscado yo mucho tiempo una casa de campo ; pero no podía encontrar ninguna de mi agrado. El compadre la Cerda lo sabía. Había determinado que yo ocupase parte de la casa de doña Juana, y una simple insinuación del todopoderoso padrino fué suficiente para asegurar la pronta satisfacción de su deseo. No me dijo palabra de su proyecto ; pero un día, recibí de la anciana señora, una esquela escrita en caracteres completamente legibles, a este efecto :

«Sé por mi compadre la Cerda» (nótese que aunque era solamente padrino de la familia de su bisnieta, ella le llamaba su compadre) «que usted necesita una casa de campo. Aunque la mía no es de las mejores» (era la mejor), «espero que usted vendrá a habitarla, cuando guste, después de mañana. No admitiré excusas hasta que usted encuentre otra mejor. Tendré tres habitaciones y el servicio necesario a su disposición. (Firmado) Juana de Esquivel.»

Apenas podía creer a mis propios ojos cuando leí la esquela, nunca había visto a la señora más de dos veces; y en la duda de que procediese de ella, se la llevé al compadre la Cerda. Rió de mi incredulidad; me dió a entender que todo era obra suya, y que de no acceder inferiría una ofensa a la señora octogenaria que jamás me perdonaría. Fuí pocos días después y me instalé en mis espaciosas habitaciones en casa de doña Juana, en Campo Grande. A la moda rústica, pero con superabundante hospitalidad, fuí recibido por ella, y servido por sus numerosos esclavos. La casa estaba oculta a medias por un naranjal; circundada por campo boscoso alternado con vallecitos interpuestos y arroyos cristalinos. La caza de todas clases abundaba en un radio de pocos cientos de yardas de las habitaciones. Los caballos estaban a mi disposición y también los sirvientes; doña Juana, una vez que me recibió en su morada, creyó su honor comprometido, su reputación de hospitalidad en peligro, si todo lo que contribuyese a mi comodidad y dicha, no fuese tan completo como ella podía hacerlo; y todo fué por la simple recomendación de la Cerda, el compadre de su bisnieta.

Vuestro, etc.—J. P. R.

CARTA XXV

Al Sr. J. G.

Doña Juana Esquivel.—Asunto seriocómico.—Preparativos para la fiesta campestre.

Londres, 1838

Doña Juana Esquivel era una de las mujeres más extraordinarias que haya conocido. En el Paraguay generalmente las mujeres envejecen a los cuarenta años. Sin embargo, doña Juana, tenía ochenta y cuatro, y, aunque necesariamente arrugada y canosa, todavía conservaba vivacidad en la mirada, disposición a reir y actividad de cuerpo y espíritu para atestiguar la verdad del dicho que no hay regla sin excepción.

Me albergaba como príncipe. Hay en el carácter español, especialmente como entonces estaba amplificado por la abundancia sudamericana, tan magnífica concepción de la palabra «hospitalidad» que me permití, con demostraciones particulares de cortesía y favores recíprocos de mi parte, proceder en mucho a la manera de doña Juana. En primer lugar, todo lo

de su casa, sirvientes, caballos, provisiones, los productos de su propiedad, estaban a mi disposición. Luego, si yo admiraba cualquier cosa que ella tuviera—
el petizo favorito, la rica filigrana, los ejemplares
selectos de ñandutí, los dulces secos, o una yunta de
hermosas mulas, me los transfería de manera que hacía su aceptación inevitable. Una tabaquera de oro,
porque dije que era muy bonita, me fué llevada una
mañana a mi habitación por un esclavo, y un anillo
de brillantes porque un día sucedió que le miré, fué
colocado sobre mi mesa con un billete que hacía su
aceptación imperativa. Nada se cocinaba en la casa sino lo que se sabía que me gustaba, y aunque yo inten-
tase, por todos los medios posibles, a la vez compen-
sarla por su onerosa obsequiosidad y demostrarle lo
que en mi sentir era más bien abrumador, no obstante, encontraba que todos mis esfuerzos eran vanos.

Estaba por consiguiente dispuesto a abandonar mi
superhospitalaria morada, cuando ocurrió un incidente que, aunque increíble, es certísimo, que cambió y puso en mejor pie mi subsecuente trato con esta
mujer singular.

Me gustaban los aires plañideros cantados por los
paraguayos acompañados con guitarra. Doña Juana
lo sabía, y con gran sorpresa mía al regresar de la
ciudad una tarde, la encontré bajo la dirección de un
guitarrero, intentando, con su voz cascada, modular
un triste y con sus descarnados, morenos y arruga-
dos dedos acompañarlo en la guitarra. ¿Cómo podría
ser otra cosa, ante tal espectáculo de chochera, desa-
fiando aún el natural sensible de la dama, que insi-
nuar una sonrisa burlona? «Por amor de Dios, dije,
¿cómo puede usted, catorce años después que, conforme a las leyes naturales, debiera haber estado en
el sepulcro, convertirse en blanco para el ridículo de

sus enemigos o en objeto de compasión para sus amigos?»

La exclamación, lo confieso, aun dirigida a una dama de ochenta y cuatro años, no era galante, porque en lo concerniente a edad, ¿qué mujer puede soportar un reproche sarcástico?

Apareció bien pronto que doña Juana tenía a este respecto, toda la debilidad de su sexo, tiró al suelo la guitarra, ordenó bruscamente al maestro de canto que saliera de la casa ; a los sirvientes los echó de la habitación, y, en seguida, con un aspecto de fiereza de que no la creía capaz, me aturdió con las siguientes palabras : «Señor don Juan, no esperaba insulto semejante del hombre a quien amo», y en la última palabra puso énfasis extraordinario. «Sí—continuó,— yo estaba pronta y todavía lo estoy, a ofrecerle mi mano y mi fortuna. Si aprendía a cantar y tocar la guitarra, ¿por qué causa era sino por la suya? ¿Para qué he estudiado, de qué he pensado, para quién he vivido en los tres meses últimos, si no para usted? ¿y es esta la recompensa que encuentro?»

Aquí la anciana señora mostró una combinación curiosa de ridículo patético y apasionado, cuando, deshaciéndose en lágrimas y, sin embargo sollozando de indignación, dió escape a sus sentimientos. El espectáculo era de novedad sorprendente y no exento de alarma para mí, a causa de la pobre vieja. En consecuencia, abandoné la habitación ; le envié sus sirvientes diciéndole que su ama estaba seriamente enferma ; y después de oir que todo había pasado, me metí en cama, no sabiendo si compadecer o sonreir de la tierna pasión que un joven de veinte años había despertado en una dama de ochenta y cuatro. Espero que no se atribuya a vanidad el relato de esta aventura amorosa. Lo hago sencillamente como ejemplo de las bien conocidas aberraciones del más ardiente y caprichoso de todos los dioses, Cupido. No hay edad que limite el alcance de sus dardos. El octogenario lo mismo que el zagal son sus víctimas ; y sus escarceos son generalmente más extravagantes cuando las circunstancias externas—la edad, los hábitos, la decrepitud—se han combinado para hacer increíble y absurda la idea de su acceso al corazón.

Por pedido de doña Juana, fui el día siguiente a su cuarto, y sea que el descanso nocturno tuviese no poco efecto en aplacar sus sentimientos, o que mi razonamiento con ella, acompañado de la protesta de abandonar la casa a mi pesar, a no ser que prometiese formalmente no hablar de amor, o tocar la guitarra, no lo sé ; pero, lo cierto es, que se avino a mi permanencia, bajo solemne alianza y pacto de su parte, de que ni yo recibiría más sus regalos ni oiría más de música y amor.

El día de San Juan se acercaba. Es grandísima fiesta en los países católicos ; y era no solamente el santo de doña Juana, sino también el mío. Se proponía, como prueba de su completo perdón por mi rechazo de su galanteo, celebrar el día en su casa de Itapúa, o Campo Grande, con una fiesta campestre. «De este modo—dijo,—celebraremos conjuntamente nuestro santo y la sinceridad de nuestro recíproco perdón ; confieso que he sido muy indiscreta en el asunto, pero eso se acabó.»

Cordialmente accedí a la celebración de la fiesta proyectada, con la condición expresa que fuese a mis expensas. Arreglado este punto difícil, doña Juana y yo nos encaminamos a la Asunción para invitar a nuestros huéspedes, ella en un petizo bailarín, acompañada por dos hermosas mulatas, y yo a su lado, en un no despreciable bayo, con un negro sirviente detrás de mí.

Era cosa desconocida en el Paraguay enviar tarjetas de invitación con un mes de anterioridad al día de la fiesta, ni se mandaba en realidad tarjeta alguna. La sola práctica de los invitantes, en cuya casa debía celebrarse, era recorrer personalmente, tres días antes del señalado, a los varios amigos e invitarlos a la cena, comida, boda o baile, según el caso. Yo era, no solamente conocido, sino íntimo de los superiores e inferiores, de pobres y ricos en la Asunción. Aunque allí existía distinción y muy marcada, de clases y grados, no había aquel refinamiento conocido, en Europa, que hace desmerecer al hombre de cierto rango por el hecho de visitar a un inferior. Esto naturalmente proviene de la diferente constitución social del Paraguay y de los países más adelantados.

La estructura total de las relaciones humanas era menos complicada en las regiones aisladas de los jesuitas expulsos que en los reinos más populosos de la Europa civilizada. Sobre las ventajas comparativas derivadas de la sencillez de la vida paraguaya y del refinamiento de la europea, creo con sir Roger, de Coverley, que mucho podría decirse por ambos lados; pero, evitando la discusión del tema, os dejaré filosofar sobre él, de acuerdo con vuestro temperamento, con los hechos ya relatados y los que todavía debo de callar, ilustrativos de la naturaleza de la sociedad paraguaya.

Doña Juana y yo llegamos a la Asunción en tiempo para cumplir, en el día, la ceremonia de visitar personalmente a cada uno de los invitados, de que habíamos hecho una lista, para la celebración de la fiesta de San Juan, en Itapúa. Naturalmente, los miembros del Gobierno fueron los primeros y ninguno rehusó. Luego de don Gregorio de la Cerda, el casi compadre universal del Paraguay y otros funcionarios de rango y aprecio seguían : el receptor de Aduana, el clero secular y regular, los oficiales cuarteleros, el general Velazco, ex gobernador español, pocos chacareros, algunos comerciantes, pocos tenderos, todos, todos consintieron en asistir, y, como decimos, se consideraron muy felices en aceptar la invitación.

Estando de esta manera arregladas preliminarmente las cosas para la fiesta, doña Juana y yo nos pusimos seriamente a hacer los preparativos necesarios para darle brillo. En esto nos ayudaron gran número de familias de la Asunción y la narración de lo que en ella sucedió os la daré en seguida.

Vuestro, etc.—J. P. R.

CARTA XXVI

Al Sr. J. G.

Fiesta en Itapúa

Londres, 1838

El día de San Juan amaneció auspicioso en Itapúa. Los arreglos más suntuosos y abundantes fueron hechos por doña Juana, tanto en honor del Santo como para solaz de sus invitados. Estos eran alrededor de doscientos y comprendían desde los miembros del Gobierno hasta los tenderos de la Asunción. Después de lo dicho del doctor Vargas y sus almacenes de vino, veréis que no hay ninguna degradación inherente a la profesión de vender al menudeo en el Paraguay. «Tout au contraire» : Su tendero, siendo generalmente el hombre más acomodado de los dos, tomaba la precedencia del caballero campesino, quien poco al corriente del valor territorial o de la dignidad que confiere en otros países la posesión de la tierra, mira a lo alto con respeto la bolsa de dinero del tendero y abajo con un suspiro de pesar, su propia y menos próspera condición. «Un pobre estanciero», «un pobre hacendado», eran expresiones tan comunes como «un comerciante poderoso», «un tendero rico». Por mi parte, llevando siempre conmigo mis ideas europeas, jamás pude mirar sino con respeto a los patriarcales descendientes de los primeros conquistadores del Paraguay, que habían heredado las tierras de sus antepasados y las habían cultivado de generación en generación, con tosca pero dichosa sencillez.

Pero volvamos a Itapúa. El primer cuidado de doña Juana fué decorar con esplendor poco común una gran imagen de San Juan Evangelista, que, en costoso fanal, conservaba como ornamento principal de su sala. Se la pintó y doró de nuevo; tenía túnica de terciopelo negro, adornada con pesados galones dorados. Sobre él asomaba un querubín y con más propiedad histórica que la que hubiera esperado de un artista católico romano en el Paraguay, se levantaban detrás del Santo algunas rocas artficiales, musgos y árboles que representaban la isla de Patmos donde escribió el Apocalipsis. Todos los amigos de doña Juana habían facilitado parte de sus joyas para adorno del Santo hombre. Anillos brillaban en sus dedos, collares rodeaban su cuello, una tiara decoraba su venerable rostro. Los lazos de sus sandalias estaban tachonados de perlas; un precioso cíngulo ceñía su delgada cintura y estaban seis cirios encendidos junto al fanal. Allí medio oculto entre fragantes verdores de naranjo, limonero y acacia, aparecía el Santo favorito, destinado a recibir el primer homenaje de los invitados.

Los bosquecillos de naranjos a cada lado de la casa estaban festoneados con lámparas variopintas prontas para encenderse. Las mesas provistas por los confiteros de la Asunción; los cocineros del viejo gobernador fueron contratados al efecto, y se pidió a todos que llevaran el mayor número posible de sus propios sirvientes.

Arreglados así los preparativos, doña Juana y yo tomamos asiento sobre el césped y esperamos la llegada de los invitados con toda la complacencia de quienes tienen la consciente convicción de no haber ahorrado trabajo para proporcionarles comodidad y diversión.

En junio, que es invierno en el Paraguay, el tiempo es generalmente bastante fresco para permitir a la gente salir en la mitad del día. Tan pronto como el sol empezó a extender sus rayos oblicuos a través de las umbrosas salidas de la Asunción al campo adyacente, cuando caballos, mulas, carros, carruajes, vehículos de todas clases se pusieron en movimiento para Itapúa.

Primero llegaron cabriolando al prado de la casa de doña Juana un buen lote de frailes franciscanos, precedidos por la banda de música de su convento y montados en caballos lustrosos y gordos, ricamente aperados. No obstante lo fresco del día, cada fraile llevaba su sombrilla, y aunque el sayal y la ausencia de ropa blanca y medias pregonaban su humildad, sin embargo, lo rechoncho y abultado de todos, muchísimos en consonancia con la condición de su caballo, decía una oculta historia de buena vida que apenas escaparía al más caritativo observador. Al decir que este venerable cuerpo venía acompañado por la banda de su convento, acaso sea necesario explicar que, en la Asunción, todos los conventos tienen la suya para oficiar, en primer lugar, misa cantada, pero en segundo también, para alquilarla con el caritativo fin de promover la alegría festiva. ¿No habéis nunca estado en una de nuestras anticuadas iglesias de campo donde los rudos ejecutantes de la orquesta inme-

diatamente dominan al pastor y a la congregación?
La banda que habéis podido oir allí os dará exacta
idea de aquellas que, desde tiempo de la conquista,
han edificado, en la Asunción, a los feligreses e invariablemente en excursiones como la de Itapúa, formado parte del séquito de los sacerdotes. Los franciscanos se apearon de sus caballos y, después de
ellos, los dominicos y recoletos. Todos se arrodillaban
y descubrían ante San Juan ; el «jubilate» fué ento-
nado por la banda, y luego siguieron refrescos y felicitaciones tales como supondréis que tienen lugar en
la sociedad civilizada y aun pulida de Inglaterra.

No había establos para los caballos de tan gran
concurrencia como esperábamos y, por consiguiente,
todos los que vinieron después trayendo a sus dueños, fueron soltados en un gran potrero para pasar la
noche.

Apenas habíamos hecho los honores a nuestros amigos franciscanos, cuando en un armatoste casi secular—el viejo carruaje de Gobierno—aparecieron las
esposas de los miembros de la Junta. Venían escoltadas por sus maridos montados en sus animosos caballos de guerra y vestidos en traje de baile. Sus pesados
sables zangoloteaban al costado ; sin embargo, estaban vestidos con calzones cortos y medias de seda ;
mientras sus caballos, enseñados a bailar para estas
circunstancias especiales, avanzaban a los lados del
carruaje que arrastraba su considerable peso por carri-
les de arena frecuentemente de ocho a diez pulgadas
de profundidad. Habiéndose detenido el carruaje y los
caballeros desmontado en el césped, los caballos se
enviaron, como antes, al potrero y el coche atrás de la
casa. Este grupo fué seguido por don Gregorio de la
Cerda y doce o catorce de sus comadres. Las últimas
estaban en caravanas con toldos encima y colchones

debajo de las señoras para amortiguar los golpes del constante traqueteo de los pesados carros. Cada uno era arrastrado por cuatro bueyes y se movía a razón de dos millas por hora. Luego la mitad de las doce comadres tenían hijos consigo. Don Gregorio (su ángel de la guarda) venía en un soberbio caballo blanco, ensillado a la última moda española de lujo y antigüedad ; y llevaba un ahijado favorito por delante y otro en ancas. Vestía frac delgado de lanilla color gris, con grandes botones de nácar, chaleco bordado, medias de seda y hebillas de oro sobre las rodillas de los calzones y en los zapatos ; por supuesto, llevaba un altísimo sombrero tricornio y amplia capa granate echada graciosamente sobre las espaldas. Ninguno fué más rico en ahijados que don Gregorio ; y por tanto, a nadie vi en América tan poderoso. Si alguien desea llegar a ser en aquel país personaje de primera fila, que se dé maña para ser padrino general.

Después de don Gregorio llegaron grupos de oficiales vestidos de parada, escoltando cada uno, a caballo, a su favorita Dulcinea. En muchos casos la dama venía en ancas de su dragón ; y no pocos petizos montados por dos sílfides paraguayas escoltadas por sus preferidos «paisitos» o dandys rurales. Se derramaron los tenderos en todo el primor de riqueza y vulgaridad del advenedizo ; entró el doctor Vargas, empolvado y empomado, rizado de pies a cabeza. Entraron los comerciantes llenos de «prudentes dichos y modernos ejemplos» y, finalmente entró el finado caballeresco, modesto y digno gobernador español, general Velazco. Era acompañado sencillamente por su despensero y «valet de chambre» (pues el hombre fiel lo servía en ambos oficios) y un palafrenero.

Todo su poder había desaparecido ; sus honores yacían por tierra ; allí estaban sus rivales jaranean-

do, con aquellos atributos y distinciones que hacía
pocos meses eran exclusivamente suyos, y, sin embargo, ni un ceño, ni un síntoma de recelo u orgullo
herido nublaban su semblante. ¡ Bueno hombre ! Qué
poco merecía el funesto destino que poco después le
alcanzó durante el sin segundo y férreo reinado del
terror bajo Francia.

Cuando todos los invitados estuvieron reunidos,
las sombras de la noche empezaban a poner su tinte
obscuro sobre la escena del prado. El sol se ponía en
todo su esplendor y la luna se levantaba con igual brillantez. El azul obscuro del firmamento se tachona-
ba de estrellas, y a una señal dada, se iluminó la
casa ; los bosquecillos de naranjos parecieron en llamas ; rompieron a tocar las bandas de los conventos,
y algunos sobre el césped, otros en los salones, pero
todos en alguna parte, comenzaron simultáneamente
la danza. La brillantez de las luces y la límpida
transparencia de la atmósfera y del campo, en la distancia, me recordaban juegos nocturnos de hadas, en
guaridas todavía no usurpadas por seres humanos. Lo
que añadió mucho a la romántica sencillez de la escena fué que, de cuando en cuando, venían, de diferentes direcciones por el valle, pequeños grupos de
paisanos paraguayos sin otra invitación que el rumor
llevado a ellos de los regocijos que se celebrarían en
casa de doña Juana. Venían escoltados por uno o
dos guitarreros que se acompañaban en aquel instrumento algún triste lastimero o balada nacional. Al
salir de los matorrales o de los obscuros bosques de
los alrededores, con sus vestidos blancos, parecían a la
distancia habitantes de otro mundo, y cuando su música armoniosa y sencilla llegaba, ondulando en la
brisa, de distintas direcciones, uno podría haberla imaginado contribución coral de los pastores de Arcadia.

Muy diferentes eran las bulliciosas jaranas adentro y en la vecindad inmediata a la morada de doña Juana. Unos bailaban sobre el césped, otros en los salones, algunos hacían crujir las chanzas en medio del estrépido de risas sonoras y prolongadas ; aquí un grupo de frailes entregados a la malilla y más allá otros disfrutando de los placeres de vinos y viandas tentadores que estaban a disposición de todos. Alguno más audaz de los santos padres serpenteaba por los laberintos de la danza. Se distinguían principalmente de sus bellas compañeras por el volumen, pues ambos iban vestidos con ropa talar. Luego don Gregorio de la Cerda, que creía su reputación en peligro si no mantenía a sus comadres en estado de perpetua complacencia y risa irresistible. Don Fernando de la Mora, vocal de la Junta, bailaba con gota y todo y, como Andrómaca, al separarse de Héctor, reía y lloraba al mismo tiempo.

Allí estaba un personaje, llamado Vedoya, de casi siete pies de estatura, y con amplitud en espesor más que proporcionada a sus dimensiones longitudinales. También danzaba con no poca alegría y transpiraba con no menos profusión. Los miembros del Gobierno echaron de sí toda gravedad y bailaban y bebían y fumaban como el resto de sus súbditos. Se levantó doña Juana con sus ochenta y cuatro años y bailó un zarandín o zapateado ; zagales con sus ninfas acudían bajos los naranjos y allí cada uno cortejaba a la preferida de su corazón. Los sirvientes rodeaban los fogones encendidos bajo los árboles para cocinar ; a todo pequeño grupo de cantores, al llegar, se les hacía lugar y recibía con júbilo ; un reto parecía pronunciarse contra los males de la vida ; y grosera como era la música de los coros de iglesia, y clamoroso como era el ruido de los invitados, no obstante, toda la escena presentaba aspecto de abundancia, sencillez y cordial regocijo que jamás olvidaré.

La luz y la música de la animada fiesta deben haber llegado hasta la cabaña del doctor Francia, que por ese mismo tiempo estaba combinando los proyectos que después se ejecutaron y han acallado la alegría y apagado la luz de la libertad.

Velazco, el viejo gobernador español, me observaba con notable y enfático presentimiento :—«¡ Ah, mister Robertson, temo que esta sea la última fiesta que veamos en el Paraguay !»

Al fin, el envidioso día clareó sobre nuestra jarana. Las damas comenzaron a ponerse lánguidas y las bujías y lámparas muy turbias. Los pulmones de los músicos estaban agotados ; algunos frailes habían perdido su dinero a los naipes y muchos de los invitados su ingenio en el vino. Las madres buscaban a sus hijas ; los sirvientes, sus carruajes y carro. Muchos maridos fueron encontrados por sus esposas dormitando, pero todos fueron obligados a obedecer las órdenes. Corrieron al potrero a tomar sus caballos, y después se ocuparon de ensillarlos. Se hizo circular café y chocolate calientes ; los sirvientes no paraban, y las carrozas partieron ; grupos de jinetes tomaron el camino ; salieron los frailes y, con ellos, los músicos. A las nueve de la mañana nada había quedado sino los vestigios de alegría de la noche pasada.

Vuestro, etc.—J. P. R.

CARTA XXVII

Al Sr. J. G.

Paisaje de Itapúa.—Mi primera entrevista con Francia.—
Su rancho.—Sus maneras y conocimientos.—Sus intrigas políticas.

Londres, 1838

La situación de la casa de doña Juana Esquivel en Itapúa, era absolutamente bella ; no menos era el paisaje que la rodeaba. Se veían bosques magníficos de rico y variado verdor ; aquí el llano despejado y allá el denso matorral ; fuentes murmurantes y arroyos refrescando el suelo ; naranjales, cañaverales y maizales demostraban la industria del hombre ; el rancho modesto decía de su contento y sencillez rural ; y en ocasiones, la mansión más amplia atestiguaba su atributo de ser aspirante, por naturaleza.

Una de esas agradables tardes del Paraguay, después de que el viento sudoeste ha clareado y refrescado el aire, fuí llevado, en busca de caza, a un valle apacible, no lejos de la casa de doña Juana, y extraño por su combinación de todas las características sorprendentes del paisaje en aquella tierra. De repente, di con un rancho limpio y sin pretensiones. Voló una perdiz, hice fuego y la presa cayó. Una voz de atrás exclamó : «Buen tiro». Me di vuelta y contemplé un caballero de unos cincuenta años de edad, con traje negro y capa granate sobre las espaldas. Tenía el mate en una mano y el cigarro en la otra ; y un bribonzuelo negro, con los brazos cruzados, marchaba al lado del caballero. El rostro del desconocido era sombrío y sus ojos negros muy penetrantes, mientras su cabello de azabache, peinado hacia atrás de una frente atrevida, y colgando en bucles naturales sobre sus hombros, le daban aire digno que llamaba la atención. Usaba hebillas de oro en las rodillas de sus calzones y también en los zapatos.

Me disculpé de haber disparado el arma tan cerca de su casa : pero, con gran bondad y cortesía, el propietario me aseguró que no había motivo para pedir la mínima disculpa, y que su casa y terrenos estaban a mi disposición cuando quisiera divertirme con mi fusil en aquellos parajes. Para brindar la primitiva hospitalidad, común en el país, me invitó a sentar debajo del corredor, y, a tomar mate y un cigarro. Un globo astronómico, un gran telescopio y un teodolito, estaban bajo el pequeño pórtico, e inferí inmediatamente que el personaje que tenía por delante no era otro que el doctor Francia.

Los utensilios concordaban con lo que había oído de su reputación acerca de sus conocimientos en ciencias ocultas ; pero no me dejó vacilar mucho tiempo sobre este punto ; porque, inmediatamente, informó en respuesta a mi pregunta de si tenía el honor de dirigirme al doctor Francia, que él era en carne y hueso.

«Y presumo», continuó, «que usted es el caballero inglés que reside en casa de doña Juana Esquivel».

Respondí que así era ; cuando dijo que tenía la intención de visitarme, pero que era tal el estado político del Paraguay, y particularmente en lo concerniente a su persona, que encontraba imprescindible vivir en gran reclusión. No podía de otro modo, añadió, evitar que se atribuyesen las más siniestras interpretaciones a sus actos más insignificantes.

Dejando este tema, se mostró complacido de que yo supiese cuáles eran sus ocupaciones. Me hizo entrar en su biblioteca, un cuarto encerrado con pequeñísima ventana y tan sombreado por el techo del corredor, que apenas penetraba la luz necesaria para estudiar. La biblioteca estaba dispuesta en tres filas de estantes extendidos a través del cuarto y se compondría de trescientos volúmenes. Había muchos libros sesudos de derecho ; pocos de ciencias experimentales ; algunos en francés y en latín sobre literatura general, con los «Elementos de Euclides» y algunos textos escolares de álgebra. Sobre ancha mesa había pilas de escritos y procesos forenses. Varios tomos en folio encuadernados en pergamino estaban desparramados sobre la mesa ; una vela encendida (colocada allí con el solo objeto de encender cigarros) prestaba su débil ayuda para iluminar la habitación ; mientras un mate y un tintero de plata adornaban otra parte de la mesa. No había alfombra o esteras sobre el piso de ladrillo, y las sillas eran de moda tan antigua, grande y pesada, que se requería esfuerzo considerable para moverlas de un lugar a otro. Cubiertas de viejas suelas estampadas con jeroglíficos raros y, por el uso prolongado, obscuras y lustrosas. Sus respaldos rectos eran considerablemente más altos que la cabeza del que se sentaba en ellas y no había que pensar en acomodarse en postura descansada. En el suelo de la habitación se hallaban desparramados sobres abiertos y cartas dobladas. Una tinaja para agua y un jarro se alzaban sobre un trípode tosco de madera, en un rincón, y el apero del doctor, en otro. Chinelas, botas y zapatos yacían desparramados sin orden, y el conjunto de la pieza presentaba un aire de confusión, obscuridad y falta absoluta de comodidad, más que sorprendente, cuanto que el exterior del rancho, aunque humilde, estaba prolijamente limpio, y ubicado de modo tan romántico que tenía toda la apariencia de ser habitado por la belleza y la paz.

Ni vestigios de las inclinaciones sanguinarias, o del capricho ingobernable con cuya práctica alcanzó después tan triste celebridad, se reconocían en las maneras, o se deducían de la conversación de Francia, en la época de que estoy hablando. Todo lo contrario. Su porte tranquilo y sin ostentación ; sus principios, en cuanto se podía deducir de sus mismas manifestaciones, justos, aunque no muy levantados ; y su integridad legal, como abogado, jamás fué puesta en duda. La vanidad me pareció ser el rasgo dominante de su carácter ; y, aunque había seriedad y casi continua severidad latentes en su fisonomía, no obstante, cuando se permitía sonreir, producían solamente, por contraste, una impresión más cautivadora en aquellos con quienes conversaba.

Agradábale que se supiese que entendía el francés, rama de los conocimientos muy poco común en el Paraguay.

Hacía alguna ostentación de su familiaridad con Voltaire, Rousseau y Volney, y asentía completamente a la teoría del último. Pero, más que todo, se enorgullecía de ser reputado algebrista y astrónomo. En realidad, había penetrado muy poco en esas ciencias. Lo bastante, sin embargo, en el Paraguay, para justificar el proverbio español de que en tierra de ciegos el tuerto es rey.

En el Paraguay, con el conocimiento del francés, los «Elementos de Euclides», las ecuaciones, la manera de servirse del teodolito, o con libros prohibidos por el Vaticano, él era, en punto de saber, completa excepción a la regla general.

La noche se acercaba aprisa y me despedí de mi huésped tan locuaz como agradable. Poco me imaginé, entonces, que iba a figurar como lo ha hecho después o que una relación, comenzada con tanta amabilidad, debía concluir en tan grande injusticia.

Por este tiempo, aunque viviendo en aparente reclusión, había estado ocupado en intrigas contra el Gobierno. Recibía visitas secretas de los más ricos chacareros y propietarios de tierras; fomentaba las aspiraciones de hombres que hasta entonces nunca habían soñado conseguir el poder; era todo humildad y condescendencia para los inferiores y todo altivez para las clases sociales superiores. Su plan era inculcar en los campesinos, la impresión de que estaban mal gobernados por pocos hombres ignorantes desprovistos de mérito alguno; en insinuarles que cuando volviese al poder las cosas cambiarían. Les manifestaba que el fin de la revolución había sido descuajar las pretensiones aristocráticas de la vieja España; mientras tanto, era patente que estas pretensiones estaban supeditadas por otras más odiosas, porque se establecían por hombres a quienes él conocía no ser más que sus iguales, alguno de ellos, sus inferiores.

«Sin embargo, ¿no es claro», preguntaba, «que están violando diariamente las promesas y protestas que habían hecho?»

¿Quién es don Fulgencio Yegros? (entonces Presidente de la Junta). «Un gaucho ignorante. ¿Qué tiene mejor don Juan Pedro Caballero? Nada. Y, con todo, los dos son generales, investidos de autoridad suprema e insultándoos con el despliegue de una vana ostentación, que sería risible si no fuera despreciable.

»¿Cómo, entonces, ha cesado la necesidad de operaciones activas que estos hombres no tienen energía para emprender, o de reformas substanciales que no tienen destreza para concebir ni habilidad para ejecutar?»

De este modo, Francia derramaba veneno de desafección y descontento en los oídos de sus compatriotas que, a su vez, admiraban el patriotismo, respetaban la integridad y veneraban su sabiduría. Era así que en la época de mi impremeditada visita, estaba asentando el cimiento del asombroso poder que, poco después, puso entre sus manos el cetro de hierro con que ha postrado al pueblo paraguayo, hasta lamer el polvo de sus plantas y, no en pocos casos, empapado aquel polvo en sangre inocente.

Vuestro, etc.—J. P. R.

CARTA XXVIII

Viaje aguas abajo.

Londres, 1838

Estaba ya no solamente admitido en la sociedad paraguaya, sino que había intimado con muchos y conocido a casi todos sus miembros. Don Gregorio de la Cerda, asesor del Gobierno y, más todavía, asesor de las numerosas familias particulares de cuyos hijos era padrino, se convirtió en mi constante amigo y compañero. Profesaba el principio (y él era solamente uno de la numerosa clase que sostenía igual doctrina) que siempre que tuviera un compadre o amigo, estaba obligado a prestarle algún servicio. El principio de don Gregorio era demasiado honorable, y él mismo demasiado escrupuloso para quebrantarlo en ningún caso.

«Señor don Juan», me dijo cierto día después de la fiesta de Itapúa, «es preciso que de algún modo usted me permita servirlo». A la sazón nadie había en el Paraguay que pudiera servirme mejor que don Gregorio. Era allí el señor supremo y dirigía todos los actos del Gobierno.

«Bien, señor don Gregorio», repliqué, «usted sabe que el puerto del Paraguay está clausurado para la salida de hombres y mercaderías. Sabe también que tengo almacenadas gran cantidad de éstas en inmovilidad perjudicial. Además, deseo muchísimo volver por algún tiempo a Buenos Aires. Ahora, si usted quiere obtenerme permiso para sacar mi persona y bienes en uno o varios de los buques vacíos que están inactivos en la ribera, me hará un favor muy señalado». El mejor de los compadres y amigos, instantáneamente respondió : «por hecho». «Hay», continuó, «algunas dificultades en el asunto. Habrá muchas quejas por parte de todos los otros comerciantes cuando se le autorice a quebrantar la prohibición. Los marinos españoles, como sabe, están en el río apresando todos los barcos salidos de puertos independientes ; y Vattel establece como principio de derecho internacional que a ningún neutral puede permitírsele llevar su propiedad desde un puerto beligerante a otro, a menos que el buque que la conduzca sea de la bandera de su nación y esté tripulado, a lo menos, por un tercio de súbditos de ella. Pero, descuide, encontraremos algún modo de allanar estas dificultades, con tal que usted realmente se prepare a correr el riesgo, inminente como sabe, de ser capturado».

«Eso», repliqué, «corre enteramente de mi cuenta y tengo ideas hechas al respecto».

Don Gregorio era de aquellos espíritus activos y movedizos que, una vez metidos en una empresa, no cejan día y noche, hasta conseguir su propósito. Inmediatamente se sentó y dictó al amanuense la solicitud al Gobierno, comprendiendo todos los puntos de mi pedido, y tocante al destino de la solicitud, él sabía quién era árbitro único. Explicaba y destruía, en el punto en cuestión, las objeciones de Vattel ; demostraba que era un caso de injusticia para mí, y exhortaba al Gobierno, en atención a la amistad de la Gran Bretaña, a otorgar el pedido razonable del único súbdito británico entonces residente en el Paraguay. Había muchas formalidades técnicas que llenar, en el sentido de recabar opiniones e informes de varios abogados y funcionarios. El Cabildo o concejo municipal debía producir su dictamen, lo mismo que el juez de comercio y el director de aduana. El juez de alzada o de apelación había de dar su opinión y el fiscal la suya. Todos estos caballeros honorables y doctos eran compadres de don Gregorio, y era imposible concebir que la opinión de un compadre fuese contraria a la de otro, especialmente tratándose de don Gregorio, el asesor de Gobierno.

Todos ellos, por consiguiente, manifestaron lo que su compadre decía. A los ocho días de presentar mi solicitud estaba despachada favorablemente. Si las cosas se manejan lo mismo en este país, no puedo decirlo; pero el favoritismo es principio tan prevalente en el corazón humano que puede casi considerarse como sinónimo de amistad, y dondequiera que ésta exista, combinada con el poder de hacerla valedera, son quizá la envidia y el disgusto, más que el pretendido amor a la justicia y buena fe, los que entran en los reparos y objeciones a favores así otorgados.

Siendo removidos todos los obstáculos para mi viaje aguas abajo, emprendí los preparativos con todo ardor; y como el viaje aguas abajo, especialmente con enemigos en el río, nada tiene que ver con ninguna idea que tengamos sobre navegación ordinaria, os daré breve cuenta de mi nueva y acaso arriesgada empresa.

En primer lugar, fleté un barco bastante grande para cargar mil quinientos tercios de yerbamate o te paraguayo. El modo de cargar barcos en el Paraguay para viaje aguas abajo es el siguiente : se llena la bodega con la mitad de la carga ; la otra mitad se estiba sobre cubierta. Con ese objeto se hace una troja enrejada, atando con lonjas de cuero fuertes tacuaras que se apoyan en postes perpendiculares altos de cinco o seis pies sobre la cubierta. Depositándose en ella los tercios de yerba se cubrieron cuidadosamente con un techo de cuero fuertemente entrecosidos, y que formaba declive a cada lado como el tejado de una casa para facilitar la salida del agua. Alrededor del toldo se extiende una cuerda para impedir que caigan al agua los que caminan encima del techo elevado.

El patrón de mi barco era un natural de la vieja España llamado Borda y, por tanto, no considerado como la persona indicada para emplearse en la conducción de una expedición de la que, los únicos enemigos temibles eran sus mismos compatriotas. Pero, lo tomé por esta misma consideración. Había antes combatido contra ellos mientras andaba en una expedición de contrabando, y habiendo recibido una herida indeleble en la cara, y conquistado reputación de ser enemigo inveterado al que nunca había que tolerar o perdonar, yo sabía que, llegado el caso, pelearía con la resolución de quien no tiene esperanza sino en su propio valor. Tenía una tripulación de quince paraguayos atléticos, bajo la dirección de un viejo baquiano astuto, sagaz y precavido. Pero la parte más notable e interesante de mi apresto era una linda canoa de treinta pies de largo, hecha de un tronco de lapacho. Era una sola y magnífica pieza hueca de madera ; y en el agua tenía toda la gracia y ligereza de una barca de Cleopatra. En esta canoa estaban de pie ocho indios payaguás, altos, musculosos, erguidos y no impedidos en sus movimientos viriles, por nada más que un taparrabo. Iban al mando del cacique que hacía al mismo tiempo de timonel y baquiano, y cuando simultáneamente hundían en el agua sus palas de siete pies de largo, alternativamente doblándose y levantándose a cada bogada, parecían otros tantos atletas, venciendo todos los obstáculos que se ponían por delante y empujando su esquife con rapidez irresistible sobre las aguas.

Era magnífico verlos deslizarse corriente abajo con velocidad de quince millas por hora; y subir contra la corriente a razón de diez. Todos los músculos se mostraban en poderosa tensión; cada rasgo de sus fisonomías se iluminaba con la alegría de encontrarse en su propio elemento. Cada uno estaba armado con un arco, que nunca pude estirar y con toscos dardos de puntas férreas y envenenadas, de seis pies de largo. Cada hombre tenía, además, una larga caña a cuya extremidad estaba adherida la red para guardar la caza, fuese de pescado o aves. Eran nobles camaradas y realizaban para mí más de todo lo que nunca había leído u oído acerca de la soltura y gracia del movimiento y de las fuerzas musculares de los atezados indios. Lo que más admiraba en ellos era su completa subordinación a su jefe o cacique. El y yo íbamos sentados debajo de un toldito a popa de la canoa. Rara vez hablaba. Su mirada, el movimiento de su mano, la grita de «ha! ha!, alá! alá!» eran las únicas palabras con que parecía dar escape a los sentimientos más secretos de su corazón.

¿Un dorado aparecía a la vista? El baquiano era el primero en anunciar su proximidad a la tripulación; y al momento se arrojaba la fija especie de arpón, mantenida por una cuerda en mano del que la lanzaba. Con esta cuerda el dorado era subido a la canoa. Del mismo modo, cuando atracábamos a la costa, toda bestia de la selva y toda ave del bosque a que apuntaban era presa de aquellos diestros arqueros. A menudo he visto una pava del monte trepada entre el tupido ramaje de un árbol, herida en el corazón por una de sus flechas ; y frecuentemente el jabalí o cerdo salvaje de los bosques caía abatido por su puntería infalible. He navegado en barcas inglesas, he sido conducido a remos por lanchas de buques de guerra, pero jamás he visto tripulación como la de aquellos payaguás y su cacique que me llevaban a pala en mi espléndida canoa descendiendo las plácidas aguas del río Paraguay.

Mi objeto en tomar esta canoa era adelantarme al barco, buscando al enemigo para volver y dar aviso si lo descubríamos, a fin de que se hicieran preparativos para combatirlo o se tomasen las precauciones necesarias para esquivarlo. Al fin se soltaron las amarras en la Asunción y el barco se deslizó bizarramente aguas abajo. La obra muerta estaba casi en el agua, pero la gran troja lo hacía aparecer como el arca de Noé flotando sobre las aguas. Los altos paraguayos iban y venían sobre la troja. Dos de cada lado con tacuaras de veinte pies de largo, sondaban la profundidad del río, mientras el barco hacía rápido camino, al mismo tiempo que el baquiano, todo precaución y atención, escudriñaba con mirada aguda y práctica, la parte de la corriente en que navegábamos a las indicaciones de algún banco de arena cambiado de sitio para evitarlo. Yo y mis payaguás en la canoa disparábamos como relámpago adelante del barco y doblando alguna de las bellas puntas de la costa, pronto lo perdíamos de vista. Se exploraban todos los rincones, se visitaban todos los ranchos en las riberas para buscar a los marinos e inquirir noticias de ellos. Llegamos a Ñeembucú, y mi

amigo el comandante me aseguró que todo estaba
tranquilo. Al cuarto día pasamos por Corrientes y
también nada oímos que nos impidiera el viaje. Generalmente hablando, la canoa iba veinte millas adelante del buque y todas las tardes volvíamos atrás con
la noticia que todo estaba bien. Jamás estuvo más
excitada mi admiración que al contemplar los esfuerzos infatigables tanto de los payaguás como de los
paraguayos. Trabajaban mañana y tarde bajo un sol
casi vertical, con invencible asiduidad y perseverancia.

Una tarde, mientras íbamos aguas arriba al encuentro del barco, después de ejercer nuestra vigilancia diurna, quedé sorprendido y un tanto alarmado, de no encontrarlo en el sitio esperado. «¡ Oh !»,
dijo mi Palinurus payaguá, en malísimo español del
que hablaba apenas palabra. «No nada, no nada ;
varadura no más ; yo sé lugar. ¡ Ah ! ¡ ah !... ¡ Alá !
¡ alá !» Con esto sus súbditos indios menearon de tal
modo las palas que la canoa desafiaba la corriente ;
y árboles, islas, promontorios se desvanecían detrás
de nosotros, cuando, cada diez minutos, se nos presentaba un nuevo y bello paisaje.

Con muchas explicaciones dadas por el cacique payaguá, en su jerga hispano-guaraní, comprendí que
nuestro barco debía haber tocado fondo y que él sabía a dónde. Una hora más de bogar me convenció de
cuán exactos habían sido sus cálculos, porque al montar una punta de tierra apercibimos la polacra bien
encajada sobre un banco, y los marineros ocupados
en ir y venir remando entre ella y la isla adyacente,
en que desembarcaban la carga de la troja.

Inmediatamente mis ocho payaguás profirieron
un salvaje y discordante alarido ; redoblaron sus esfuerzos, y en un cuarto de hora estuvimos a bordo

del barco. Había sido alijado lo bastante para estar oscilando sobre el banco, y en poco más de un par de horas estaba a flote con toda la carga de cubierta en su lugar y amarrado a dos árboles para pasar la noche.

Estas varaduras son frecuentes cuando se navega el Paraná aguas abajo, aun dirigido por los baquianos más diestros, porque los bancos cambian frecuentemente de sitio con las crecidas del río. Pero la arena es tan suave, los cascos tan fuertes y la facilidad de descargarlos, trasladando a una isla o ribera parte de la carga de cubierta, es tan grande, que no ofrecen otro inconveniente que la corta demora a consecuencia de ellas. Sin embargo, los esfuerzos requeridos de los hombres en tales ocasiones, son inmensos. No sé en este caso, si los de la tripulación del barco o de los canoeros payaguás fueron mayores : no obstante, estuvieron luego todos sentados, contentos y risueños alrededor de las llamaradas del fogón que habían encendido sobre la costa ; comían, sin sal, charque o mantas de carne secadas al sol, agua era su bebida, el suelo su asiento y también su lecho ; el firmamento su techumbre y los esfuerzos de mañana serían quizá más grandes que los de hoy. Sin embargo, los payaguás reían, los paraguayos cantaban y tocaban la guitarra, y, de cuando en cuando, alguna broma circulaba o se narraba un cuento que arrancaba de todos grandes aplausos, o no menos gran mofa. Ahora, pensaba, mientras estaba en meditación contemplativa del grupo, sobre el techo de mi casa flotante, qué tema hay aquí para aplicar la grave e imparcial filosofía ! Aquí está el ingenio apreciado por oyentes ignorantes, la indolencia revelada por el desnudo payaguá ; aquí está la música brotando de la voz ruda o de los dedos no enseñados de los habitan-

tes de la zona tórrida ; la risa y la alegría tienen
sus convulsiones ; la labor se ha quitado los vestidos
de su afán y se ha puesto los de la comodidad y del
descanso ; la comida es mezquina pero el hambre misma está como criada para hacerla sabrosa ; y, en vez
del jugo de la uva, los sencillos participantes del refrigerio se contentan remojándolo con las aguas del
Paraná. Aquí, cuando llega la noche, cada hombre se
echa al rescoldo del fogón, con hojas por lecho y su
poncho por frazada ; el sueño, espontáneo, lo estrecha en sus brazos ; el trabajo y la sobriedad mantienen alejados al fantasma de la pesadilla y al ensueño
de horror, y la aurora del día lo encuentra al punto
refrescado y pronto con renovada alegría para el re-
novado esfuerzo.

Si hay o no aquí tan buena parte de felicidad como
tenemos derecho a esperar o probabilidad de realizar,
de este lado de la tumba, o si la felicidad es más completa con toda la pompa, el orgullo y la condición de
la sociedad civilizada, dejo a la decisión de pensado-
res más profundos y de aquellos más afectos que yo
a la controversia.

Adelante nos movimos, al día siguiente, el barco
marchando pomposamente en la corriente, y los ocho
robustos payaguás, al mando de su cacique, conmigo en la canoa, apartándose adelante del buque, como
flecha disparada del arco. Nada oímos de los marinos
hasta que, al noveno día de nuestra partida de la
Asunción, cuando la canoa se aproximaba a la Bajada, la rápida vista del cacique divisó dos barcos anclados en medio del río. Al instante, obedeciendo al
grito de su jefe, los tripulantes se acurrucaron en la
canoa y con sus cabezas sobresaliendo apenas de la
regala, volvieron proa a la corriente y palearon río
arriba en mortal silencio. Se mantuvieron junto a la

barranca precipitosa para no poder ser observados ;
y el cacique baquiano comenzó a explicarme que había visto dos barcos de los marinos españoles fondeados en medio del río, directamente entre la Bajada y Santa Fe. Le pregunté cómo conocía que eran marinos ; y todo lo que pudo contestar fué : «Yo sé...
yo veo cañones.»

Después de reflexionar estuve seguro de que él tenía razón ; pues si no hubieran sido barcos enemigos estarían en el mismo puerto de la Bajada y no anclados en la correntada.

Al momento que nos perdimos de vista se levantaron los payaguás en toda su estatura. «Y ahora», dijo el baquiano, «¿qué vamos a hacer?» Mi idea estaba formada desde el principio, sobre lo que en tal circunstancia debíamos hacer a saber : pelear al enemigo, o eludirlo por medio de una estratagema.
Ordené al cacique que hiciera todo lo posible por apresurar la vuelta al encuentro del barco y, con tal rapidez se cumplieron mis órdenes que, en un par de horas, lo divisamos, a toda vela, navegando aguas abajo a razón de diez millas por hora. Apenas izamos la señal convenida para que se detuviese, cuando, inmediatamente ciñó el viento, se cruzó al río, y en diez minutos estuvo entre los espesos bosques y juncales del Gran Chaco. Pronto llegamos al sitio en la canoa. Ordené que todos los hombres subieran a la troja y, de este modo me dirigí a Borda, al baquiano y a la tripulación paraguaya : «Amigos míos, estamos a un par de horas de navegación de dos barcos de guerra españoles, que seguramente nos impedirán nuestro intento de llegar a Santa Fe. Ahora, ¿estáis preparados para pelear en caso de necesidad, o queréis abandonar la carga y regresar con ignominia y pérdida al Paraguay? ¿Quiere usted, Borda, a quien

sus paisanos han maltratado tanto, perder la oportunidad de vengarse? Y vosotros, paraguayos, que habéis declarado vuestra independencia de una potencia que despreciáis, ¿queréis evitar el conflicto con ellos, cuando se presenta el momento de la acción? ¿Volveréis para decir a vuestras relaciones y amigos que aquellos marinos de que siempre os habéis burlado, os han asustado tanto que al momento en que descubristeis los mástiles de sus naves, buscasteis seguridad en la fuga? ¿Qué pensarán vuestros paisanos, y si es así, dónde esconderéis después vuestras caras?»

A una voz, patrón, baquiano y hombres gritaron que querían combatir y hacer lo que les ordenara. Asegurado de este modo de la tripulación paraguaya, en seguida me dirigí, por medio del lenguaraz, al cacique payaguá y a sus hombres—valiente tripulación de mi pequeño esquife. «Payaguás», dije, «descendéis de una raza noble que los españoles han procurado exterminar. Aquí se os presenta la oportunidad para demostrar de qué estofa estáis hechos. ¿Queréis unir vuestras manos y corazones con vuestros hermanos paraguayos y conmigo para caer sobre los invasores de vuestro suelo y desafiarlos a responder inmediatamente por pasadas injurias y presentes arrogancias?» «Queremos... queremos», replicó el cacique Cataitig, «y queremos; ciertamente queremos»; y pronto encontré por las actitudes y gesticulaciones de su tripulación que estaban unidos en el propósito como un solo hombre.

Nunca olvidé, en aquellos momentos, que mi empresa era comercial y no guerrera; y mientras estaba preparado para el caso de ser forzado a combatir, esperaba no obstante, eludir una contingencia tan poco concordante con el objeto de mi viaje.

De esto, sin embargo, nada dije a mis hombres,

estando convencido que el mejor plan era avivar su
coraje para lo peor que pudiera suceder. En consecuencia, todos se pusieron a la obra. Algunos limpia-
ron sus viejos mosquetes y otros afilaron las picas y
machetes herrumbrados. Nuestros cartuchos se ordenaron en un gran cajón y los payaguás prepararon sus
arcos y flechas. Una docena de cueros se mojaron y
cortaron en tiras habilitando a la tripulación para fa-
bricar con ellos una especie de enjaretado de aborda-
je, alto de cinco pies, que estaba fuertemente ligado
a gran número de gruesas varas sacadas del bosque
con este objeto. Cuando se estiró el enjaretado y los
hombres se alinearon a la banda, allí los bravos paraguayos con sus alabardas, espadas y mosquetes—y
aquí los gigantes payaguás con sus arcos, flechas y
chuzas,—Borda pareciendo más furioso por la cuchi-
llada en el rostro inferida por sus compatriotas, y los
dos baquianos animando incesantemente a sus tripu-
laciones respectivas—sentí aquella especie de presentimiento del éxito que excita el espíritu de empresa
y entona en la prueba. La luna nueva proyectaba su
luz tenue sobre las aguas. Se ordenó navegar y a los
hombres estar tan silenciosos como la noche. Nos
deslizamos en dirección al enemigo manteniéndonos
lo más pegado a la costa de Santa Fe. Las velas altas
se arriaron y no se oía a bordo un rumor. Después de
navegar alrededor de cuatro horas, el sonido de ocho
campanadas del enemigo (es decir, media noche)
llegó ondulando sobre las aguas, y, en diez minutos
más, vimos los dos barcos asomando a la distancia.

Se ordenó a todos los hombres que se echaran sobre la troja y al baquiano mantener el barco junto a
los árboles. Estuvimos luego a un cuarto de milla de
los marinos y los cinco minutos siguientes iban a decidir nuestro destino. Todo estaba preparado para re-

sistir el ataque ; todas las precauciones tomadas para evitarlo.

Lo evitamos : los marinos estaban dormidos, mientras nosotros, por adoptar la precaución, prudente, sea que se adopte en el viaje de la vida o en el de las grandes aguas—de estar bien alerta adelante,—navegábamos tranquilamente y los pasamos sin inconveniente, entrando al riacho de Santa Fe. Antes de apuntar la aurora habíamos alcanzado aquel puerto seguro.

Todos se sorprendieron de nuestra escapada y me felicitaron por ella. Candioti decía jocosamente que me propondría para comandante de la fuerza naval, consistente en una lancha cañonera que a los habitantes no gustaba arriesgar en un encuentro con el enemigo. En una quincena el enemigo se retiró para unirse a una considerable flota que tenía más abajo, frente a Rosario. Todos mis hombres fueron recompensados con doble paga ; cada uno con un regalo individual y emprendieron el regreso al Paraguay en las canoas de que les hice donación. Una fortunita me produjo la yerba mate, por la que estoy grato a mi amigo don Gregorio ; y partí a caballo para Buenos Aires donde arribé el décimocuarto día de mi salida de la Asunción. El viaje de aquel puerto hasta Santa Fe, sin contar paradas y detenciones extrañas a la navegación, se había completado en nueve días, al paso que de Santa Fe a la Asunción es de dos meses. Tan lejos por la diferencia de navegar con o contra la corriente.

Vuestro, etc —J. P. R.

CARTA XXIX

Al Sr. J. G.

Encargos para el Paraguay.—Arreglo del carruaje.—Llegada a San Lorenzo. Una seria alarma.—El general San Martín.—Batalla de San Lorenzo.

Londres, 1838

Después de permanecer un mes en Buenos Aires y hacer arreglos allí para extender mis operaciones comerciales en el Paraguay, preparé el regreso a aquel país. Al mismo tiempo tenía que dar cumplimiento a muchísimos encargos de mis amigos. Don Gregorio, el primero de la lista, necesitaba un sombrero tricornio, una capa, un espadín y media docena de medias de seda. Don Fulgencio Yegros, presidente de la Junta, precisaba abundantes galones, un par de charreteras y una montura inglesa. El general Caballero encargaba un sombrero blanco y una casaca militar hecha de medida por un sastre de Buenos Aires. El doctor Mora necesitaba una cantidad de libros de derecho y el doctor Vargas coleta nueva y chaleco bordado. También el doctor Francia necesitaba un telescopio, una bomba de aire y una máquina eléctrica. Las esposas y comadres de todos ellos necesitaban innumerables cosas : vestidos de moda, chales, zapatos y blondas. He oído de alguien que, cuando recibió numerosos encargos por el estilo, llevó los apuntes a la azotea, un día ventoso. Sobre los papeles que venían «acompañados con dinero», colocó las onzas de oro enviadas para efectuar las compras respectivas. Estos encargos resistieron al viento, permanecieron en sus sitios y fueron cumplidos. Los otros que no eran acompañados por los medios necesarios para adquirirlos, fueron abandonados a merced de los elementos y, naturalmente, volaron. Pero, en mi caso, había recibido de mis amigos paraguayos tantos favores positivos, que no sometí sus órdenes a tal prueba. Las rotulé y cumplí todas puntualmente. Mis habitaciones estaban abarrotadas con cajas de cartón y de pino ; con líos, fardos y paquetes de todas las formas y tamaños ; de modo que, cuando hube de emprender viaje, estribaba la dificultad, en la manera de conducirlos a través de las Pampas. Esta dificultad, unida al deseo latente de obtener medios de traslación más cómodo que el caballo, hasta Santa Fe, me sugirieron la idea del carruaje. Os he descripto ya los otros dos modos de viajar al Paraguay, a saber, por agua y a caballo, y ahora describiré brevemente el más cómodo de hacer la jornada en carruaje propio de cuatro ruedas.

Bien temprano del día señalado para la partida se sacó el vehículo, que tenía toda la apariencia de un toldo de indios movible. Era un armatoste español de alto techo y antigua forma, cubierto con cuero crudo, excepto en las dos ventanillas. Había gran capacidad para almacenar ; y como sabía que no existían hoteles en el camino, todas las cosas que podían suministrar comodidad fueron estibadas (náuticamen-

te hablando) en sus amplios cajones. Se requieren
para transitar en carruaje por las Pampas no muchos
menos preparativos que en los viajes de mar. Jamo-
nes, lenguas, champaña, oporto, vino, pollos, fiam-
bres, queso, encurtidos y coñac se guardaron como
provisión indispensable para la ruta, y se acomodó
una batería de cocina en el pesado vehículo y, luego,
dentro de una especie de gran bolsa de cuero, ba-
lanceando debajo, se metieron muchos de los encargos
y regalos que tenía para el Paraguay. Otros fueron
acondicionados sobre la capota y algunos colgados a
los costados. Aun así, no estábamos tan abarrotados
como en aquellos transportes que, aunque terriblemente sobrecargados en este país, son llamados con
no poca latitud en fraseología de chalanes, diligen-
cias livianas. Si se recuerda, no obstante, que en mi
coche iba a recorrer una vasta llanura desprovista de
caminos y puentes; que debía atravesar pantanos y,
casi literalmente, navegar en ríos, no se considerará
que estaba muy ligeramente cargado.

Después de atar la yunta del tronco bajo la dirección del cochero, se agregaron cuatro postillones gauchos mal cubiertos, cada uno sobre su caballo, sin
otro arreo que el lazo. Este estaba prendido por una
punta a la cincha del recado y enganchado por la otra
a la lanza del coche. Las cabezas de los dos caballos
colocados entre los del tronco y los delanteros estaban por lo menos a diez pies de los primeros; mientras las de éstos alcanzaban a quince pies más allá de
la yunta que iba detrás de ellos. En resumen, las
cabezas de los cuarteadores estaban a cuarenta pies
de las ruedas traseras del vehículo. Por absurda que
parezca tal disposición pronto nos apercibimos de
su utilidad, pues apenas hubimos llegado a los suburbios cuando topamos con uno de los horribles

pantanos. Son masas de barro espeso de tres a tres y medio pies de profundidad, y de treinta a cincuenta de ancho. Los cuarteadores, chapuzaban en el barro, luego seguía la segunda yunta y, cuando las dos salían del pantano y, en consecuencia, se hallaban sobre terreno firme, antes que el caruaje entrase al tremedal, habían ganado en donde apoyarse para aprovechar sus fuerzas. A látigo y espuela y estimulados por los gritos de los postillones, los caballos nos arrastraban triunfalmente fuera del pantano. Si los tiros hubieran sido más cortos, hubiéramos quedado plantados en el fango. De esta manera cruzamos con éxito todos los pantanos, ciénagas, y arroyos que mediaan entre Buenos Aires y Santa Fe. Cuando no encontrábamos estos obstáculos atravesábamos la llanura a media rienda y con velocidad de doce millas por hora. Muchos de los caballos que utilizábamos, nunca habían sido atados al tiro y horribles eran las manotadas y brincos a que, a menudo, recurrían antes de adaptarse a la extraña y desacostumbrada tracción de nuestro enorme coche. Pero nunca, en un solo caso, vi al postillón dominado por su caballo. Después de una lucha más o menos larga, el último era invariablemente obligado a entregarse y avanzar. Luego galopaba seis o siete millas a tal velocidad y con susto y cólera tales, que su coraje era abatido y llegaba al término de la etapa al paso de su jinete. Entonces se le consideraba domado para futuros viajes de posta.

De este modo avancé haciendo a la vez del carruaje mi dormitorio, comedor y cuarto de vestir. Merced a los útiles de cocina que llevaba y a mi sirviente que actuaba de cocinero, encontré el viaje mucho más tolerable que ninguno de los que había hecho hasta entonces. En las diferentes postas en que parábamos para mudar caballos, encontré abundancia de caza. Las perdices grandes y chicas abundaban generalmente a no mayor distancia que cien yardas de la puerta.

Por la tarde del quinto día llegamos a la posta de San Lorenzo, distante como dos leguas del convento del mismo nombre, construído sobre las riberas del Paraná, que allí son prodigiosamente altas e inclinadas. Allí se nos informó haberse recibido órdenes de no permitir a los pasajeros proseguir de aquel punto, no solamente porque era inseguro a causa de la proximidad del enemigo, sino porque los caballos habían sido requisados y puestos a disposición del Gobierno y listos para, al primer aviso, ser internados o usados en servicio activo. Yo había temido encontrar tal interrupción todo el camino porque sabía que los marinos en considerable número estaban en alguna parte del río; y cuando recordaba mi delincuencia en burlar su bloqueo, ansiaba caer en manos de cualquiera menos en las suyas. Todo lo que pude convenir con el maestro de postas fué que si los marinos desembarcaban en la costa, yo tendría dos caballos para mí y mi sirviente y estaría en libertad de emigrar al interior con su familia, a un sitio conocido por él, donde el enemigo no podría seguirlo. En ese rumbo, sin embargo, me aseguró que el peligro proveniente de los indios era tan grande como el de ser aprisionado por los marinos; así es que Scylla y Caribdis estaban lindamente ante mis ojos. Había visto ya bastante de Sud América, para acoquinarme ante peligrosas perspectivas.

Antes de desvestirme hice mi ajuste de cuentas con el maestro de postas y, cuando quedó arreglado, me retiré al carruaje, transformado en habitación, para pasar la noche, y pronto me dormí.

No habían corrido muchas horas cuando desperté de mi profundo sueño a causa del tropel de caballos, ruido de sables y rudas voces de mando a inmediaciones de la posta. Vi confusamente en las tinieblas de la noche los tostados semblantes de dos arrogantes soldados en cada ventanilla del coche.

No dudé que estaba en manos de los marinos. «¿Quién está ahí?», dijo autoritativamente uno de ellos. «Un viajero», contesté, no queriendo señalarme inmediatamente como víctima por confesar que era inglés. «Apúrese», dijo la misma voz, «y salga». En ese momento se acercó a la ventanilla una persona cuyas facciones no podía distinguir en lo obscuro, pero cuya voz estaba seguro de conocer, cuando dijo a los hombres : «No sean groseros ; no es enemigo, sino, según el maestro de posta me informa, un caballero inglés en viaje al Paraguay».

Los hombres se retiraron y el oficial se aproximó más a la ventanilla. Confusamente como pude entonces discernir sus finas y prominentes facciones, sin embargo, combinando sus rasgos con el metal de voz, dije : «Seguramente usted es el coronel San Martín, y, si es así, aquí está su amigo mister Robertson».

El reconocimiento fué instantáneo, mutuo y cordial ; y él se regocijó con franca risa cuando le manifesté el miedo que había tenido, confundiendo a sus tropas con un cuerpo de marinos. El coronel entonces me informó que el Gobierno tenía noticias seguras de que los marinos españoles intentarían desembarcar esa misma mañana, para saquear el país circunvecino y especialmente el convento de San Lorenzo. Agregó que para impedirlo había sido destacado con ciento cincuenta Granaderos a Caballo de su Regimiento ; que había venido (andando principalmente de noche para no ser observado) en tres noches desde Buenos Aires. Dijo estar seguro de que los marinos no conocían su proximidad y que dentro de pocas horas esperaba entrar en contacto con ellos. «Son doble en número», añadió el valiente coronel, pero por eso no creo que tengan la mejor parte del día».

«Estoy seguro que no», dije; y descendiendo sin dilación empecé con mi sirviente a buscar a tientas, vino con que refrescar a mis muy bienvenidos huéspedes. San Martín había ordenado que se apagaran todas las luces de la posta, para evitar que los marineros pudiesen observar y conocer de este modo la vecindad del enemigo. Sin embargo, nos manejamos muy bien para beber nuestro vino en la obscuridad y fué literalmente la copa del estribo ; porque todos los hombres de la pequeña columna estaban de pie al lado de sus caballos ya ensillados, y listos para avanzar, a la voz de mando, al esperado campo del combate.

No tuve dificultad en persuadir al general que me permitiera acompañarlo hasta el convento. «Recuerde solamente», dijo, «que no es su deber ni su oficio pelear. Le daré un buen caballo y si ve que el día se pronuncia contra nosotros, aléjese lo más ligero posible. Usted sabe que los marineros no son de a caballo.» A este consejo prometí sujetarme y, aceptando su delicada oferta de un caballo excelente y estimando debidamente su consideración hacia mí, cabalgué al costado de San Martín cuando marchó al frente de sus hombres, en obscura y silenciosa falange.

Justamente antes de despuntar la aurora, por una tranquera en el lado de la construcción opuesto al río, llegamos al convento de San Lorenzo, que quedó interpuesto entre el Paraná y las tropas de Buenos Aires y ocultos todos los movimientos a las miradas del enemigo. Los tres lados del convento visibles desde el río, parecían desiertos ; con las ventanas cerradas, y todo en el estado en que los frailes atemorizados podría suponerse que lo habían abandonado en su fuga precipitada, pocos días antes. Era en el cuarto lado y por el portón que da entrada al cuadrángulo y claustros que se hicieron los preparativos para la obra de muerte. Por este portón San Martín silenciosamente hizo desfilar sus hombres y una vez que los hizo entrar en dos escuadrones al cuadrado, me recordaron, cuando las primeras luces de la mañana apenas se proyectaban en los claustros sombríos que los protegían, la banda de griegos encerrados en el interior del caballo de madera tan fatal para los destinos de Troya.

El portón se cerró para que ningún pasante importuno pudiese ver lo que adentro se preparaba. El coronel San Martín, acompañado por dos o tres de sus oficiales y por mí, ascendió a la torrecilla del convento y con ayuda de un anteojo de noche y a través de una ventana trasera trató de darse cuenta de la fuerza y movimientos del enemigo.

Cada momento transcurrido daba prueba más clara de su intención de desembarcar ; y tan pronto como aclaró el día percibimos el afanoso embarcar de sus hombres en los botes de los siete barcos que componían su escuadrilla. Pudimos contar claramente alrededor de trescientos veinte marinos y marineros desembarcando al pie de la barranca y preparándose a subir la larga y tortuosa senda, única comunicación entre el convento y el río. Era evidente, por el descuido con que el enemigo ascendía el camino, que estaba desprevenido de los preparativos hechos para recibirlos ; pero San Martín y sus oficiales descendieron de la torrecilla y habiendo preparado todo para el choque, tomaron sus respectivos puestos en el patio de abajo. Los hombres fueron sacados del cuadrángulo, enteramente desapercibidos, cada escuadrón detrás de una de las alas del edificio.

San Martín volvió a subir a la torre y deteniéndose apenas un momento, volvió a bajar corriendo, después de decirme : «Ahora, en dos minutos más estaremos sobre ellos, sable en mano». Fué un momento de intensa ansiedad para mí. San Martín había ordenado a sus hombres no disparar un tiro. El enemigo aparecía a mis pies seguramente a no más de cien yardas. Su bandera flameaba alegremente, sus tambores y pitos tocaban marcha redoblada, cuando en un instante y a toda brida los dos escuadrones dessembocaron por atrás del convento y, flanqueando al enemigo por las dos alas, comenzaron con sus lucientes sables la matanza que fué instantánea y espantosa. Las tropas de San Martín recibieron una descarga solamente, pero desatinada, del enemigo ; porque, cerca de él como estaba la caballería, sólo cinco hombres cayeron en la embestida a los marinos. Todo lo demás fué derrota, estrago y espanto entre aquel desdichado cuerpo. La persecución, la matanza, el triunfo, siguieron al asalto de las tropas de Buenos Aires. La suerte de la batalla, aun para un ojo inexperto como el mío, no estuvo indecisa durante tres minutos. La carga de los dos escuadrones instantáneamente rompió las filas enemigas y desde aquel momento los fulgurantes sables hicieron su obra de muerte tan rápidamente, que en un cuarto de hora el terreno estaba cubierto de muertos y heridos.

Un pequeño grupo de españoles habían huído hasta el borde de la barranca ; y allí, viéndose perseguidos por una docena de granaderos de San Martín, se precipitaron barranca abajo y fueron aplastados en la caída. Fué en vano que el oficial a cargo de la partida les pidiera que se rindieran y se salvarían. Su pánico les había privado completamente de la razón y, en vez de rendirse como prisioneros de guerra, dieron el horrible salto que los llevó al otro mundo y dió sus cadáveres, aquel día, como alimento a las aves de rapiña.

De todos los que desembarcaron volvieron a sus barcos apenas cincuenta. Los demás fueron muertos o heridos, mientras San Martín solamente perdió en el encuentro, ocho de sus hombres.

La excitación nerviosa proveniente de la dolorosa novedad del espectáculo, pronto se convirtió en mi sentimiento predominante; y quedé contentísimo de abandonar el todavía humeante campo de acción. Supliqué a San Martín, en consecuencia, que aceptase mi vino y provisiones en obsequio a los heridos de ambas partes, y dándole un cordial adiós, abandoné el teatro de la lucha, con pena por la matanza, pero con admiración por su sangre fría e intrepidez.

Esta batalla (si batalla puede llamarse) fué, en sus consecuencias de gran provecho para todos los que tenían relaciones con el Paraguay, pues los marinos se alejaron del río Paraná y jamás pudieron penetrar después en son de hostilidades.

Habiendo ya entrado en detalles completos tanto sobre Santo Fe, la Bajada, Goya, Corrientes, Estancias, etc., etc., como acerca del viaje entre la primera y la Asunción, diré solamente que una vez más llegué a aquella capital, un mes después de la Batalla de San Lorenzo.

Vuestro, etc.—J. P. R.

CARTA XLVI

Al señor J. G.

J. P. R. continúa y concluye.

Londres, 1838

Ahora yo había estado casi tres años en el Paraguay y, con excepción de mi corto viaje a Buenos Aires, raramente en todo ese tiempo había visto una fisonomía inglesa, hablado una palabra inglesa o comunicado, de otro modo que por carta, con un amigo inglés. Intimo como era con los habitantes del Paraguay, y endeudado como me sentía hacia ellos por sus bondades, mi situación era de mucho aislamiento. Para no llegar a ser completamente extraño a mi país, paisanos e idioma, empleaba mucho de mi tiempo en la biblioteca entre mudos pero instructivos compañeros, los libros ingleses. Reía con los Viajes de Gulliver y admiraba mucho la ironía de Swift. Acudía a Pope por sátira, a Addison Steele por *humour*, al Vagabundo por filosofía y a Goldsmith por sentimiento y sencillez. Estos y otros de nuestros óptimos autores ingleses, a menudo leía con placer, realzado, quizás, por las circunstancias de ser los únicos clásicos que habían penetrado en aquellas remotas regiones. Pero con todo, me veía obligado a reconocer que, por la combinación de todo lo selecto y excelente en literatura. no había leído ningún libro, en cualquier idioma, muerto o vivo, que yo conociera, que superase a «Don Quijote». Me refiero al Quijote con garbo español, no al caballero andante vestido a la inglesa. He leído Homero y Virgilio en sus dos armoniosas lenguas ; pero confieso que no les he extraído nada semejante al placer que me ha proporcionado la obra maestra de Cervantes. Dadme una conversación en el camino entre el Andante Caballero de la Mancha y su ventrudo escudero Sancho Panza ; o dejadme escuchar al cortés e instruído caballero cuando dirige la palabra al caballero del Verde Gabán ; o dadme un apóstrofe a Dulcinea o la descripción de los ejércitos de carneros ; dadme, en suma, cualquier trozo de Don Quijote, envuelto en la mágica dicción de Cervantes y me proporcionaréis todo lo que la imaginación conciba de descollante, lo que la razón requiera de profundidad y justeza, lo que el *humour* pueda bosquejar de jocoso y encantador, o que la elocuencia pueda exigir de cortesía, vigor y sencillez. Bien pudo Cervantes cuando dejó sobre su escritorito la pluma de ganso con que escribió Don Quijote, dirigir a todos los que se atrevieran a sacarla de su sitio, un «Tate, tate, folloncicos».

Pero, dejando a Cervantes, debo entrar en un incidente de mi narración, de carácter doméstico, que lleva a deducir la clase del «Otium cum dignitate» con que proseguía mis recreaciones literarias en el Paraguay. Las casas de Asunción que tienen patios, tienen también anchos caños que se proyectan de sus techos aplanados, para desagüe de las lluvias. Durante el copioso aguacero que generalmente sigue a un largo período de calor insoportable, estos caños derraman su fresco, claro y líquido contenido, en los patios. Cae el agua sobre el enladrillado en un chorro cuyo solo ruido refresca y enfría el cuerpo. Antes que lleguen estos aguaceros, os acostáis jadeante en la hamaca, con la boca abierta por falta de aire. El cuerpo exhausto durante la noche, entre dormido y despierto, sueña de sofocación, sed insaciable y sirocos quemantes ; pero sopla viento sur, y se precipitan las aguas refrescantes y el Elíseo se abre sobre los sentidos, casi a la vista, del que sufre en clima tropical.

Era mi costumbre invariable, cuando, por la influencia doble del viento y agua, la atmósfera se refrescaba así, salir al patio, fuera de día o de noche, desvestirme y permanecer debajo del enorme caño diez minutos y hacer que el agua me empapase de pies a cabeza. La transición era tal como podéis imaginar que sería de las arenas ardientes de Libia a las más frescas arboledas de Arcadia.

Después del baño de chorro que he descripto, se necesitaba que un negro sirviente trajese y echase sobre mi espalda una sábana de hilo, con la que él me frotaba y secaba debajo del corredor. Luego me retiraba al lecho si de noche y si de día a mi biblioteca ; y encontré que estas inmersiones, aunque enteramente rechazadas por los naturales, era el mejor modo de vigorizar el cuerpo en aquel clima enervante.

Me encontraba en una de estas ocasiones, por la tarde, cuando después del baño, había tomado un vaso de vino y mi piña (una de las frutas del Paraguay más finas y abundantes), y en refrescada indolencia sobre el sofá, estaba dormitando, aun con Don Quijote, cuando mi negro Juan entró corriendo al cuarto, con asombro y deleite reflejados en su fisonomía y me gritó : «mi amo, mi amo, el señor herma-

no de su merced». Pisándole los talones pareció el
aludido. Pensé que todo era una visión, preludio de
mis sueños que venían aprisa. Pero cuando fuí es-
trechamente abrazado por mi propia carne y sangre,
me apercibí que era realmente mi hermano; y apar-
tándome del canapé lo recibí en mis brazos con el entusiasmo de sentimiento que había estado largo tiempo dormido en las quietas y algo indolentes regiones
del Paraguay.

Había estado algunas semanas esperando esta visita; pero los obstáculos opuestos a su realización, por
artigueños, revoluciones, leyes prohibitivas del comercio, piratas y bandidos, me habían no solamente
fastidiado dando lugar «a la esperanza defraudada»,
sino héchome desear que el riesgo de realizar mi
anhelo más ardiente no se hubiese corrido. Mi hermano lo había afrontado, sin embargo, y con éxito.
El hogar, el círculo de familia, la narración de sus
«escapadas por un pelo», su lenguaje, aspecto, maneras—eran alternativamente objetos de mi admiración y de nuestra charla. Una botella de clarete seguía a otra. La embriaguez de un encuentro después
de seis años de ausencia, en país aislado y distante
siete mil millas de la casa paterna, siendo nosotros
los únicos ingleses en mil millas a la redonda del
lugar en que nos abrazamos,—la embriaguez de este
encuentro nos hacía disputar a los dos. No sé cuántas
botellas de clarete bebimos; pero sé esto, que el venir del día nos encontró en conversación junto al vino
y fruta, que mi negro Juan, sin entender jota de lo
que decíamos, estuvo de pie toda la noche y toda la
mañana admirado y maravillado de la manera cómo
hablábamos. Reía cuando reíamos: corría a traer
otra botella de Burdeos mucho antes que la que estaba sobre la mesa se vaciase; y cuando la vivacidad

de nuestro discurso aumentaba, él retozaba, se restregaba las manos, abría su ancha boca y mostraba su mazamorra de dientes, en raro contraste con sus usuales hábitos tranquilos y nebulosa forma de pensamiento.

Hubo otro testigo del arribo de aquella noche, y tomó vivo interés en la escena. Ese amigo era un perro, nacido en Malvinas, que había sido llevado al Paraguay por el gobernador español, Velazco. Se llamaba Héroe y su casta creo que era la más fina del mundo. Todo fidelidad, amor, y obediencia a su amo, este perro no me dejaba un instante. Estaba detrás de mis talones todo el día y dormía junto a mi cama todas las noches ; pero a ningún otro ser mortal daba una mirada amable ; ni para otro hombre mortal hacía nada placentero. Su cola solamente se agitaba en presencia del amo ; la volición parecía suspendida en su ausencia. Yo mismo lo he encerrado en un cuarto con tres o cuatro perdices por únicos compañeros. Era lo mismo que si no hubiesen estado. Se sentaba gimiendo en la puerta por donde yo había pasado ; pero al momento que reentraba hacía una parada inmóvil a la caza.

Sin embargo, este perro *instantáneamente* conoció a mi hermano. Lamía su mano, conocía su voz, seguía sus pasos y obedecía sus órdenes. Parece que reconoció cierta semejanza de familia y con su inquebrantable principio de lealtad al amo, rendía homenaje voluntario a sus amigos y parientes.

El legítimo perro de caza malvinero combina, en la más alta perfección, todos los instintos y cualidades del pointer, setter, terranova y perro de agua. Su olfato, coraje, y resistencia son solamente sobrepujados por su sagacidad, fidelidad y apego. Es de talla pequeña generalmente, color de hígado, con linda cabeza y largas orejas sedosas. Su velocidad es prodigiosa y si una vez ha recorrido un campo sin parar nada, se puede apostar la cabeza a que allí no hay un solo pájaro. Si está bien enseñado, un silbido lo hace venir de lejos, aun cuando ande fuera de vuestra vista ; y si pierde al amo, lo sigue por el olfato a través de todos los laberintos y en toda la distancia que él haya recorrido. Luego, en cuanto a la utilidad, ningún cazador que haya tirado detrás de un perro malvinero se extrañará de casi no poder avenirse con otro. Cuando se caza en el Paraguay, la pieza a menudo cae en el mismo medio de un denso cerco de tunas, tan irascible e impenetrable, que impide toda tentativa de apoderarse de la pieza. Sólo el perro de Malvinas es igual a la tarea ; y cuando se tira sobre él por un amo que él sabe matará el pájaro, el intrépido cuadrúpedo sacrificará la vida antes que abandonar la presa. He visto a Héroe luchar media hora en aquellos terribles espesísimos cercos, y salir al fin, sangrando, con la perdiz en la boca. Solamente es desobediente cuando está empeñado en una busca de este género. Ni caricias ni amenazas lo sacarán de su empeño.

Recuerdo, un día a la caída del sol, cuando rompí el ala a un pato real al volar de la laguna a su guarida del bosque. Héroe lo vió caer, se echó al agua, y en pocos minutos se trabó en lucha mortal con su víctima. Pero el pato, grande y vigoroso de cuerpo, estaba solamente con el ala quebrada y salpicaba, zambullía y por otras estratagemas y esfuerzos mantuvo a Héroe tanto tiempo alejado, que la obscuridad empezó a ocultar los combatientes a mi vista. En vano silbé, en vano llamé ; el perro que se agachaba a mis pies, y humildemente lamía mi mano otras veces, no hacía caso de mis demostraciones contrarias a que permaneciese en la laguna. Como se acercase la noche, partimos del lugar con mi negro Juan. Sabía que el perro volvería a casa. Dos horas después, en consecuencia, lo oí aullando, ladrando y arañando la puerta. Allí encontré al fiel animal cubierto de barro y polvo, con el pato real, habiendo remolcado su presa acuática en trayecto de dos millas, desde el estero en que cayó. Al momento que aparecía el valiente Héroe con todas las manifestaciones del gozo, entregó en mis manos su enemigo muerto y agazapándose a mis pies con afección sumisa, parecía implorar perdón por venir tan tarde.

El día siguiente el sabrosísimo pato fué asado, servido en buen estilo y Héroe tuvo el ala quebrada para roer.

Nada había que me propusiere enseñarle que no lo aprendiera. Recibía lecciones de mi hermano con la misma docilidad y perseverancia que de mí ; pero de nadie más. Solíamos divertirnos en grande con sus curiosas astucias y acciones razonables ; y cuando las ejecutaba, como siempre lo hacía, con brillo, se complacía prodigiosamente de recibir nuestras caricias en recompensa de sus esfuerzos.

¡Pobre Héroe! Murió ; murió de hambre ; y no os puedo expresar el dolor e indignación con que el suceso me colmó. Alcanzó su aciago fin por la bárbara negligencia de un capitán de barco a cuyo cuidado lo confié por pocos días.

No puedo menos de recordar el epitafio inscripto por lord Byron en el monumento erigido por él en memoria de su perro Boatswain. Me conmovió hondamente leyéndolo la primera vez, por la vívida expresión del sentimiento del poeta.

Con los vituperios derramados sobre el hombre nada tengo que hacer ; pero con su tributo al perro que la muerte de Héroe me hizo releer, sinceramente simpatizo.

Ye who perchance bhold this simple urn
Pass on—it honours none yon wish to mourn,
Yo mark a friend's remains these stones arise
Y never knew but one-and here he lies (1).

Vuestro, etc.—J. P. R.

---

(1) Vos que acaso contempláis esta urna sencilla, pasad de largo,—no honra a nadie que deseéis llorar. Para marcar los despojos de un amigo se levantan estas piedras, nunca conocí otro y aquí yace.

CARTA XLVII

Al señor J. G.

Licencia para salir del Paraguay.—Audiencia impoi-
tante.—Francia hace digresiones sobre Sud América
y la unión entre el Paraguay e Inglaterra.—Encargos
del Cónsul.—El Cónsul y su ministro de Hacienda.

Londres, 1838

En un mes mi hermano conocía todos los naturales de Asunción ; y habiendo por mi parte largo
tiempo acariciado la idea de un viaje a Inglaterra,
determiné en dos meses más dejarlo al frente de
nuestros negocios en el Paraguay.

Pero el puerto de la Asunción estaba clausurado
nuevamente para toda salida ; y para realizar mi viaje, era necesario recurrir al favor especial del Cónsul
Francia.

Di todos los pasos necesarios para conseguirlo y,
pasadas pocas semanas en maniobras, con permiso
especial extendido por el mismo fui autorizado a dejar
un lugar herméticamente sellado para la salida de los
demás. Su objeto en haber sido hasta aquí tan benévolo y en otorgarme el mayor favor que podía conce-
der, al fin fué visible y confesado. La entrevista en

que me reveló los secretos proyectos de su corazón,
se caracterizó por tanta ingenuidad, al mismo tiempo que demostraba ignorancia tan completa de las
formas y ceremonial diplomáticos, que la narraré en
substancia y casi con sus propias palabras.

Había manifestado a Francia mi intención de seguir de Buenos Aires a Inglaterra, si era posible.
Fué su anhelo más vehemente que lo hiciera así y
veréis por sus vistas, tal como él las exponía, cuán
magnas perspectivas estaban grabadas en su mente y
qué proyectos gigantescos cuchicheaban ya en su
ocupado cerebro, dando por sentado que él sería capaz de unir en alianza ofensiva y defensiva, el Imperio de la Gran Bretaña con la República del Paraguay.

«Su Señoría el Cónsul», dijo un joven alférez enviado del Palacio por Francia, «Su Señoría el Cónsul desea hablar inmediatamente con usted.»

Salí con el ayudante. Cuando llegué a palacio fuí
recibido por el Cónsul con más bondad y afabilidad
que de ordinario. Su aspecto era iluminado con expresión casi vecina a la jovialidad ; su capa mordoré
colgaba de sus hombros en graciosos pliegues ; parecía fumar su cigarro con desacostumbrado deleite ;
y contra su costumbre de encender una luz en su humilde salita de audiencias, aquella noche alumbraban
dos de las mejores velas de baño. Dándome la mano
muy cordialmente, «asiéntese, señor don Juan», me
dijo. Luego arrastró su asiento cerca del mío y expresó su deseo de que escuchase muy atentamente lo
que tenía que decir. Se dirigió a mí del modo siguiente :

«Usted sabe cuál ha sido mi política con respecto
al Paraguay ; que lo he mantenido en un sistema
de incomunicación con las otras provincias de Sud

América, e incontaminado por aquel malvado e inquieto espíritu de anarquía y revolución que, más o menos, ha asolado a todas. El Paraguay está en condición más «pingüe» que cualquiera otro país en su derredor ; y mientras aquí todo es orden, subordinación y tranquilidad, desde el momento en que se pasan sus fronteras, el estampido del cañón y el son de la discordia hieren los oídos. Como puede preverse, estas disensiones paralizan la industria y alejan la prosperidad del suelo. Ahora, ¿de dónde nace todo esto? Pues, de que no hay hombre en Sud América, fuera del que habla, que comprenda el carácter del pueblo y que sea capaz de gobernarlo. El clamor es por instituciones libres ; pero los únicos fines que se persiguen son el engrandecimiento personal y la expoliación. Los porteños son los más veleidosos, vanos, volubles y libertinos de todos los que fueron dominios españoles en este hemisferio ; y por consiguiente, he resuelto no tener nada que hacer con ellos. Mi deseo es fomentar las relaciones directamente con Inglaterra ; de molo que cualesquiera que sean las disensiones que distraigan a los demás estados, y cualesquiera que sean los impedimentos que opongan al comercio y navegación, esos estados serán los únicos que sufran. Los barcos de la Gran Bretaña, surcando triunfalmente el Atlántico penetrarán en el Paraguay ; y en unión con nuestras flotillas desafiarán toda interrupción del comercio desde la desembocadura del Plata hasta la laguna de los Karayes. Su gobierno tendrá aquí su ministro, y yo tendré el mío en la corte de Saint James. Sus compatriotas comerciarán en manufacturas y municiones de guerra y recibirán en cambio los nobles productos de este país.»

A esta altura de su discurso se levantó de su silla con grande agitación y manifestó deleite y, llamando al centinela de la puerta, ordenó que viniera el sargento de guardia. Al aparecer esta persona, el doctor le dió una mirada perentoria y significativa y le dijo enfáticamente de traer «eso»; el sargento se retiró y antes de tres minutos volvió con cuatro granaderos que lo seguían, llevando, con asombro mío, entre ellos, un petacón de tabaco de doscientas libras de peso, un bulto de yerba de iguales dimensiones y exterior, una damajuana de caña paraguaya, un gran pilón de azúcar y muchos paquetes de cigarros atados y adornados con cintas variopintas. Por último, vino una negra vieja con algunas muestras de tiras bordadas hechas de algodón paraguayo y usadas allí por los lujosos para toallas y paños de afeitar.

Pensé que esto envolvía mucha bondad y consideración; pues aunque no podía menos de admirar la ostentación algo bárbara en el modo de hacer regalos, sin embargo, jamás dudé que los productos naturales acumulados delante de mí significaban una muestra de consideración por parte del Cónsul para despedirme. Juzgad entonces de mi sorpresa (veréis que no puede decirse chasco) cuando, después de ordenar a sus soldados que salieran con un «váyanse», rompió en el siguiente tenor:

«Señor don Juan, éstos no son más que unos pocos de los ricos productos de este suelo y de la industria e ingenio de sus habitantes. Me he tomado algún trabajo para proporcionar a usted las mejores muestras que el país produce de diferentes clases de artículos; y por esta razón, usted va a Inglaterra; usted conoce qué clase de país es este y qué clase de hombre soy. Sabe en qué extensión ilimitada estos productos pueden obtenerse en este (puedo llamarlo así) Paraíso del mundo. Ahora, sin entrar a discutir sobre si este continente está maduro para las instituciones

populares (pienso que no) no puede negarse que, en
un país viejo y civilizado como la Bretaña, donde estas instituciones han invalidado gradual y práctica-
mente (no en teoria) formas de gobierno originaria-
mente feudales hasta haberse traducido a la fuerza
en sanción legislativa, proporcionalmente al progreso
en la educación de la mayoría, son las más adoptadas
para conseguir la grandeza y estabilidad de una nación. Y que Inglaterra es gran nación y que su pueblo
está unido como un solo hombre sobre todas las cuestiones de importante interés nacional, es innegable.

»Ahora, deseo que tan pronto como llegue a Londres se presente a la Cámara de los Comunes : tome
consigo estas muestras de productos paraguayos ; so-
licite ser oído desde la barra ; e informe a la asamblea que usted es diputado por don Gaspar Rodríguez
de Francia, Cónsul de la República del Paraguay,
para poner ante ella estos productos de aquel rico
país. Dígales que yo lo he autorizado para invitar a
Inglaterra a cultivar relaciones políticas y comerciales conmigo ; y que estoy listo y ansioso de recibir en
mi capital, y con toda la deferencia debida a las relaciones diplomáticas entre naciones civilizadas, un
ministro de la Corte de Saint James ; también yo
nombraré un enviado mío para aquella Corte.»

»Este tratado de alianza política y comercial puede entonces estipularse en cuanto convenga a la dignidad e intereses del grande imperio británico y a los
del naciente estado que gobierno. El Paraguay será
la primera República de América, como la Gran Bretaña es ya la primera de las naciones europeas. La
alianza parece, por consiguiente, natural ; y cuán be-
néfica para el estado europeo. Usted, señor don Juan,
puede plenamente ilustrar y explicar.»

Tales fueron los términos, y casi las palabras, con

que Francia manifestó sus vistas y aspiraciones relativas a la alianza con la Gran Bretaña. Podéis imaginarlo, quedé atónito ante la idea de ser nombrado ministro plenipotenciario, no para la corte de Saint James, sino para la Cámara de los Comunes. Se me recomendó especialmente no entrevistarme particularmente con el jefe del ejecutivo, «porque—decía Francia — sé bien cuán inclinados son los grandes hombres de Inglaterra, si no temen la responsabilidad ante la Cámara de los Comunes, a tratar cuestiones, aun tan importantes como ésta, con ligereza y desprecio».

«Preséntese usted mismo», proseguía, «en la barra de la Cámara y allí transmita mi mensaje, como los antiguos embajadores de estados independientes transmitían los suyos al senado romano. De acuerdo con la recepción que le hagan al paisano y, en consecuencia, libre de la sospecha de atestiguar en mi favor, será el «acogimiento» que otorgaré al embajador británico en esta República.»

Jamás en mi vida me enredé más en cuanto al modo de obrar o de decir. Rehusar la quijotesca misión y así provocar inmediatamente el disgusto del Cónsul, y acarrear sobre mi desdichada cabeza las ruinosas consecuencias de ello, era alternativa horrible de pensar. No quedaba más que aceptar; y así lo hice, a despecho de la fuerte sensación de ridículo que me oprimía cuando me veía forzando la entrada a la barra de los Comunes; dominando, con media docena de changadores, al comisario del Parlamento; y entregando, a despecho de las oposiciones y resistencias, a la vez los petacones de cuero con mercaderías paraguayas y el discurso, *verbatim* del primer Cónsul. Pero Asunción estaba muy lejos de Saint Stephen. Por consiguiente, asentí a la propuesta de Francia, y confié en el capítulo de los accidentes para tener en oportunidad, una disculpa aceptable por haber sido incapaz de entrar en la categoría que tan graciosamente él me había preparado.

Habiéndome despedido, el sargento y los granaderos, pesadamente cargados, me siguieron hasta mi casa, donde no asombré poco al recién venido mi hermano, con la relación de la conferencia diplomática para que había sido citado. Hice desaparecer su escepticismo al respecto haciendo que los soldados descargasen a sus pies la grave prueba física, que evidenciaba la verdad de mi relato.

En una conferencia posterior, Francia preparó una larga lista de comisiones que yo debía desempeñar. Había de traerle galones de oro, sombrero tricornio, espadín, un par de pistolas de dos cañones, fajas de seda, sables, gorras de soldado, instrumentos musicales y matemáticos, con un larguísimo agregado de etcéteras. En cuanto a procurarme éstas, sin embargo, de ninguna manera tenía tantos recelos, como en lo tocante a persuadir al Presidente de la Cámara de los Comunes para que accediese a la liga política y comercial de que el Cónsul estaba tan posesionado.

Así quedaron los asuntos. Iba a hacerme a la vela dentro de una semana, con licencia exclusiva para exportar mi persona y bienes y entendido que si seguía a mi país, intentaría establecer relaciones entre Inglaterra y el Paraguay, lo que yo conseguiría tan probablemente como la junta de los dos planetas más remotos entre sí de nuestro sistema.

Ocurrió un incidente en nuestra conferencia, curiosamente ilustrativo del creciente despotismo, maneras abruptas y rudo desprecio de la urbanidad que Francia cada día se cuidaba menos de ocultar, siempre que su humor caprichoso estaba en oposición con

lo que hacían o decían quienes le rodeaban. No se
preocupaba de cuán inconscientemente la falta podría ser *dada;* era bastante que fuera *tomada.* No se
detenía en averiguar si era resultado de ignorancia,
o aun de bien entendida deferencia y asiduidad. Su
temperamento ictérico e irritable al momento pro-
curaba dar salida a su esplín ; e inocentes o culpa-
bles eran lo mismo, inmolados en el altar de su capricho. En el caso a que me he referido, mientras
Francia se explayaba sobre su proyectada alianza con
la Gran Bretaña, el centinela anunció que estaba en
el pasillo el ministro de Hacienda. Este empleo estaba entonces unido con el de director de aduanas, aunque el doble funcionario no era más que amanuense
del Cónsul. Era deber y práctica diaria del ministro
de Hacienda presentarse a cierta hora, en el pasillo
del altanero doctor, para dar cuenta de las novedades
del día, al mismo tiempo que recibir instrucciones
para el siguiente. La hora de esta acostumbrada entrevista a la sazón Francia la empleaba en descubrir-
me sus proyectos soñados despierto, mucho más pre-
ñados de importancia para él que la relación rutina-
ria de las entradas y salidas diarias de la Tesorería ;
aunque, en circunstancias ordinarias, ésta se exigía,
hasta del último maravedí, con escrupulosa inquisi-
torial severidad.

«El señor tesorero aguarda», dijo el centinela.
«Que aguarde», replicó el Cónsul. Dos horas el Cónsul me arengó, y explicaciones subsiguientes lo ocuparon ; y cuando, al terminar, me vió salir escoltado
por los granaderos con los petacones de tabaco y yerba sobre las espaldas, el tesorero todavía se paseaba
en el corredor del palacio y, esperando, como se le
había ordenado, las órdenes de su amo. Viendo salir
a Francia, el ministro de Hacienda se le acercó y

quitándose el sombrero con el máximo respeto, le preguntó si esa noche rendiría las cuentas. «Llévelo a la guardia», dijo el imperioso déspota. «¿No le dije al bribón de esperar? y ahora me viene con preguntas.»

Marchó al cuerpo de guardia el ministro de Hacienda y allí, sobre un cuero crudo de novillo, en compañía de soldados, fué obligado a rumiar toda la noche sobre el peligro de interrumpir las conferencias del Cónsul, aun con el propósito de recibir las cuentas de su mayordomo.

Tal era entonces el estado de los negocios ; tan singular, tan anómalo que yo, aunque el más favorecido y menos sospechado del país, me encontré verdaderamente feliz con la perspectiva de escapar a la mirada celosa y al caprichoso gobierno del hombre que estaba empollando huevos de basilisco, de los que surgiría una progenie de males de Pandora para desolar a su país, sin el legado de la esperanza, siquiera para aliviar la angustia de sus aterrorizados y paralizados vasallos.

Una quincena después de mi conferencia con Francia dejé la República para Buenos Aires, y desde allí realizar mi regreso a Inglaterra. Cuando llegué al último lugar, sin embargo, encontré que no sería posible ; y aun a costa de abandonar mi misión diplomática ante la Cámara de los Comunes, me preparé para volver al mismo Paraguay.

Vuestro, etc.,

J. P. R.

CARTA XLVIII

Al señor J. G.

(W. P. R. continúa)

Asunción.— Relaciones amistosas con los habitantes.—
Desarrollo del carácter de Francia.—Anécdotas.

Londres, 1838

Mi hermano os ha informado que transcurridos tres meses desde mi arribo, él partió para Buenos Aires.

Estaba por entonces en un pie de mayor o menor confianza con las principales familias y personajes de la ciudad y sus cercanías. Parecía ser el bien venido dondequiera que se me ocurriese visitar. Todas las rivalidades por nuestro carácter y operaciones comerciales habían desaparecido; y en verdad lejos de mostrarse ningún sentimiento de esa clase, los bondadosos habitantes, con innumerables pequeñas manifestaciones personales de atención y cortesía, demostraban evidente deseo de hacerme agradable la residencia en el país.

Como era mi intento permanecer algunos años en Asunción, cultivaba asiduamente de mi parte buena y franca relación con todos—españoles y paraguayos;

y continuando mis tratos con la liberalidad que mi hermano siempre había cuidado de poner en los suyos, retribuía, en lo posible, la cordialidad con que era recibido en todas partes.

Había dos o tres familias muy agradables en la ciudad y algunos hombres realmente bien instruidos con quienes intimé más que con la masa. Al mismo tiempo, la vigilancia política que a la sazón penetraba más y más cada día en el mismo seno de la vida doméstica, hacía absolutamente necesario que mi relación con los que me rodeaban fuese en términos abiertos y generales; tales que alejasen toda sospecha de que ni remotamente me mezclase con los temores y desconfianzas que ya se alimentaban en muchos lados, del entonces todopoderoso doctor Francia.

Este hombre extraordinario había sido, desde que llegué, objeto del máximo interés para mí, aun en sitio tan lleno de atractivos para el extranjero como el Paraguay. Había venido directamente de Inglaterra, donde está afirmada la monarquía, a un país que profesa el republicanismo más puro. Pero, así que empecé a penetrarme del régimen de Francia, se disiparon muchas de mis ilusiones acerca de la libertad sudamericana. Quien se adelante al futuro podrá leer por el gobierno de Francia cuán vacío y engañador sea un mero nombre. En Inglaterra tenemos monarquía; pero felizmente basada en instituciones libres. En el Paraguay se ufanan de la forma republicana de gobierno; pero la despótica voluntad de un solo hombre gobernaba y esclavizaba a la comunidad en conjunto.

Con este jefe déspota entré súbitamente en intimidad; mi suerte, hasta cierto punto, estaba en sus manos; y sin comprometer mi carácter, había de gobernar y guiar mi conducta, como para conservar la buena voluntad, ya que no obtener el favor, del todopoderoso Cónsul.

Gradualmente obtuve la misma confianza que había dispensado a mi hermano. Es circunstancia digna de anotar que, durante toda nuestra permanencia en Asunción, jamás supimos que permitiese la mínima familiaridad a cualquiera otra persona respetable. En efecto, estoy seguro de que no tenía (en aquel período) confianza alguna sino con nosotros. Nunca, en todo mi trato con él, encontré en su casa un tercero a quien le fuera permitido sentarse, o mezclarse en nuestra conversación. Cualquiera interrupción de nuestro *tête-à-tête* era casual. El Cónsul no invitaba a nadie meramente para visitarle (en cuanto supe) durante mi permanencia excepto a mí.

Mi posición peculiar, por tanto, más que la simple curiosidad, me llevó a estudiar de tan cerca como pude, el carácter de Francia. Sus actos públicos eran visibles ; pero necesitaba en lo posible, obtener por los resortes de su acción—impulsos, pasiones, o principios que lo guiaban,—el conocimiento que sólo podía habilitarme para formar concepto justo y cabal del hombre que, cada día era más claro para nosotros, iba a ejercer la influencia que quisiese sobre los destinos de toda alma viviente en el Paraguay.

El padre de Francia, según él mismo afirmaba, era francés ; pero generalmente se creía que fué un portugués que, habiendo emigrado al Brasil, se había internado y finalmente establecido en las misiones paraguayas. Allí casó con criolla, por quien tuvo familia bastante numerosa. José Gaspar fué su primogénito y nació alrededor de 1758.

Al principio el joven Francia fué destinado a la Iglesia y recibió los rudimentos de su educación en cualquiera escuela conventual de Asunción. Después fué enviado a la universidad de Córdoba del Tucumán. No sintiendo ninguna afición por la teología, se cambió, en el colegio, a la jurisprudencia y se graduó de doctor en derecho, con gran brillo.

Volviendo a Asunción que, desde entonces nunca abandonó, ejerció su profesión ; y como agudo legista y elocuente abogado pronto no tuvo competidor. Su integridad intrépida le ganó el respeto de todos. Jamás defendería una causa injusta, mientras estaba siempre pronto para patrocinar al pobre y al débil contra el rico y el fuerte.

Pero sus maneras eran generalmente, y en especial para sus paisanos, esquivas y altaneras ; estudiaba constantemente ; y evitaba la sociedad. Nunca se casó ; sus intrigas ilícitas eran a la vez ruines y tímidas ; no tenía amigos ; miraba con glacial desdén a todos los que lo rodeaban ; y de este modo, gradualmente llegó a aquella austeridad de complexión e inflexibilidad de carácter que tan vigorosamente marcaron su carrera en su vida posterior.

Francia era vengativo, cruel e inexorable. Estos eran los detestables pero salientes rasgos de su carácter. Mas no solamente nunca perdonaba una injuria, real o supuesta ;—señalaba como víctimas a todos aquellos que él creía, en su mente, opositores secretos de su tiranía ; y siempre que éstos eran sentenciados en los recesos siniestros de su envidioso y desconfiado corazón, su destrucción, tarde o temprano, se producía invariablemente.

Diciendo esto estoy anticipando la vida de Francia. Como se os ha dicho, empezó a mostrar su crueldad, cautelosamente, paso a paso ; casi imperceptiblemente, cuando se consideran los grados de creciente severidad con que aquella crueldad se marcó. Hasta que yo salí del Paraguay, aunque Francia había ejercido un año de dictadura, a nadie había condenado a muerte.

Pero fué, como he dicho, vengativo, cruel, implacable desde el mismo principio de su carrera. Dos o tres anécdotas de la primera parte de ella ilustrarán completamente la verdad de esta afirmación.

Muchos años antes de ser hombre público, Francia riñó con su padre, aunque creo que éste no tenía razón. No se hablaron, no se vieron durante años ; al fin, el padre cayó postrado en su lecho de muerte, y antes de rendir la grande y última cuenta, deseaba vivamente quedar en paz con su hijo José Gaspar. Se le hizo saber esto, pero rehusó la intentada reconciliación. La enfermedad del anciano se agravó por la obstinación del hijo y, en verdad, se horrorizaba de dejar el mundo sin que se efectuase el mutuo perdón. Consideraba que su alma peligraba conservando enemistad con su primogénito. Nuevamente, pocas horas antes de dar el último suspiro, consiguió que algunos parientes de Francia fuesen a él y le implorasen que recibiera la bendición de su padre moribundo ; rehusó : le dijeron que su padre creía que su alma no llegaría al cielo si no partía en paz con su hijo. La naturaleza humana se estremece con la respuesta del hijo : «Entonces díganle a mi padre que no me importa que su alma vaya a los infiernos». El anciano murió delirando y llamando a su hijo José Gaspar.

Poco después que Francia se hiciera dictador ; cuando en su acostumbrado paseo a caballo al Cuartel, en las afueras de la ciudad, pasó por la puerta de un español llamado don José Carísimo, su caballo tropezó ligeramente al cruzar un albañal que estaba algo deteriorado. El Dictador mandó decir a Carísimo que lo compusiera ; pero por algún motivo la compostura no estaba hecha cuando Francia volvió a pasar el día siguiente. En llegando al Cuartel ordenó que Carísimo, quien aunque no rico era caballero anciano muy respetable, fuese llevado a la cárcel común, de la que se le dijo saldría en libertad, cuando pagare una multa de diez mil pesos, o dos mil libras esterlinas. Carísimo no tenía dinero y su familia esperaba que en breve el Dictador, viendo que la falta era tan insignificante, se compadecería. No conocían todavía al hombre. El anciano Carísimo era corpulento y los grillos le entraban en las carnes. Se le informó de esto a Francia. «Entonces», dijo, «se le permite comprar unos más grandes para él», y en consecuencia, a la desdichada esposa del preso se le permitió llenar la triste misión de mandar hacer los grillos de su marido. Los diez mil pesos, finalmente, se reunieron por los amigos de Carísimo y se entregaron a Francia, y entonces el preso fué puesto en libertad.

El propietario de la casa en que vivíamos, don Pascual Echagüe, era santafecino, pero casado con una dama paraguaya de buena familia, y arraigados en Asunción. Una mañana apareció un pasquín contra el Dictador, pegado en el muro de la casa que habitaba nuestro propietario con su familia; suponer que Echagüe mismo lo hubiera pegado allí era monstruoso y absurdo. Sin embargo, el mismo día fué puesto en prisión y cadenas. Su infeliz esposa, después que su marido había languidecido algunos meses en confinamiento solitario, obtuvo del Dictador que la recibiese. Se arrojó a sus pies. Sus lágrimas y sollozos no le permitían hablar. «Mujer», dijo el áspero e inconmovible tirano, «¿qué necesita usted aquí?» «¡Mi marido! ¡oh, mi marido!» era todo lo que la desdichada podía articular. Francia entonces, dirigiéndose a su guardia, dijo :—«Ordene que le pon-

gan otra barra de grillos, y otra más, cada vez que
esta mujer loca se me aproxime.» El infeliz esposo,
como muchas otras víctimas, murió en la cárcel en-
cadenado.

La palabra de Francia era ley más irrevocable
que la de los Medos y Persas.

Un maestro calafate de nombre Zuluaga, porteño,
estaba ocupado en construirme un barquito. Una tarde, mientras yo examinaba el progreso del trabajo,
llegó una orden del Dictador a Zuluaga, para que bus-
case media docena de tablones que se necesitaban no
sé para qué obra del Gobierno. «Puedo hacerlo en
la mañana», me dijo, pues estaba muy interesado en
aquel momento en mostrarme todas las bellas líneas
de la embarcación. Le recomendé que cumpliese la
orden del Dictador inmediatamente, pero se demoró.

Temprano a la mañana siguiente fué llamado por
el Dictador y preguntado si había elegido la madera
que precisaba. Zuluaga justamente iba a procurarla,
según dijo. «Señor», dijo el Dictador impacientemen-
te, «usted es miembro inútil de la sociedad, pues no
sirve a la patria. Déjela dentro de veinticuatro horas.» El hombre se había casado y establecido en el
país, hacía años, y tenía negocios importantes. «Señor Excelentísimo», empezó; pero Francia dió una
patada en el suelo, y añadió severamente : «Salga
de la República en veinticuatro horas, y de mi presencia al momento.» Esposa, hijos, obra, propiedad,
todos fueron abandonados ; y en veinticuatro horas
Zuluaga estaba en camino de Corrientes, para no
volver más al Paraguay.

Estos incidentes domésticos quizás os pintarán
más claramente que el mero delineamiento abstrac-
to, la cruel, insensible y despiadada naturaleza del

hombre. Su ambición era tan ilimitada, como su crueldad.

Sus talentos naturales eran superiores a los que habían sido desplegados por cualquiera de sus paisanos, en su capacidad pública o privada. Su educación era la mejor que se podía obtener en Sud América ; y la había mejorado mucho por el anhelo de aumentar sus conocimientos generales. Tenía noción exacta de la índole del pueblo paraguayo. Los sabía dóciles, sencillos, ignorantes, fácilmente conducidos al bien o al mal y sin valor moral o físico para resistir la opresión. Era sagaz, astuto, paciente y perseverante. No admitía ningún principio moral o religioso que se opusiese a sus planes ; su fin era la dominación absoluta e imperativa ; y al usar sus medios para alcanzarla, estaba preparado a afrontar sin temor la perpetración del crimen e imponer sin piedad y sin remordimiento todos los sufrimientos que la naturaleza humana puede soportar.

Estos eran los detalles elementales del carácter del gobernante y de los gobernados ; y con esto ha sido sostenida veinticinco años la extraordinaria tiranía, bajo la cual, durante todo ese tiempo, el Paraguay ha gemido.

Vuestro, etc.,

W. P. R.

CARTA XLIX.

Al señor J. G.

Elección de Francia para la Dictadura.

Londres, 1838

Durante los últimos cuatro meses del Consulado de Francia y Yegros, éste no participó, absolutamente, del Gobierno, mientras que el primero no solamente monopolizó todo el poder ejecutivo, sino que maniobraba activa aunque secretamente, para llevar a cabo, con todas las apariencias legales lo que había ya determinado que se realizaría a cualquier precio— su nombramiento de dictador de la República.

Yegros, estanciero ignorante, aunque dignificado con los títulos de Cónsul y general de los ejércitos de la República, no podía de ningún modo competir con Francia; y gradual y tranquilamente se resignó a la obscuridad en que el primer Cónsul había resuelto mantenerlo.

Encontré dos o tres veces a Yegros en la casa de Gobierno antes de terminar su consulado; pero entonces no mostraba sino una tímida deferencia por Francia. Yegros entendía en realidad tanto de asuntos de Estado como el último tinterillo de gobierno que Francia utilizaba en aquel tiempo. De su completa ignorancia, nos dió, a mi hermano y a mí, en presencia de Francia, un ejemplo divertido.

Habíamos recibido carta de Buenos Aires y transmitíamos al Cónsul las últimas noticias de Europa. Mencionamos entre otras que el emperador Alejandro había entrado en la alianza contra Napoleón y que muchos barcos cargados de armas y municiones de guerra habían zarpado de Inglaterra para Rusia. «¡Malhaya!», dijo Yegros, después de pensar un momento. «¡Malhaya soplara un viento sur largo y recio que trajese todos estos buques aguas arriba!»

Yegros imaginaba que si el viento sur se mantenía bastante tiempo, obligaría a todos los barcos destinados para el Báltico a remontar el Paraguay y arribar al puerto de Asunción.

«Consideren», dijo Francia cuando su «compañero», como le llamaba, salió, «si tal animal, tal idiota puede gobernar la República».

Francia continuaba ejercitando, vertiendo, lisonjeando, cohechando y aumentando sus tropas, principalmente los cuarteleros. Mantenía la economía más rígida en todos los Departamentos del Estado; y atesoraba las rentas muy ligero. Animaba a las clases inferiores a esperar de él favores y empleos; y sembraba discordia y recelo en el círculo distinguido de la sociedad por todos los medios clandestinos de que podía echar mano.

Instaló un sistema de espionaje que diariamente aumentaba y se ramificaba, con el que, al fin, separó y alarmó a todas las familias de Asunción, de tal modo que la población íntegra se convirtió en fácil presa de los terrores que la furtiva vigilancia de sus movimientos les inspiraba.

Tuve, sin saberlo Francia, oportunidad de observar la manera de hacer espiar las acciones de aquellos que temía o sospechaba, y que gradualmente fueron víctimas de sus desconfianzas.

El principal reconocedor de yerba en Asunción era un pulpero llamado Orrego. Era un hombrecito alegre y de buen humor que no pasaba la estatura de cinco pies, con cuerpo rollizo, cara risueña y redonda, y aspecto de fácil indiferencia y sencillez que lo hacía creer completamente incapaz de superchería o engaño. Acostumbraba usar un pañuelo charro atado a la cabeza, con un sombrerito ordinario en la corona. Su calador, con que agujereaba y extraía muestras de los tercios, lo tenía siempre en la mano, y andaba por todo charlando, en busca de ocupación, recibido por todos y por nadie sospechado.

Como teníamos más negocios que casi todos los otros comerciantes juntos, Orrego era constantemente empleado por nosotros y dependía de esto gran parte de su renta.

El hombrecito, descubrí, era uno de los principales espías de confianza de Francia. Viendo el favor que yo abiertamente gozaba ante Francia y sabiendo que no lo traicionaría, no pudo menos de vanagloriarse conmigo de la intimidad secreta que le era permitida con el Cónsul. Era «reconocedor del Gobierno» y esto alejaba toda sospecha que pudiera despertar, por verlo frecuentemente con Francia.

El pequeño Orrego, cuando su pulpería estaba llena de gente baja, arengaba con elocuentes tiradas en guaraní en elogio del «Carai Francia», y cuando recorría los depósitos, almacenes y tiendas de los mejores ciudadanos, escuchaba todo lo que se decía del Cónsul sin aparentar oir una sola palabra. Mientras se conversaba, he visto al hombrecito montado so-

bre un tercio de yerba golpeando la dura sustancia
que tenía debajo, con su calador, medio silbando, medio susurrando algún aire, ajeno en apariencia a todo
lo que pasaba y, sin embargo, bebiendo cada palabra
que se decía a su alrededor.

«Pero Orrego», le dije un día, «espero que no traicionará a sus amigos.» Se atrafagó y pareció inquieto. «Ah», dijo, «el Carai Francia es hombre de muy
difícil trato. Hago lo posible por dejar andar las cosas tranquilamente ; pero no me atrevo a *engañar* al
Cónsul. Tiene muchos otros empleados y *no conozco
quiénes son;* si mediante cualquiera de ellos yo fuese
sorprendido en falsedad o en nada semejante a equivocación, usted sabe cuál sería el resultado para mí».
Yo sabía en verdad demasiado ciertamente que el resultado sería la cárcel y cadenas perpetuas.

Orrego era un hombrecito intrigante aunque de
buen corazón ; y os apercibiréis qué admirable instrumento era para lograr fines tenebrosos como los del
primer Cónsul. La mayor parte de los espías creo que
eran escogidos con la misma observación sutil del carácter, más particularmente cuando se forma en el
Paraguay.

Cuando estaba en compañía de Francia, rara vez
o nunca me dejaba ver el lado obscuro de su carácter.
Lo visitaba por la mañana temprano cuando tenía
que tratar cualquier asunto con él. Mis visitas por
la noche eran siempre por su llamado. Antes de la
dictadura, el mensaje, invariablemente transmitido
por un oficial de su guardia, era «Suplica el señor Cónsul que se vaya usted a casa de Gobierno». Y después
que se hizo dictador era, «Manda el Supremo que pase
usted a verlo».

Siempre me recibía con grande urbanidad, en su
cuartito obscuro y triste, situado en el extremo de un

corredor bajo y negro. Una vela de sebo generalmente se hallaba sobre una mesita redonda de un pie, a
la que no podían sentarse más de tres personas. Esta
era la mesa de comer del señor absoluto de aquella
parte del mundo. Mate y cigarros alcanzados por una
negra vieja y mal vestida o por un negro, únicos sirvientes que Francia tenía, eran el refrigerio a que me
invitaba. Una vez le envié media docena de botellas
de cerveza (que era más altamente estimada por mí
en Asunción que por vos media pipa de Lafitte en
Inglaterra) y tres días después, haciendo una visita
a Su Excelencia, la primera botella que había sido
abierta, medio llena y sin corcho, fué traída y una
copa de vino se llenó con «agrio puro» de Meux y me
fué ofrecida. Dije a Francia que nosotros bebíamos
la cerveza en vasos sin pie y que una vez abierta la
botella debía concluirse. Francia sonrió : «Creí», dijo,
«que estaba más bien agria hoy en la comida ; pero
venga, vamos a beber una botella al modo inglés».

Su comida se componía generalmente de dos platos comunes ; o de uno con un poco de caldo ; y agua
era su bebida. Una mañana su alimento frugal fué
puesto sobre la mesa antes de haberme despedido.
Tomé mi sombrero. «No le pido», dijo el Dictador con
alguna consideración por mi comodidac, «no le pido
que «haga penitencia» porque sé que una buena y
substancial comida y abundante vino cada día son
indispensables para un inglés.»

La conversación de Francia era principalmente
sobre política ; y él mismo era el centro de la perfección a que sus observaciones apuntaban. Si se re-
fería a temas científicos o literarios, era también para
jactarse de algún conocimiento suyo. Su vanidad, bajo
fina epidermis de disimulada indiferencia por la fama y el aplauso, manaba en cada palabra que pro-

nunciase. Su gobierno, su sagacidad política, sus conocimientos, constantemente los comparaba con los de otros, y con la misma constancia en su ventaja. El Paraguay era una Utopía real y Francia el Solón de los tiempos modernos.

Hablaba desdeñosamente de toda Europa con excepción de Inglaterra. Paraguay e Inglaterra—Inglaterra y Paraguay ;—estos eran los dos países ilustrados que él deseaba ver unidos, como los hermanos siameses, firme e irrevocablemente.

No podía oir hablar de la celebridad, gloria y renombre de ningún sudamericano que no fuese él mismo. El general San Martín, grande y honrado campeón de la independencia sudamericana, y el general Alvear, por entonces venturoso y enérgico jefe de los éxitos de Buenos Aires, eran mortalmente odiados por él. Solamente cuando hablaba de ellos yo solía ver toda la malignidad de su carácter. Siempre comenzaba sus discursos sobre estos sus celebrados contemporáneos con desdén afectado y amargo ; pero invariablemente concluía con declamación violenta y apasionada.

Cuando no lo ocupaban temas sudamericanos las maneras de Francia eran agradables, a menudo jocosas. Sin duda sentía un alivio en tener alguien que se colocase a su mismo nivel—uno que *no le temiese*. Todos los otros seres vivientes de Asunción le temían. A veces, mientras conversaba conmigo, su guardia le anunciaba visitantes ; frecuentemente eran despedidos, algunas veces recibidos. En el último caso Francia asumía una expresión fría e inflexible. Se ponía de pie erguido. El agachado postulante venía a la puerta. «¿Qué quiere?», Francia decía abrupta y desagradablemente. El pedido era expresado temblando, o con profunda reverencia. «Bien, retírese.»

El intruso podía retirarse, en consecuencia, muy feliz de escapar a la presencia del altanero Cónsul ; y entonces se dirigía a mí y continuaba con la palabra (1).

Acostumbraba decir—no sé si el dicho era copiado u original—que creía que todo paraguayo necesitaba un hueso atrás del pescuezo, pues nunca conoció a ninguno que mantuviese alta la cabeza.

Francia rara vez permanecía sentado mientras hablaba. Paseaba por el cuarto con su cigarro o se paraba delante de mí, cuando yo estaba sentado, y de este modo planteaba sus proposiciones o apuraba sus argumentos.

Antes de ser Dictador había adoptado la costumbre, que después regularmente conservó, de ir a caballo desde la Casa de Gobierno al Cuartel en las afueras de la ciudad. Como si no fuera excepción del carácter que atribuía a sus paisanos de tener pescuezos defectuosos, siempre cabalgaba con la cabeza inclinada sobre el pecho. Le acompañaban algunos de sus cuarteleros, pero iba en triste silencio y rara vez contestaba al saludo de los que encontraba. Regresaba a la puesta del sol de la misma manera taciturna.

He creído que estos ligeros detalles de los hábitos de Francia en la época que lo conocí podrían entretenros y servir también como punto de partida para poder trazar su siniestra y despótica carrera durante la Dictadura.

Como el Consulado doble expiraba en octubre de 1814, Francia tomó las medidas para convocar un nuevo Congreso alrededor de aquella fecha. Los par-

---

(1) Francia solía fastidiarse mucho del abyecto temor con que sus paisanos estaban delante de él, pero que él mismo había producido.

tidarios de Yegros y Caballero estaban ya muy des-
animados; la incesante energía con que Francia y
sus mirmidones se habían preparado para dar el golpe de gracia a la libertad del Paraguay, no les dejaba
ninguna duda de su fracaso.

Francia propuso—y como consecuencia necesaria
así se resolvió—que el nuevo Congreso se compondría
del monstruoso y realmente risible número de mil
diputados. Era diezmar el país de sus jefes de familia, traer aquel número de miembros del Parlamento
para llenar sus deberes legislativos en la metrópoli;
pero el *fiat* de Francia había sido pronunciado y la
cosa debía hacerse.

En septiembre una abigarrada multitud empezó
a dar creciente animación a las calles de Asunción.
Como podría esperarse, más de la mitad de los caballeros del condado y burgueses de las ciudades más
pequeñas, eran analfabetos—no usaban zapatos ni
medias. Cada uno tenía caballo, pero no todos tenían
chaqueta, mucho menos traje de corte, con que asistir a las recepciones del momentáneamente condescen-
diente Cónsul. Chaqueta blanca de madapolán, cortí-
sima y excesivamente ajustada, chaleco bordado aun
más corto que la chaqueta; calzones a la rodilla, de
pana granate, con calzoncillos cribados que llegaban a los tobillos; faja de seda azul, como la usada
por los saltarines ambulantes; botas de potro abiertas
en los dedos; grandes espuelas de plata en los talones; sombrerito ordinario cubriendo la mitad de la
cabeza; e inmensa trenza de cabellos negros colgando sobre la espalda; tal era el singular atavío de muchos de los caballeros de la Casa de los Comunes que
Francia había congregado con el augusto propósito
de establecer la Dictadura.

No creo que hubiera cincuenta paraguayos (y nin-

guno afuera de Asunción) que supiera lo que significaba dictador. Presidente, Cónsul, Director, Protector y Dictador eran para ellos sinónimos del nombre
pasado de moda de Gobernador, como fué constituí-
do por la vieja España.

La ciudad de Asunción, si no me equivoco, había
de elegir unos sesenta u ochenta miembros para re-
presentar sus complicados intereses en la Asamblea
de los mil.

Había un enemigo mordaz, irreconciliable de
Francia, con quien intimé. Fué mi compañero de viaje a bordo de la Carmeñ, desde Santa Fe ; y él y su
familia (eran mis vecinos de puerta) habían sido en
extremo bondadosos para conmigo. Se llamaba Ma-
nuel Domeque.

Entró en mi casa una mañana cuando yo sabía
que los nombramientos para el gran Congreso estaban
por salir. No hubo elección popular ; el Gobierno preparó las listas y éstas se adoptaron, como cosa natural, por los municipales y otras autoridades locales.

Domeque estaba indignadísimo y no exento de
alarma. «¿Qué cree que ha hecho este pícaro de Francia ?», me dijo.

«Me ha nombrado a mí miembro del Congreso : ¡ y
no solamente a mí sino a todos aquellos que considera
sus más grandes enemigos en Asunción ! ¿Qué vamos
a hacer ?»

Le aconsejé, pues me sentí alarmado en cuanto a
su seguridad, aceptar el nombramiento y votar por
Francia. El pobre Domeque vió, como yo, la necesidad de seguir mi consejo. Francia nombraba a sus
enemigos porque sabía que tenía mayoría sin ellos o a
despecho de ellos. Si votaban por la Dictadura, él
siempre se volvería a ellos para decirles que habían
visto la conveniencia de investir a alguno con poder

absoluto ; que ese poder absoluto lo habían puesto en sus manos ; y que era de su exclusiva cuenta decidir la manera de usarlo. Si votaban en contra, y él ganaba la jornada, todos eran hombres perdidos. Tarde o temprano Francia los destruiría uno por uno.

La influencia y mando del Cónsul en los distritos de campaña era ilimitada ; de aquí su deseo de contrarrestar los votos de Asunción y de uno o dos pueblos más, con los numerosos representantes de los distritos rurales.

Otra razón para convocar esta abrumadora multitud de senadores, era que tres cuartas partes de ellos eran pobres, teniendo familia que mantener. Estos hombres no podían costearse la permanencia en ciudades, aun con el magnánimo propósito de servir a la patria. La caridad, literalmente para ellos, empezaba en casa ; y por tanto podría denominárseles diputados antidilatorios de las sesiones. Esto era lo que Francia deseaba. Necesitaba que se hiciese el trabajo efectiva, pero tranquilamente.

De los mil diputados, seiscientos o setecientos se juntaron, traídos a la ciudad por los comandantes— como el patán arrea sus cerdos por el camino,— viajeros remisos y gruñones.

Presencié muchas escenas graciosas de estos representantes. Nuestro nombre era, a la sazón, bien conocido en el Paraguay ; nuestra confianza con el Cónsul se había divulgado ; así tuve numerosas visitas de los honorables miembros a medida que se derramaban en la ciudad. La mayor parte, en vez de discutir política conmigo, empezaban por preguntarme cómo podrían colocar yerba y tabaco ; todos estos legisladores primitivos habían traído consigo una corta cantidad de uno u otro o de ambos productos, para cubrir sus gastos en la ciudad. No tenían fe-

lizmente que pagar cuentas de elecciones. En la pura
e incorruptible República del Paraguay no teníamos
cuestiones electorales. El comprobante A o el comprobante B eran desconocidos en la tierra de los jesuítas ; y la sola cuestión que perturbaba a los miembros elegidos del gran pueblo paraguayo, era cómo
podrían lograr buen precio por el valor calculado de
cien pesos de tabaco que habían traído para subsistir,
hasta que se les permitiese regresar a sus distritos
respectivos y propiedades paternas.

Se juzgó necesario reunir el Congreso en el templo de San Francisco, no habiendo otro local bastante amplio para la augusta asamblea.

Todo lo referente a forma, elección y etiqueta se
estableció en dos reuniones preparatorias ; y el 3 de
octubre comenzaron las sesiones del Parlamento. Los
debates fueron abiertos por el Presidente a las nueve
de la mañana ; y no obstante las precauciones tomadas por Francia, empezaron a presentarse algunas du-
das sobre la conveniencia de la Dictadura. Los servicios y habilidades de Francia se apreciaron en los
términos más elevados ; en verdad, se le cargó con
los elogios más extravagantes e hiperbólicos ; pero se
dudaba si la Dictadura serviría para su gloria tanto
como un poder limitado por un Congreso Nacional.
Sobre esto empezó a discutirse y siguió la agitación.

Yo fuí a la iglesia a mediodía. Las puertas estaban cerradas, pero gran confusión parecía reinar adentro. Al fin uno de los diputados de chaqueta de madapolán salió enjugándose la frente y pareciendo su-
frir mucho del calor de la iglesia o del debate.

«¿Cómo van las cosas, mi amigo?», dije al repre-
sentante.

«Pues para decirle la verdad», replicó el honrado

diputado, «estos son asuntos que ni pretendo entender : pero si he de juzgar por los gritos, todo va bien».

Hacia las dos, cuando los representantes estaban aún en acalorado debate, Francia se impacientó, y muy delicadamente envió una numerosa guardia de honor para velar por los diputados. La tropa estaba bien armada y rodeó la iglesia. Este indicio fué bastante, aun para los diputados zoquetes en chaquetas de madapolán ; además, la hora de comer había pasado y el hambre tanto como los bigotes de los cuarteleros apresuraron la decisión.

En esta coyuntura, uno de los más enérgicos partidarios de Francia se levantó y con voz estentórea reclamó silencio.

«Caballeros», dijo, «¿por qué perdemos tiempo aquí? El Carai Francia desea ser absoluto, y yo digo (aquí golpeó la mesa con todas sus fuerzas) : él será absoluto.»

El asunto se puso a votación, y por unanimidad Francia fué investido con la Dictadura por tres años.

El Congreso se disolvió al instante ; los cuarteleros marcharon a la Casa de Gobierno con bandera desplegada ; y Francia oyó con la maligna fisga del diablo en el rostro, que el Paraguay era suyo.

El populacho insensato celebró, con alegría y música y serenatas aquella noche, la resolución del Congreso. ¡ Ay ! los hondos sollozos y gemidos de los que estaban destinados a ser pronto abandonadas viudas y desgraciados huérfanos—los tristes suspiros de los presos y los lamentos de aquellos cuya sangre, antes de mucho, iba a regar las calles de Asunción—debían solos haber anunciado que Francia era Dictador del Paraguay.

Vuestro, etc.,

W. P. R.

CARTA XXX

Al señor J. G.

Regreso a la Asunción.—El ascendiente de Francia.—
Arresto y destierro de don Gregorio.—Intrigas de
Francia.—Congreso del Paraguay.—Francia primer
Cónsul.

Londres, 1838

De regreso a la Asunción en 1813, aun cuando
mi ausencia no había alcanzado a seis meses, encontré que el Gobierno de Yegros tambaleaba. La
estrella de Francia se hallaba tan alta en su ascensión,
que todos entonces le hacían la corte como, en análogas circunstancias. sucede en todas partes. En cuanto a mí, entregué mis regalos y rehusé toda remuneración por ellos; eludí completamente la política: ni
felicité mucho a Francia por sus perspectivas, ni me
condolí con Yegros por las suyas; pero mantuve con
ambos los antiguos y buenos términos de trato fácil
y ocasional. Esperaba, de esta manera, conservar mi
carácter de neutral y refugiarme, en el retiro de mis
negocios. contra la tormenta que asomaba en el horizonte político.

Por aquel tiempo acaeció que un Enviado llamado don Nicolás Herrera fué despachado desde Buenos Aires para intentar el ajuste de un tratado de amistad y comercio con el Paraguay. Esta fué la señal para que Francia volviese a ser llamado al poder. Nadie creyó que los negocios del país estuviesen seguros en otras manos que en las suyas, ni que nadie, sino él, tuviese suficiente capacidad política para estipular tratados con un estado extranjero. Buenos Aires, a consecuencia del odio contra ella diestramente fomentado por Francia, empezó a ser considerada, no solamente entidad extranjera, sino como que su política estaba en abierta oposición a las conveniencias del Paraguay. Mora, miembro de la Junta, fué cortésmente despedido ; mientras suerte menos envidiable cupo a mi pobre amigo don Gregorio. Fué arrestado y se le intimó que abandonase el país en el término de ocho días. Era demasiado hábil y popular para ser tolerado en el mismo empleo con el altanero doctor. Francia llenó las vacantes así producidas en la Junta, convirtiéndose a la vez en miembro de ella y asesor, con facultad, como todos entendieron en aquella sazón y vieron poco después, de hacer lo que quisiese.

El primer ejemplo siniestro de la fría autoridad que había casi imperceptiblemente adquirido, se patentizó con el tratamiento dado a don Gregorio, el compadre universal, el celoso amigo, el poderoso protector de casi toda la gente principal de la Asunción. Todos lo abandonaron, ciertamente no porque, en su infortunio, lo estimaran menos, sino porque estimaban más su propia seguridad. Tales eran los temores que habían empezado ya a abrigar del implacable y celoso temperamento del miembro restaurado de la Junta, Francia.

Confiando sin embargo en mi calidad de neutral ; sintiendo gratitud por los muchos favores recibidos de manos del proscripto ; sorprendido al ver, por primera vez de mi vida y de tan cerca, al ídolo de la víspera convertido en el ·réprobo de hoy ; convencido además que Francia no temería intriga política alguna de mi parte, fuí a visitarle, y, en su honor, en este punto incipiente de su carrera, debo mencionar el solo caso en que permitió una mediación que jamás, ni indirectamente, admitió en el período posterior de su cruel reinado.

Habiéndole expuesto los motivos que tenía para desear el permiso de visitar a don Gregorio durante los ocho días de su confinamiento y proporcionarle lo necesario tanto para su comodidad presente como para las necesidades del viaje, Francia me lo otorgó.

Se ordenó a los centinelas que custodiaban al prisionero que me diesen entrada. Entonces dije a Francia que yo suponía que se me permitiese consolar a don Gregorio admitiéndome como mediador entre él y sus *comadres*. Sonriendo por la alusión, Francia me dijo : «Mr. Robertson, haga lo que le plazca como «entremetido» en este caso. Don Gregorio tiene demasiadas comadres y les presta mucha atención, hasta el punto de ser mi formidable rival : además, es cordobés y charlatán ; y los paraguayos detestan ambas cosas. Creo mejor apartarlo del camino, porque tuvo el descaro cuando dejé el Gobierno, de ser su asesor, sabiendo que yo lo odiaba, y despreciaba. Pero, entretanto, vaya y haga lo que quiere. Solamente prevéngale que se guarde de poner los pies en el Paraguay, aunque sea para visitar a sus comadres.»

Había una mirada sarcástica en el semblante de Francia al proferir estas palabras. No solamente ella me habló mucho de su carácter inflexible, sino que hizo que aprovechara la primera oportunidad para implorar de don Gregorio que no lo pusiera a prueba. Encontré a mi pobre amigo completamente abatido, y todo menos inconsolable, hasta que le transmití las frases más placenteras de lo dicho por Francia. Es innecesario decir cuánto mis visitas, cuando Cerda no tenía y no podía tener otros acompañantes, aliviaron su soledad ; y de todo punto imposible relatar cómo los muchos billetes bondadosos y los presentes de su comadres que yo le llevaba, iluminaban sus ojos y lo alegraban, bajo la pena del destierro próximo.

Al fin se embarcó con todo lo que pudo desear ; pero, no obstante esto, sus suspiros y congoja dominaron, hasta que, cuando se movió río abajo del lugar en que todas las cuerdas sensibles de su corazón habían vibrado muchos años con las simpatías de centenares que lo rodeaban, el bueno y desterrado compadre y asesor dió rienda suelta a su pena deshaciéndose en un mar de lágrimas.

Habiendo entonces determinado claramente desprenderse de todos sus competidores al poder y aproximándose la época de decidir las cuestiones que el Enviado de Buenos Aires había planteado, Francia simuló gran prisa para convocar los diputados que, desde las diferentes regiones del país debían congregarse en la Asunción en el término de tres meses.

Entretanto, llega el señor Herrera, enviado de Buenos Aires. Se le alojó en el antiguo edificio de la Aduana, al cuidado y vigilancia del recaudador de aduanas. Permanece allí una semana, comiendo solo, antes de entrevistarse con un solo miembro del Gobierno ; la sospecha y la vigilancia siguen sus pasos ; oye múltiples rumores relativos al peligro de su persona y ve indicios indudables de la insensatez de esperar ninguna alianza con un país donde, aun entonces, Francia ejercía tan poderosa influencia.

Todos estos resultados habían sido, silenciosa y cautamente, conseguidos por las intrigas ocultas e infatigables de aquel hombre, o por sus declaraciones vagas a sus criaturas, de que así sería. Infundía en las clases inferiores (que componían los siete octavos de los diputados) la sospecha de que el único objeto de Buenos Aires, al enviar embajador al Paraguay, era sujetarlo a sus ambiciosos designios, y envolverlo en sus principios revolucionarios, para el fomento de sus propios objetivos traidores.

Francia empleó con éxito el tiempo transcurrido entre la promulgación del decreto para la elección de los diputados y la reunión del Congreso en la capital, para fomentar y aumentar la enemistad de sus paisanos hacia Buenos Aires. Atrajo a sus miras a los oficiales con mando de tropas y se hizo conocer personal y familiarmente con el más humilde diputado llegado a la ciudad. El astuto doctor adulaba la vanidad y estimulaba la codicia de todos ellos. El alcalde indio, el pequeño chacarero, el ganadero, el pulpero, el comerciante y el hacendado, todos fueron presas suyas. Con promesas amplias e indefinidas de protección y ayuda a la clase de hombres a que respectivamente pertenecían ; con dilación tras dilación que nunca parecían causadas por Francia, fomentaba la ambición de los aspirantes al poder y aplazó la reunión del Congreso para dos meses después del plazo fijado. Todo esto tenía lugar después que cada diputado llegaba a la Asunción. Francia tenía así oportunidad, no solamente de aumentar el número de adherentes, fortificar a los convertidos y decidir a los vacilantes, sino de acarrear sobre los empobrecidos diputados incomodidades y gastos, cuando casi no necesitaban el auxilio de las sugestiones del Cónsul para determinarlos al arreglo definitivo de sus negocios, en la primera sesión del Congreso.

Quizás nunca se han congregado para deliberar o, mejor dicho, para decidir sin discusión los destinos nacionales, un grupo más abigarrado de representantes.

Aquí estaba un tape alcalde con un anticuado sombrero tricornio, y una vieja peluca roja obscura que había sido usada bajo el susodicho sombrero desde tiempo inmemorial. El último también estaba ennegrecido pero también ornado con cintas rojas, azules, amarillas, mordorés, que no se distinguía mucho el color verdadero. Los calzones de terciopelo negro abiertos en las rodillas, con botones de plata en larga y apretada hilera, y unos calzoncillos finamente bordados colgando como los volados de camisa de un caballero fuera de las mangas de su casaca, estaban sostenidos por una faja colorada atada a la cintura. En consonancia con esto, el alcalde tenía ligas del mismo tinte prendidas con visible ostentación sobre sus medias de seda y grandes hebillas de zapatos completaban esta parte de su atavío.

Su caballo estaba aperado de manera no menos original. Cintas en la cola, crines, orejas y colgando de los picos de una anticuada silla de corte, cubierta con lo que alguna vez fué terciopelo carmesí o azul, fluyendo en jaspeada abundancia de todos y cada uno de los picos.

Montado en caballo adornado de esta guisa y enseñado a bailar, el alcalde indio con un bastón de empuñadura de bronce y a veces de oro, símbolo de su autoridad civil, de cuando en cuando se exhibía por las calles, durante los obstáculos y dilaciones que precedieron a las sesiones del Congreso. Su caballo con

un paje a cada flanco del diputado jinete y los dos
necesitados de las meras decencias de ropa, como su
amo abundaba en lo superfluo, empezaba un baileci-
to preliminar ; mientras los músicos, no mejor vestidos que los pajes, ensayaban de tocar el tono con que
la procesión debía moverse. Los amigos y subalternos
del alcalde, se mantenían agrupados a caballo durante esta overtura ; y con tantos remanentes de primo-
res cortesanos como podían copiar del cura, o juntar
de los *debris* de las decoraciones de su jefe—un pe-
dacito de cinta, partes del traje dominguero del alcalde, un pañuelo rojo comprado para la ocasión,
un sombrerito o un poncho, hacían un acompañante
de primera fila incorporado a la procesión. Las gra-
duaciones en importancia de quienes lo seguían, se
deducían fácilmente por las personas entendidas en
indumentaria india, de la diminución gradual a medida que se descendía en escala de rango, de algún
elegante símbolo o divisa ornamental.

Escoltado de este modo, el diputado se ponía en
movimiento hasta llegar a la Casa de Gobierno, donde
estaba el Carai Francia. Aumentando allí la rigidez
de su erguida apostura a caballo, con sus ojos inmó-
vilmente fijos en las orejas del corcel, daba al Carai
el espectáculo de un baile de caballo, una melodía de
calabaza y finalmente hacía su homenaje reverencio-
so. Todo esto lo representaba a caballo y luego partía
en la misma danzante, aunque lenta y medida, so-
lemnidad oficial con que había llegado frente a la
ventana del Cónsul. Procesiones por el estilo, algunas
de mejor pero no menos grotesca clase, a medida que
avancéis desde el diputado indio hasta los más considerables propietarios, llenaron las calles durante el
tiempo transcurrido entre la convocatoria de los diputados y las sesiones del Congreso.

Se concibe con qué anhelo se esperaba la apertura por los elegidos, todos más o menos embarazados con acompañantes, lejos de su familia y escasos de dinero, alojamiento y provisiones. Cuando al fin se permitió por Francia que llegase el día de la instalación, lo que todos habían presentido se produjo.

Pocas horas después de abiertas las sesiones, se cerraron los debates con el rechazo de todas las proposiciones de amigables relaciones con Buenos Aires. Entonces uno de los colegas de Francia en el gobierno, Caballero, fué despedido y Francia elegido Primer Cónsul, con Yegros, un cero a la izquierda, como segundo, por un año. Esto sucedía en 1814 y, habiéndose representado la farsa de la representación nacional, el enviado de Buenos Aires con temor y temblando, abandonó Asunción el día siguiente; el cuerpo colegiado se disolvió; y los curas, caballeros rurales, acopiadores de yerba, obrajeros, alcaldes indios, tenderos, abogados, comerciantes, todos gozosamente se desprendieron de sus funciones legislativas. Cada uno se levantó y ensillando su bestia tomó el camino de su casa.

Desde este momento Francia se convirtió de facto en déspota absoluto e indiscutido. Sin embargo, no estableció inmediatamente su sistema de terror. Fué por proceso gradual y lenta escala que su corazón se congeló y que sus medidas, primero caracterizadas por la insensibilidad, al fin se mancharon con sangre. Mientras avanzaba hacia la plenitud de su poder y cuando disminuyó el temor de la impunidad, su carácter, por naturaleza duro, se hizo feroz. No hubo «visitaciones de arrepentimiento de la naturaleza» que detuvieran la crueldad en su curso; hasta que, paso a paso, redujo el desdichado Paraguay al estado de desolación y esclavitud en que hoy gime.

Las siguientes anécdotas tienden a demostrar cuál era el fondo del carácter de Francia ; y subsecuentes recuerdos dilucidarán cuán fácilmente la severa integridad puede convertirse en despotismo malévolo ; y la determinación inflexible derivar hacia la barbarie sin compasión.

Se ha mencionado antes que la reputación de Francia como abogado era no solamente incontaminada por la venalidad sino conspicua por la rectitud.

Tenía un amigo en Asunción, de nombre Domingo Rodríguez. Este hombre había echado una mirada codiciosa sobre la viña de Nabor, y este Nabor, de quien Francia era enemigo declarado, se llamaba Estanislao Machain. No abrigando duda alguna de que el joven doctor, como otros abogados, tomarían su causa injusta, Rodríguez le expuso el caso y requirió, con un buen honorario, que lo patrocinase. Francia vió al punto que las pretensiones se apoyaban en fraude e injusticia ; y no solamente rehusó ser su abogado sino que claramente le dijo que por mucho que detestara a su antagonista Machain, con todo, si él (Rodríguez) persistía en su pleito inicuo, aquel antagonista tendría su (de Francia) más decidido sostén. Pero la codicia, como la historia de Ahab nos demuestra, no declina fácilmente sus pretensiones ; y, a despecho de la prevención de Francia, Rodríguez insistió. Como era poderoso en punto a fortuna, todo se encaminaba contra Machain y su malhadada viña.

En este estado de la cuestión Francia se embozó una noche en su capa y se dirigió a casa de su enemigo inveterado, Machain. El esclavo que abrió la puerta, sabiendo que su amo y el doctor, como las casas de Capuletos o Montescos, eran recíprocamente lo mismo que humo en los ojos, rehusó recibir al abogado y corrió a informar a su amo de tan extraña e inesperada visita. Machain, no menos sorprendido por el hecho que su esclavo, vaciló algún tiempo; pero al fin determinó recibir a Francia. Entró el silencioso doctor en el cuarto de Machain. Todos los papeles relativos al pleito—bastante voluminosos, según me aseguraron,—fueron extendidos sobre el escritorio del demandado.

«Machain», dijo el abogado dirigiéndose a él, «usted sabe que soy su enemigo. Pero sé que mi amigo Rodríguez medita, y le hará ciertamente a menos que yo intervenga, promover contra usted una acción de burda e ilegal agresión; he venido a ofrecerle mis servicios para su defensa.»

El asombrado Machain apenas podía dar crédito a sus sentidos; pero derramó la ebullición de su gratitud en términos de agradecida sumisión.

El primer escrito presentado por Francia al juez de alzada confundió al abogado contrario y asustó al juez que estaba del lado de ellos. «Amigo mío», dijo el juez al abogado del actor, «no puedo proseguir en este asunto a menos que usted compre el silencio del doctor Francia.» «Lo intentaré», dijo el abogado y fué al defensor de Nabor provisto de cien doblones (unas trescientas cincuenta guineas) que le ofreció como soborno para que dejase seguir al pleito su camino inicuo. Considerando también que su mejor presentación sería un indicio de que esta gratificación era ofrecida con acuerdo del juez, el abogado pícaro insinuó al honrado que así era en efecto.

«Salga usted de mi casa», dijo Francia, «con sus viles pensamientos y vilísimo oro.»

Salió el venal marmitón del injusto juez; e inmediatamente, poniéndose su capote, el ofendido abogado se encaminó a la residencia del juez de alzada. Relatando brevemente lo ocurrido entre él y el esbirro, «Señor», continuó Francia, «sois desgracia del derecho y borrón de la justicia. Estáis, además, en mis manos; y si mañana no tengo sentencia en favor de mi cliente, os haré sentar en banco demasiado caliente para vos, y la insignia de vuestro empleo judicial se convertirá en emblema de vuestra vergüenza.»

El día siguiente trajo la resolución favorable al cliente de Francia. Nabor conservó su viña; el juez perdió su reputación; y la fama del joven doctor se extendió a todas partes.

¡Ay! que acción tan magnánima en sí se esterilizase con el recuerdo que la verdad histórica exige —pues tan pronto como Francia hubo vindicado el derecho y la justicia en la causa de su enemigo, revivió la antigua antipatía; y una de las muchas víctimas, en época posterior, del descontento del Dictador, fué el mismo Machain a quien había tan noblemente servido.

Con ocasión de la instalación de la Junta que suplantó, en el Paraguay, a la autoridad de España, se agitó por un número de los primeros ciudadanos reunidos con este propósito en la Casa de Gobierno, la cuestión de si el gobierno del país debía ejercerse en nombre de Fernando VII. Francia, cuya idea estaba por la negativa, entró en el recinto de las deliberaciones en lo más ardiente del debate. Dirigiéndose a la mesa y tomando colocación entre varios funcionarios oficiales, colocó ante él un par de pistolas cargadas, y dijo: «Estos son los argumentos que traigo contra la supremacía de Fernando VII.» De argumento tan práctico y atrevido no hubo apelación; y Francia de este modo, como realmente estaba en la boca del cañón, forzó a sus paisanos a la primera declaración directa en Sud América, de absoluta independencia de la vieja España.

Tan pronto como, por el tumultoso y unánime voto del Congreso, Francia se sentó en la primera silla consular, su aire se hizo gradualmente más austero : sus medidas fueron más desprovistas de conciliación ; su palabra se hizo más brusca, su tono más imperativo ; y era evidente para mí, como para muchos otros, que estaba ya quitándose la máscara con que de mala gana y durante largo tiempo había ocultado sus designios y proyectos ambiciosos. Siniestro signo de despotismo empezó luego a cundir en el Paraguay : nadie se atrevía a abrir los labios sobre política. Entre los primeros actos legislativos de Francia hubo uno de singular degradación para los antiguos españoles. ‘

Habían corrido vagos rumores, cuando el Cónsul vivía retirado, que era menos enemigo de los españoles de lo que generalmente se suponía. Estos rumores se hicieron circular por sus opositores ; y a fin, no solamente de hacerlos cesar, sino de enseñar a los españoles cuán poca razón habían tenido de felicitarse por el rumor, decretó que dentro del territorio del Paraguay no se les permitiría contraer matrimonio exceptuando con negras y mulatas. Si el objeto de Francia, como indudablemente fué, era mortificar amargamente a los orgullosos nativos de la vieja España, hombres que hasta entonces habían despreciado la mejor sangre americana como solamente incontaminada en cuanto estaba mezclada con la de ellos, el plan elegido era el más eficaz. El bando, pregonado al son de tambores y pitos, cayó como rayo sobre ellos ; pero aunque sintieron tan agudamente la intención de degradarlos, se guardaron muy bien de manifestar su indigación o aun su pesar. Ni se mortificaron me-

nos que los españoles las damas asunceñas de pura
sangre blanca ; pues no solamente estaban en trámite
muchas bodas, sino que siempre se habían considerado por las mejores señoritas, mayor honor casarse
con un gallego tendero que con un caballero paraguayo.

Entretanto, mi trato con el Cónsul no solamente
continuaba sino que aumentaba. Tenía frecuentes llamadas para acudir a verle en la Casa de Gobierno o,
como se llamaba oficialmente, el Palacio.

Nuestras entrevistas eran siempre por la tarde y
se prolongaban a veces hasta las once de la noche.
El mayor placer de Francia era hablar del «Minis-
terio de la Guerra» y abordaba las minucias más ab-
surdas con deleite completamente infantil.

Una vez entró el armero con tres o cuatro mosquetes reparados. Francia los puso uno por uno sobre el hombro y apuntando como para hacer fuego,
apretaba el gatillo. Cuando el pedernal sacaba chispas, se encantaba el Cónsul, y me decía : «¿Qué cree
usted, Mr. Robertson, mis mosquetes llevarán una
bala al corazón de mis enemigos?»

Otra vez el sastre se presentó con una casaca militar para un granadero recluta. Se hizo entrar al hombre para quien estaba destinada y se le hizo desnudar
para probársela, y consiguió al fin, después de algunas tentativas torpes, meter sus brazos. La casaca no
era muy militar a mis ojos, pues creía que el talle alto
y los cortos—los muy cortos—faldones del granadero
de Francia eran más bien ridículos. Sin embargo, era
una casaca de acuerdo con la fantasía del Cónsul, y
elogió al sastre y dijo al soldado que se cuidase de
nunca tener una mancha sobre ella. Luego dijo en
francés, haciéndome señal con la cabeza : «C'est un

calembourg. Monsieur. Robertson. qui'ls ne comprendent pas.»

Finalmente entraron dos mulatos tiesos, uno trayendo un morrión de pelo y el otro correajes y una canana obscuros. Todos fueron ajustados sobre el soldado mártir en cuyas manos, finalmente, colocó uno de los mosquetes. Luego dijo : «Mr. Robertson, ahí tiene el modo cómo se equipará cada uno de mis granaderos.» Tales exhibiciones ocurrían frecuentemente, y siempre producían alegría y buen humor en Francia. Su compañía de granaderos era su gran caballito de palo ; y nunca vi a una niñita vestir su muñeca con más seriedad y deleite que los que Francia ponía para vestir y equipar a cada granadero de su guardia.

Cuando concluía con estas maniobras pueriles en seguida me invitaba a volver a tomar asiento ; y reasumía su carácter natural. Yo era, generalmente hablando, un oyente para los tópicos que el Cónsul prefería exponer. No me apenaba por esto ; pues mi objeto era más descifrar su carácter y obtener información, que perder las oportunidades de conseguir ambas cosas, hablando yo. En una de estas ocasiones, sin embargo, inicié un tema por el que no solamente sentía gran interés, sino que yo sabía que nadie sino él era tan capaz de darme amplia y correcta información. Este era el tópico de los jesuítas ; y en la siguiente carta os presentaré a la sociedad de aquellos hombres célebres.

Vuestro, etc.,

J. P. R.

CARTA XXXI

Al señor J. G.

Los Jesuítas

Londres, 1838

«Señor Cónsul», dije, «por todo lo que he oído y leído, parece que los jesuítas han establecido y puesto en práctica un sistema de gobierno, político y eclesiástico, en el Paraguay, que jamás ha tenido igual. Sé que nadie está más preparado que vuestra excelencia para ilustrar un tema que, para algunos, está envuelto en misterio y para los más es objeto de conjetura y especulación. Las referencias que se nos dan de los jesuítas son muy contradictorias. Algunos los levantan hasta el cielo ; otros los abruman con vituperios ; algunos atribuyen sus acciones a principios casi angelicales ; mientras otros se contentan apenas con clasificarlos como retoños de ángeles, sí, pero caídos. Si vuestra excelencia me hace el favor de penetrar un tanto en la filosofía y verdad del caso, le agradeceré grandemente.»

El Cónsul no era partidario de los jesuítas y esto explica en mi concepto, el dejo de parcialidad y a veces aspereza que coloreaba muchas de sus observaciones, y más o menos llenaban toda su exposición. Os daré, junto con la substancia de lo que él me dijo en varias conversaciones, la información que he recogido en otras fuentes, tanto como de observaciones personales con ocasión de un viaje que hice a las Misiones. El Cónsul pintaba a los jesuítas como «unos pillos ladinos.» El fundador Ignacio Loyola, decía, fué uno de los hombres más audaces y astutos que han respirado. Francia describía la sede apostólica como muy diligente para prestar oído benévolo a los proyectos de engrandecimiento clerical; y ciertamente ninguno que alguna vez se haya presentado a su atención fué tan especioso o sostenido por tanta habilidad como Loyola. Empezó por persuadir al papa que si se concedían ciertos privilegios y exenciones clericales, él (Loyola) establecería una sociedad que superaría a todas las precedentes en la evangelización de los paganos; en atraerlos al redil de Cristo, bajo el dominio temporal del papa. Lo que Loyola prometió, se hizo. Cantidad de emisarios se dispersaron por Europa, Asia y África y su éxito en la propagación del Evangelio se consideró milagroso. La compañía de los jesuítas se organizó en 1540 como corporación religiosa, con autorización formal del papa; y los primeros miembros de ella que vinieron a América cruzaron el Atlántico en 1549, con la expedición portuguesa que, al mando de don Tomás de Sosa, gobernador del Brasil, desembarcó aquel año, en la Bahía de Todos los Santos.

Trabajaron con tal éxito que cuarenta años después de su desembarco en las costas del Brasil, habían no solamente edificado colegios y casas de residencia en la mayor parte de las principales ciudades de Sud América, sino que se habían afirmado en treinta establecimientos propios, con cien mil habitantes, en las márgenes del Paraná y el Uruguay.

El tráfico de los jesuítas con Buenos Aires, Asunción y Corrientes era grandísimo. Afectando gobernar todos sus establecimientos bajo el principio de la comunidad de bienes y habiendo persuadido a los indios de que ellos participaban igualmente con sus pastores de los beneficios derivados de su trabajo en común, los jesuítas hicieron servir a su propio engrandecimiento la tarea de cien mil esclavos indios. Les enseñaron agricultura y artes mecánicas ; hicieron de ellos soldados y marinos ; les enseñaron a criar ganados, preparar la yerba y producir azúcar y cigarros. Pero, mientras las iglesias y casas de residencia se construían con acabado esplendor, el arquitecto y el albañil indios habitaban en chozas de barro. Mientras los padres tenían todas las comodidades y aun lujos, que podían proporcionar el carpintero y el tapicero ; y mientras las iglesias ostentaban bellos ejemplos de arquitectura, tallado y bordado, el obrero indio escasamente tenía una mesa y una silla, muy rara vez un lecho y jamás otra colgadura o colcha que un poncho ordinario. Los indios *hacían* zapatos, pero solamente los padres los *usaban ;* y exportaban el sobrante. Cantidad de azúcar, mate, cigarros, dulces y maíz se enviaban anualmente a Buenos Aires ; pero el pobre indio difícilmente obtenía una magra porción de sal para su mandioca, y para su raro plato de carne. Los soldados no eran pagados y los marinos no tenían recompensa. Las barcas construídas por una clase de súbditos misioneros se empleaban primero en sacar los artículos producidos con el sudor del rostro de otros y luego en traer de retorno adornos para las iglesias y lujos para los padres y sus amigos. Es cierto que el indio era alimentado y vestido con los productos de la comunidad ; pero, tan escasa y desproporcionadamente, que mientras sus ganancias podían montar a cien pesos por año, su alimento y vestido nunca costaban la mitad de esa suma. Se le acordaban dos días por semana, para cultivar una parcela de tierra ; pero lo que le producía iba en diminución de los suministros salidos de los depósitos públicos. En resumidas cuentas, era la misma cosa. La «comunidad» (es decir, la de los padres) era también la gananciosa con la labor personal del indio. El gasto público se disminuía por su trabajo individual a su propia cuenta ; y mientras los padres reclamaban y obtenían gran reputación por esta liberal concesión de tiempo para el indio en su beneficio, sabían que su sofisticación iba también en apoyo de su principio fundamental— el engrandecimiento de la Compañía.

Es por innumerables actos de esta clase—ostensiblemente plausibles ; pero en realidad astutos y egoístas—que el mote de «jesuíta» se ha convertido en designación de uso no muy honorable.

La caída de los jesuítas se atribuye a la combinación de la influencia clerical y poder político que poseían. En tanto que se limitaron al cuidado de sus rebaños y mientras su situación política fué débil o precaria, adelantaron y prosperaron ; pero cuando habían utilizado aquellos rebaños para su engrandecimiento y, año por año, por bulas papales y concesiones reales, se habían aislado y retirado del control de diocesanos, virreyes y gobernadores, se encontraron en falsa posición y allanaron el camino para su propia caída. Infestaron la corte de Madrid con sus intrigas y entorpecieron a los gobiernos locales de América con sus rebeliones ; hasta que por orden de Carlos III, su ministro el conde de Aranda transmitió al virrey Bucarelli la orden precisa de expulsarlos de sus establecimientos de Sud América. Sus propiedades fueron confiscadas por el gobierno ; su autoridad fué cedida a los poderes civiles y militares del país, y aunque los establecimientos de Misiones, mediante la corrupción y el desgobierno, han decaído gradualmente y algunos de ellos están hoy en ruinas, sin embargo, Francia era de opinión, y con él muchos otros, que fué para bien del país que los jesuítas habían sido expulsados.

En cuanto á la riqueza poseída por los jesuítas, grande como fué, tengo la convicción que siempre se le ha dado un valor ínfimo ; y por la siguiente razón : que quienes la han avaluado nunca han tenido en cuenta el *valor de los indios*. Pero en ellos estaba la riqueza principal y de su labor se derivaba, puede decirse, la suma total de la renta producida por los establecimientos de las Misiones. Prescindir de este factor equivale a tener un concepto erróneo del asunto.

Había cien mil indios habitando en Misiones, incluyendo hombres, mujeres y niños ; y los estimo en cuarenta libras esterlinas por cabeza, bajo esta base : suponiendo que hubiera treinta mil trabajadores y que ganasen solamente veinte libras por año, de las que diez se emplearan en alimentarlos y vestirlos y diez para la «comunidad» de los jesuítas, éstos ganaban con el trabajo de sus esclavos £ 300.000 anuales ; esto es, la ganancia líquida del trabajo de treinta mil obreros a £ 10 cada uno, £ 300.000. Ahora, si tomáis la total población india por cien mil y los avaluáis como riqueza, en £ 40, por cabeza, os dará la suma de £ 4.000.000. El interés de £ 300.000 sobre esto, monta a siete y medio por ciento solamente, que, en aquel país es interés bajo. El hecho es, sin embargo, que los jesuítas obtenían mucho más, cuando todas sus ganancias comerciales, provenientes del trabajo indio, se toman en cuenta ; pero admitiendo que la cifra se mantenga sencillamente así, la siguiente puede tomarse como correcta y de ningún modo exagerada valuación de la riqueza del cuerpo jesuítico en los pueblos de Misiones.

Había treinta pueblos, algunos sobre ambas márgenes del Paraná. Candelaria era la capital, pero si tomamos el establecimiento de San Ignacio Miní, como un término medio, en cuanto a población y riqueza, fijando el valor de aquel establecimiento, y multiplicando el resultado por treinta, tendremos una demostración tan aproximada como los números pueden dar, del valor total de todas las Misiones, en la época de la expulsión de los jesuítas. Con esta base se encontrará muy aproximado el siguiente cálculo :

VALOR DE LA MISIÓN DE SAN IGNACIO MINÍ

3.500 indios a £ 40 c/u.........................	£	140.000
5.000 cabezas de ganado a 5.8 c/u.........	»	2.000
1.600 caballos a 5.4 ....».........	»	320
2.000 yeguas a 5.2................».........	»	200
700 mulas a 5.8................».........	»	280
500 asnos a 5.4................».........	»	100
5.000 ovejas a 5.2................».........	»	500
Construcciones, es decir, templo y casa de residencia.............................	»	20.000
Territorio 4 leguas en cuadro o 16 leguas cuadradas a £ 40..........................	»	640
Ornamento de iglesia y plata..............	»	24.000
Así el valor total de esta misión era :	£	188.040

Multiplicamos luego esta cantidad por treinta y ¿cuál será el resultado? Pues, £ 5.641.200.

Más de cinco millones y medio de nuestra moneda ; que era verdaderamente el capital poseído por los jesuítas sólo en Misiones, para no mencionar el valor de sus suntuosas casas de temporalidades e iglesias en todo pueblo de América. Esto era ciertamente demasiado capital para cualquier corporación de hombres que lo poseyera en aquel país relativamente pobre, especialmente cuando la influencia de él emergente, se aumentaba con el pavor religioso, la importancia política y los medios de resistencia física.

Considerando que los comerciantes más ricos de Asunción no poseían más de siete u ocho mil libras esterlinas ; los tenderos, no más de cuatro o cinco mil ; ni los propietarios de tierra, más de tres o cuatro mil ; viendo que todos éstos, contraídos a su engrandecimiento individual, eran incapaces de asociarse con un propósito de resistencia nacional, especialmente a expensas de su propia fortuna ; y no solamente esto, sino que gran parte de ellos estaban íntimamente ligados con los jesuítas, debe confesarse que los últimos tenían mucha más influencia en el país de la que correspondía.

Todos los años añadían nuevos prosélitos a su secta y nuevos adherentes a su partido : de modo que por su riqueza, su influjo político y religioso y su creciente interés en unión con los particulares, la medida de la expulsión de los hijos de Loyola, si al principio parece haber sido rigurosa, después de reflexionar, quizás no se encuentre que haya sido inoportuna o prematura.

Hay aún algunos lánguidos adherentes y partidarios suyos en el Paraguay ; y éstos esperan la llegada de los Padres como los judíos la del Mesías.

Habiendo manifestado al primer Cónsul mi deseo de visitar los establecimientos, en rápida decaden-

cia, de los jesuítas, me dijo que sería feliz en darme
cartas para los gobernadores de aquellos que estaban
en jurisdicción del Paraguay; y por medio de ellos,
me informó, encontraría fácil acceso a toda la información que desease obtener. Agradecí a su excelencia por la información que había obtenido de él y
también por su ofrecimiento de cartas de recomendación.

Vuestro, etc.,

J. P. R.

CARTA XXXVI

(Las cartas XXXII a XXXV se ocupan de la parte histórica de Misiones, sin nada nuevo o personal del autor.)

Al señor J. G.

Viaje a Misiones.—Pai Montiel, el cura hospitalario.—Sus parroquianos.—Los dos caciques.—Mi recepción en el camino.—Vuelta a la Asunción.

Londres, 1838

Resuelto a explorar la región de Misiones sobre la que tanto había oído hablar, pedí prestado a un caballero paraguayo de vieja cepa, el desvencijado carruaje armatoste, que por primera vez se presentó a mi vista en la fiesta de Ytapúa. El herrero y el carrocero hicieron por su parte lo que pudieron para darle solidez; pero nunca habrían tenido éxito, si los peones no hubieran acudido en su ayuda con cueros mojados, y ligado el carruaje de punta a rabo: de modo que cuando el cuero se secó, el vehículo parecía metido en una chaqueta ajustada. Se me dieron cartas de recomendación del Cónsul y de muchos otros amigos para todas las personas de algún viso de la región que me proponía visitar. Partimos de modo muy semejante a aquel en que dejé Buenos Aires, con esta diferencia, sin embargo: que tres peones arreaban adelante de nosotros treinta caballos de relevo, pues no hay postas donde cambiarlos en la ruta de

Misiones. Teníamos también, en vez de nuestro rotoso postillón pampero, el cochero de gala de Domeque, con su casaca anaranjada, sombrero tricornio y botas altas. Para que nada faltase a fin de imponer respeto en el camino, tenía, mi negro de lacayo, con casaca azul de vueltas rojas; y para facilitar mi acceso a las buenas gracias de gobernadores y curas, abundante provisión de cerveza, vino y aguardiente.

El primer pueblo indio, en el camino de Misiones, es Yaguarón, a unas doce leguas de Asunción; pero había convenido en parar el día de mi partida en casa de mi muy particular amigo el cura de Ypané, a seis leguas de la capital. Se llamaba el Pai Montiel y en su aspecto se manifestaba la combinación más agradable que he visto de candor, sencillez, benevolencia y socarronería. El Pai era amado tanto por su rebaño como por sus amigos; sus costumbres eran primitivas y aun en aquel país hospitalario, su hospitalidad se hacía notable. Era tan mano abierta y pródigo, que el pobre Pai se encontraba en continuos aprietos. Combinado con su cargo pastoral, el Pai Montiel dirigía una extensa chacra de su propiedad. Cultivaba caña dulce y tenía un trapiche para molerla; mandioca, maíz, algodón y tabaco nacían en derredor de su casa en grande abundancia; hacía su pan y recogía su miel silvestre. Con su algodón hacía los vestidos de su servidumbre; criaba sus lechones y aves, abatía su caza; fabricaba su queso y manteca, y era célebre por su chispa. Tenía amplios establos para sus caballos; muchos criados que le servían gratis; vacas en abundancia que le producían leche; y muchos bueyes para arar sus ricas tierras. A pesar de todo esto el Pai Montiel era pobre. Su munificencia rural no tenía límites; de modo que con la caridad que hacía a sus feligreses, los agasajos al rico y los regalos a todos, el cura generoso rara vez podía hacer que las dos puntas del cinturón se encontrasen.

La mañana que llegué a su primitiva, pero espaciosa morada, vi al punto que los preparativos hechos para los festejos del día no eran los de ordinario. El doctor Vargas y el prior del convento de Santo Domingo me acompañaron hasta esta etapa del viaje ; y encontramos al llegar donde el Pai Montiel, que el gobernador del distrito, dos frailes de la vecindad, dos caciques del pueblo de Itapé, sobre el río Tebicuary Miní, y dos hacendados habían sido invitados a hacernos compañía. Los huéspedes más honorables del Pai Montiel eran dos españoles venidos a menos (aunque detestaba su política) a quienes había ofrecido su casa como hogar ; y los alimentaba, vestía y les proporcionaba dinero sin interés o recompensa.

Aunque llegamos antes de mediodía, estaba todo listo para comer. Las casas de campo paraguayas están dotadas no solamente de amplio corredor en su derredor, sino que en el centro de éste tienen un receso más espacioso, bajo cuyo techo puede decirse que vive toda la familia. Es sitio para almorzar, comer, recibir, sestear, cenar y frecuentemente dormir. Siempre es la parte más fresca de la casa. Allí se pusieron cubiertos para catorce ; seis u ocho tapes de ambos sexos atendían el servicio ; y todos los comensales, después de despojarse del estorbo de la ropa exterior y de las corbatas, se sentaron a un refrigerio que duró casi tres horas. El del cura lujanero no admitía comparación con éste y menos el de Candioti. Fué, aunque en menor escala, más semejante al de Ytapúa. Pero como si entro en detalles, se me acusaría de entreteneros muy a menudo con solo la descripción de las buenas cosas de la mesa, me contentaré con decir que la más exuberante abundancia de viandas, servidas con las más sabrosas salsas, contituyeron la comida.

Luego se siguió el postre, consistente en crema, miel silvestre, pasteles, queso fresco, piñas y cuantas frutas tropicales hay, todos colocados o más bien amontonados sobre la mesa. Luego vino el agua para las abluciones, después los cigarros ; luego se levantó la mesa y prontamente se colgaron en el corredor y en el receso una docena de hamacas ; y todo el grupo se entregó a la siesta para que estaba bien preparado por el calor y la hartura.

Por la noche el corredor y el receso fueron iluminados con faroles de color y los parroquianos del Pai Montiel acudieron a bailar, tocar la guitarra y cantar. El prior de Santo Domingo había facilitado su banda ; el Pai Montiel iba de un lado a otro como el buen genio del lugar ; y en mi vida he presenciado nada más agradable, más delicioso, que el trato dado por él al más humilde de su rebaño o que la bondad y no fingida atención que les dispensaba. Desvanecía todos sus escrúpulos de comer y beber y aceptar algún regalito , mientras su benévolo semblante, las guiñadas de sus ojos-picarescos y las bromas que daba o los cumplimientos que hacía adaptados a las circunstancias de las personas de su sencilla congregación, cuando se mezclaba con ellos y les provocaba la risa eran completamente encantadores.

A media noche los aldeanos, cada grupo encabezado por su guitarrero respectivo, se retiraron cantando y bailando a sus chozas y cabañas ; y la siguiente mañana, con la bendición de nuestro munificente huésped, partimos de Yaguarón. Los dos caciques habían sido invitados expresamente por el Pai Montiel con el objeto de conducirnos hasta su pueblo de Itapé ; y ellos cabalgaron en consecuencia adelante en calidad de batidores. Conocedores de todos los bosques y de los mejores pasos de los ríos que estaban en nuestro camino, los caciques no solamente nos guiaban en buena forma, sino que ayudaban a los peones, para mantener juntos los caballos de nuestro relevo, que mostraban continua propensión a escapar hacia los montes y dispersarse. Pasando por los pueblitos indios de Yaguarón y Embitinú hicimos alto en Itapé. Los caminos desde Asunción a este lugar son, a veces tan pesados por la arena y otras tan pantanosos, que con dificultad completamos nuestra jornada en diez horas de duro rodar, sin incluir las paradas. Nos recibieron, como siempre, los curas; y una turba de indios pobres y rotosos nos dieron la bienvenida la mañana siguiente a nuestro arribo. Nada hubo digno de observación en este pueblo; era una pura colección de chozas de barro, construídas en la verde superficie del suelo, con una iglesita blanqueada en el centro. El cura tenía el gobierno religioso de la comunidad y nuestros dos caciques batidores con cuatro más de sus paisanos, llegando hasta nosotros oficialmente, se presentaron con varas negras de mando en las manos y fueron presentados por los curas como el cuerpo municipal de Itapé. Los recibí con los honores debidos, los regalé espléndidamente y poco después continué mi jornada. El país que recorríamos era bello; pero igual en sus rasgos y características, al que antes he descripto en mi primera entrada al Paraguay. El tercer día, pasando por Cazapá, otro pueblo indio, nos detuvimos de noche en Yutí, sobre el Tebicuary Guazú, habiendo también este día recorrido diez y siete leguas. Cruzamos el río el siguiente día en una balsa. La cuarta noche de nuestro viaje llegamos al pueblo de Jesús, el primero de los destruídos establecimientos misioneros de nuestro camino, distante diez y seis leguas del Tebicuary. Desde aquí, el día siguiente alcanzamos Ytapúa, otro pueblo de los jesuítas sobre las márgenes del Paraná y diez leguas más allá del establecimiento de Jesús. Allí se nos informó haberse destruído la balsa que antes servía para transportar carruajes a través del río ; y que había tan poco tráfico entre el Paraguay y Candelaria, la capital de Misiones, que nunca se había creído necesario construir una nueva. Ytapúa está situada sobre la orilla septentrional del Paraná, en el Paraguay propiamente dicho. Candelaria se encuentra en la margen sur de ese río, aproximadamente en frente de Ytapúa, en territorio de Entre Ríos, y se le consideraba todavía en la época a que me refiero, capital de los establecimientos misioneros.

Ansioso por proseguir a este lugar y encontrar al gobernador y a los curas a quienes había sido especialmente recomendado, dejé el carruaje en Ytapúa ; y embarcándome en canoa, pronto fuí llevado a la orilla opuesta por media docena de bogadores indios. El Paraná tiene allí un ancho de milla y cuarto ; es tranquilo, diáfano y con bosques espesos en ambas orillas. Llegué a casa del Gobernador a mediodía del sexto de mi partida de Asunción. A continuación va un itinerario de mi viaje que demuestra la distancia entre la Capital y Candelaria.

1.er día	de Asunción a Ypané..........	6	leguas.
2.° „	de Ypané a Itapé................	17	„
3.er „	de Itapé a Yutí..................	17	„
4.° „	de Yutí al pueblo de Jesús..	16	„
5.° „	de Jesús a Ytapúa.............	10	„
6.° „	de Ytapúa a Candelaria......	3	„

Total: 69 leguas.

En línea recta hay solamente cincuenta y seis leguas. En todo el camino fuí tratado no solamente con suma hospitalidad, sino con una deferencia y respeto a que de buena gana habría renunciado. Sin embargo, los naturales de aquella región, altos y bajos, habían sido enseñados a considerar con tal asombro a cualquier europeo que viajase en la forma que yo lo hacía—especialmente cuando solamente funcionarios de alguna importancia solían viajar de esta manera,—que no hubiera sido fácil tarea quebrantar sus costumbres en mi caso. Soportaba mis honores lo más humildemente que podía, porque sabía que no los merecía ; y los sufría pacientemente porque la noción que la gente se había erróneamente formado de mi dignidad, la esforzaba a hacerme ver todo lo que había que ver. En ningún pueblo me detuve de noche, sin ser atendido por el alcalde (y a veces también por la alcaldesa) y los municipales. Nada los distinguía de sus descalzos y emponchados conciudadanos fuera de sus varas de mando y alguna pieza de vistoso atavío, con cuya ausencia hubieran estado mejor, pero que los complacía. Algunos usaban cinta alrededor del sombrero, a la manera que los reclutas se equipan antes de incorporarse a sus regimientos : otros tenían encima una mala casaca de sargento, terriblemente deshilachada. Generalmente me manejaba para ablandar la rigidez respetuosa con que la corporación se me presentaba, haciéndoles beber algunos vasos de aguardiente y fumar cigarros. Tenía también regalos para distribuirles—cuchillos, botones, espejitos, eto., a que eran apasionadamente aficionados y, mediante esas donaciones, hice muchos amigos.

Triste, melancólico, desolado, era su aspecto y el de sus pueblos. Todas las cosas estaban destruyéndose—iglesia, colegio, chozas. Muchas de las últimas

estaban en ruinas ; los hombres, de pie, indiferentes
en sus puertas ; malezas y zarzas brotaban por doquier ; la población mermaba diariamente : y con dificultad dos curas en cada pueblo podían arañar lo
bastante del trabajo de toda la comunidad, para escasamente alimentar, y malamente vestir a los indios.

Pero en seguida entraré a describir, un poco más
detalladamente, el pueblo de Candelaria, asiento del
gobernador general y capital de las misiones entre-
rrianas. Así podréis deducir cuál sería el estado de los
demás. En ningún caso, por cierto, era mejor ; en
muchos, era mucho peor.

Candelaria, bajo los jesuítas, tenía tres mil y seiscientos habitantes, a la sazón disminuídos a setecientos. Había un templo espléndido, ricamente orna-
mentado, un amplio colegio, anchos jardines y exten-
sas chacras en su vecindad. La iglesia estaba cayén-
dose ; la lluvia se derramaba por muchos agujeros del
techo ; los muros roídos ; y aun el altar disimulado
por un lienzo. No habiendo sido blanqueados durante
años, los muros se hallaban no solamente gastados
sino negros. De sus partes con humedad, en intervalos no muy separados, surgía moho verde, formando
un suelo del que colgaban ortigas y otros yuyos dañi-
nos. El colegio se encontraba casi lo mismo ; y lo
que había sido patio enladrillado estaba tan completamente cubierto con pasto y yuyos que no se descu-
bría una huella de su piso primitivo. En cuanto al no
escardado jardín, «las cosas fétidas e indecorosas en
la naturaleza lo poseían simplemente». Todos los árboles frutales habían sido hachados para leña. De las
chozas y cabañas primitivas apenas un tercio se mantenía en pie. Y en éstas no había línea menos observable que la perpendicular. Se hallaban torcidas, algunas inclinándose a un lado, otras a otro ; y todas

indicando la apurada intención de depositar sus huesos y polvo en el seno de la madre tierra, y junto a las moradas que ya habían enmohecido para caer.

El trazado de los pueblos jesuíticos (hablo de su época) era invariablemente el mismo. La iglesia y colegio formaban un costado de la gran plaza, cuyos otros tres lados lo constituían las chozas de los indios, provistas de corredores al frente para protegerlas del sol y la lluvia. De las esquinas de aquellas plazas salían, como es usual, en ángulo recto, y todas construídas de la misma manera, calles de chozas que, aunque blanqueadas en el exterior, por las costumbres de los indios eran, no obstante, muy sucias por dentro. Rodeando el pueblo estaban las chacras y en ellas trabajaban los indios parte de la semana para la comunidad y parte para sí. Todo el comercio se hacía en el colegio. Era un edificio amplio y largo con dos patios respectivamente en las alas derecha e izquierda. Desde éstos había entradas separadas a vasto número de habitaciones. Aquí estaba el carpintero en su trabajo ; allí el zapatero, y más allá el tejedor, el fabricante de cuentas, el platero, etc. Muchos cuartos eran apropiados para almacenar frutos del país, tanto como los retornos procedentes de Buenos Aires ; y todo estaba bajo cerradura y llave de dos curas de la Compañía de Jesús. Detrás del colegio se extendía a lo largo de toda la línea del edificio un espacioso corredor, que daba frente a un extenso y bien provisto jardín que, cercado de pared, se extendía considerablemente al fondo. Proveía a los padres con frutas y legumbres en grande abundancia.

Pero a la sazón ninguna de estas cosas se veían. Con toda su hospitalidad, el gobernador y los curas, aun auxiliados por el administrador temporal, podían solamente brindarme carne, pollos, repollos y maíz.

Lo que faltaba en golosinas, no obstante, era suplido por todas las civilidades y bondad posibles. Fuí visitado como siempre por el cabildo y el día siguiente que era festivo, hubo procesiones de caballos bailarines, torneos y justas conforme al estilo indio. Hubo corridas de toros, simulacros de combate entre los tapes y fiestas de equitación de maravillosa destreza y maña. A la tarde se sacó alrededor de la plaza una imagen de la Virgen María, a la que los indios rendían devota adoración ; y al caer la tarde se quemaron algunos cohetes en honor del santo.

Con gran desgano los indios fueron a su tarea campestre el siguiente día. No pudieron reunirse antes de las nueve y volvieron a las once para comer la escasa mandioca y dormir larga siesta de tres horas. Nuevamente volvieron a los campos por un par de horas ; y, de regreso a sus hogares, holgazanearon el resto de la noche, apáticos e inmóviles.

Como yo empezara a sentirme contagiado, hice mis preparativos de vuelta a la mañana siguiente. Volví al carruaje en Ytapúa ; y en seis días, con mi cortejo, siendo siempre escoltado, de pueblo a pueblo, por dos indios, retorné a Asunción. Me complació haber conocido el país de las Misiones ; y lamenté, ante su tristeza, despoblación, y decadencia, que los jesuítas ya no fuesen los dueños. Hubo, sea como fuese, en tiempo de ellos, industria, aumento de población y de riqueza ; relativa comodidad para los indios, y apariencia de país cultivado—cultivado bajo malos principios, es cierto, pero *cultivado*.—Hubo disciplina, regularidad, orden y subordinación. Todas estas cosas se habían desvanecido en la época de mi visita : y es cierto que por vituperable, en sus móviles y principios, que fuese el gobierno de los jesuítas, el que le siguió, sin una sola buena cualidad compensadora, tenía muchos vicios y defectos de que el otro carecía.

Desde que existió el estado de cosas descripto en esta carta, las Misiones han ido cayendo, año por año, en estado de más y más completa ruina ; hasta el punto de casi no encontrarse traza o vestigio de lo que fueron. La guerra de Artigas las desolaron ; la política del Paraguay casi las ha aniquilado. De cien mil habitantes la población se ha reducido a ocho mil ; los edificios públicos están no solamente en mal estado sino arruinados ; y los indios, desparramados, casi tan desprovistos de subsistencias como cuando vagaban en los bosques. Sus pueblos han sido repetidamente saqueados y quemados durante la revolución ; y su ganado, caballos, ovejas y novillos, destruídos o arreados. Los mismos naturales de Misiones han sido forzados a incorporarse a los ejércitos de lo caudillos revolucionarios ; a menudo, dejando perecer a las viudas y niños.

Todo vestigio de propiedad o cultivo ha sido robado ; y la ruina de los indios, como la caída de los jesuítas, aunque no tan súbita ha sido igualmente completa ; ha sido incalculablemente más calamitosa.

Vuestro, etc.,

J. P. R.

CARTA XXXVII

Al señor J. G.

Los Yerbales.

Londres, 1838

En mis últimas cartas os he hecho, junto con la relación de los jesuítas y sus establecimientos, un bosquejo de mi jira por Misiones. Ahora voy a daros, pero con menos amplitud, el resumen de lo que observé en la excursión que inmediatamente siguió, a los famosos verbales, o bosques de te paraguayo. Este forma un ramo importante del comercio del país, pues, como una China pequeña, puede decirse que el Paraguay ha proveído de esta bebida refrescante a toda la parte austral del Nuevo Mundo. Las narraciones que había oído acerca del modo de prepararla y de las asperezas y privaciones de los que se ocupan en producirla, me estimularon a lo que se consideraba tarea quizás ardua, de visitar los montes de yerbamate. Se encuentran principalmente en el país adyacente a un pueblito miserable, llamado Villa Real, aproximadamente a ciento cincuenta leguas de Asunción, remontando el río Paraguay. No habiendo comunicaciones terrestres entre los dos lugares, sino muy incómodas y peligrosas, determiné afrontar los ataques de los mosquitos y poner a prueba mi paciencia remontando la rápida corriente, antes que correr el riesgo de toparme con un tigre o empantanarme en un estero.

Fuí invitado por uno de los grandes manufactureros de yerba para, en su compañía, hacerme a la vela en su balandra para Villa Real y acompañarlo por tierra desde allí hasta el sitio de sus operaciones en los bosques. Antes de describir esto, haré relación de los hombres—patrones y trabajadores—por quienes se hacía el tráfico. Era de naturaleza tan penosa que, aunque muy lucrativo, se hacía generalmente por jóvenes principiantes en el mundo, o por hombres inferiores, que, como los mineros, habiéndose enredado en un sistema de juego, alternativamente levantaban y perdían fortunas ; eran siempre pobres y al fin morían en los yerbales. Había excepciones a esta regla ; pero poquísimas. Patrones y peones, eran casi invariablemente jugadores. Por consiguiente, tan pronto como salían de los bosques, se veían obligados a volver a ellos.

Cuando un «habilitado» necesitaba ir a los «beneficios» o sitios donde la yerba mate se encuentra y prepara, acudía a un comerciante de Asunción de quien obtenía lo que se llamaba «habilitación». Esta consistía en un préstamo de mercaderías y dinero, montante a dos, tres o cuatro mil pesos, según el caso. La suma debía ser reembolsada por el habilitado al comerciante, en plazo determinado, y en yerba al precio estipulado de antemano.

Alquilando, luego, veinte o treinta, a veces, cuarenta o cincuenta peones, el patrón se proveía con lo que sabía ser más requerido en los bosques—hachas, cuchillos, ponchos, tabaco, caña, gorros, lienzo, pañuelos ordinarios, naipes, etc. Así como el comerciante de Asunción había adelantado dinero al patrón, éste estaba obligado a hacer lo mismo con sus peones ; y generalmente entraban en los montes muy endeudados. Les había cargado el doble por todo ; y antes de empezar el trabajo tenían sus salarios adelantados de dos o tres meses.

Tan impenetrables y plagadas de matorrales son estas selvas, y tan pobladas de reptiles e insectos de la más atormentadora y, a menudo, venenosa clase, que solamente se pueden llevar los bueyes necesarios para la manutención de la colonia de yerbateros, y mulas, no menos necesarias para sacar de los bosques la yerba después de elaborada y embalada.

Con Miguel Carbonell, luego (catalán muy ordinario) que había pasado su larga vida en el río y en los montes, alternativamente, me hice a la vela aguas arriba ; y llegamos a Villa Real, en L. 23° 20', el décimo día de nuestro martirio de mosquitos en el río Paraguay. Estábamos ahora en los lindes de un territorio habitado por indios Mbayás y Guaycurús. Estos últimos son los más feroces de las tribus no sometidas.

Dos días después de nuestro arribo, abandonamos Villa Real y nunca estuve más contento que cuando la dejé, pues si las penas y castigos del purgatorio son iguales a las de aquel lugar, ciertamente no hay mucho más que temer.

Calor, miasmas, inmundicias, mosquitos, lagartijas, serpientes, sapos, cienpiés, vinchucas, murciélagos, habitantes desnudos, chozas miserables, escuálida miseria—todo hizo mi residencia de dos días no solamente penosa, sino detestable en sumo grado.

Nuestra cabalgata, cuando partimos, era grotesca.

Montados en cuarenta mulas iban otros tantos peones, sin otra indumentaria que camisa, calzoncillos, faja y gorro colorado en la cabeza. Algunas de las mulas iban ensilladas, otras no ; adelante marchaban una docena de mulas de carga, con caña en barriles, tabaco y otras mercancías. Media docena de peones, un poco adelante, arreaban cien bueyes bramando por el dolor de las picaduras de los insectos ; mientras el catalán, un capataz y yo formábamos la retaguardia. Nuestras piernas estaban envueltas en cuero crudo para defendernos a la vez de las espinas del matorral y de las picaduras de mosquitos. Nuestras caras, con el mismo objeto, estaban enmascaradas con piel de carnero curtida y las manos enguantadas con el mismo material.

Los peones, me parecía, tenían piel tan curtida y endurecida que no necesitaban protegerse de los insectos ; pues lo más que en ocasiones hacían, aunque iban completamente descubiertos, eran darse una palmadita en la cara, para espantar un mosquito o jején venenoso, que si me hubiera picado me deja roncha durante una semana.

Con gran dificultad completamos seis leguas el primer día, y vivaqueamos por la noche junto a un arroyuelo, en una abra pequeña de suelo verde. Allí, encendiendo grandes fogones, nos dimos maña para alejar los insectos ; y era curioso ver con qué sagacidad bueyes y mulas se mantenían dentro de la zona del aire enrarecido y de este modo evitaban algo, tanto como nosotros, los insoportables ataques de los punzantes y venenosos habitantes de la atmósfera.

A la aurora levantamos campamento y proseguimos a través de tales obstáculos, que no me aventuraré a describir, porque apenas podría, sin incurrir en el castigo de que se atribuya a exageraciones del viajero, solicitaros que creyerais.

El cuarto día, no obstante, salimos de los enmarañados y espinosos bosques y de los interminables esteros, y entramos en un lindo campo, profusamente adornado con las más bellas muestras del paisaje paraguayo ; y el quinto día vinimos a un punto de la orilla norte del Ypané Guazú, como a veinte leguas de su unión con el Paraná y treinta de Villa Real. Aquí un grito del capataz y los peones proclamó que habíamos encontrado un yerbal. Estábamos en medio de un valle extenso, bien irrigado, y completamente encerrado por bosques de todas clases, desde el arbusto y el naranjo, hasta el gigantesco árbol de la selva. Esto fué por la mañana ; y media hora después se detuvo la cabalgata junto a un arroyuelo. Los preparativos más activos, se hicieron inmediatamente para un establecimiento permanente ; por lo que entiendo, una estadía de seis meses en aquel lugar.

Se descargaron las mulas de carguero, y se desensillaron las de silla ; mulas y novillos se arrearon a pastar por seis u ocho peones ; mientras veinte de los servidores remanentes, se pusieron con toda prisa a cortar gruesas estacas y hacer corrales para el ganado. Media docena de peones remojaron varios cueros para asegurar esas estacas ; otros carnearon un novillo y otros encendieron fogones con el doble fin de asar carne y mantener alejados los insectos. Estas operaciones empezaron a las diez de la mañana. Al ponerse el sol los novillos fueron encerrados seguramente en un corral y las mulas en otro. Además, se levantó una gran ramada semejante a la descripta en la cabaña de Leonardo Vera, y antes de las diez de la noche, toda la colonia de yerbateros, el patrón, el capataz y yo, estábamos durmiendo suspendidos en el aire, libres de los ataques de reptiles e insectos. Los fogones se dejaron encendidos para mantener

a distancia a los jaguares y, por primera vez desde
que dejé a Villa Real, gocé una noche de sueño profundo y tranquilo.

A la aurora los peones se pusieron de nuevo a trabajar. Aquí un grupito estaba construyendo, para
nuestra habitación, larga línea de toldos y cubriéndolos con anchas hojas de palmera y bananero. Allí
otros hacían preparativos para beneficiar y almacenar
yerba.

Los preparativos consistieron en construir primero el *tatacuá*.

Este consiste en un espacio pequeño de terreno,
como de seis pies de costado, cuyo suelo fué apisonado con pesados pisones hasta hacerlo duro y consistente. En las cuatro esquinas de este espacio, y en ángulo
recto, se clavaron otras tantas fortísimas estacas, al
mismo tiempo que sobre la superficie del suelo se
pusieron grandes trozos de leña. Este era el sitio donde las hojas y los renuevos del árbol de yerba, cuando se traían del bosque, eran primero tostados, encendiendo los leños que había dentro. Al lado del *tatacuá*
estaba extendida una amplia red cuadrada de cuero,
de la que, después que las hojas estaban tostadas, un
peón unía las cuatro puntas y se movía con la carga
sobre sus hombros, hacia la segunda construcción a
saber : el *barbacuá*.

Este era un arco de considerable alargamiento y
cuyo soporte eran tres fuertes caballetes. El central
formaba la parte más alta del arco. Sobre esta superstructura se ponían palos atravesados fuertemente clavados en postes a cada lado de los soportes centrales,
y de este modo formaban el techo del arco. Siendo
apartadas las hojas, después del proceso del *tatacuá*,
de los gajos más gruesos de yerba, se ponían sobre
este techo, bajo el que se encendía un gran fogón. La

llama de este fuego ascendía y tostaba aún más las
hojas de yerba. Dos peones abajo provistos de largas
varas cuidaban, en cuanto podían, que no se produ-
jera ignición ; y, para extinguirla cuando ocurría, otro
peón se colocaba arriba del arco. En ambos lados de
este había dos tablones ; y con un largo bastón en
la mano, el peón corría sobre éstos, e instantánea-
mene extinguía cualquier chispa incipiente que apa-
reciese.

Cuando la yerba se tostaba completamente, se sacaba el fuego de abajo del *barbacuá*, o arco ; el terreno era luego barrido y convertido con pesados pisones, en substancia más dura y lisa. Las hojas tostadas y los pequeñísimos palos se echaban abajo del techo y, por medio de una tosca muela de madera eran
reducidos a polvo.

La yerba o te estaba ahora lista para el consumo ;
y siendo llevada a un amplio cobertizo, previamente
levantado con este propósito, era allí recibida, pesada
y almacenada por el capataz. Los peones trabajaban
en parejas a menos que tomasen un tercero, pagán-
dole para que los ayudasen en el trabajo del *barbacuá*.
Estos dos peones obtenían un recibo de cada cantidad
de yerba que entregasen al capataz ; y se les pagaba
por ella al fin de su convenida permanencia en los
bosques, al precio de dos reales, «un chelín» por arroba de veinticinco libras.

La siguiente y última operación, y la más laboriosa de todas, era la de embalar la yerba. Esto se hacía
cosiendo primero, en forma cuadrada, la mitad de un
cuero vacuno, que estando todavía húmedo, se ataba
por dos de sus esquinas a dos fuertes caballetes profundamente clavados en el suelo. El embalador, luego, con un enorme palo de la madera más pesada, provisto de enorme zoquete en una extremidad y una

pieza piramidal para imprimirle mayor impulso, en
la otra, apretaba con repetido esfuerzo, la yerba en el
tercio y lo llenaba hasta el tope. Contenía de doscientas a doscientas veinte libras y, una vez cosido, y de-
jándolo que se contrajere sobre el contenido, mientras
el cuero se secaba, en dos o tres días de exposición
al sol, formaba una substancia dura como piedra y
casi tan pesada e impenetrable.

Hasta aquí he descripto solamente el procedimiento de preparar la yerba para el consumo.

Si queréis acompañarme a los bosques veréis cómo
se recoge.

Después de completarse todos los preparativos que
he detallado (que requirieron solamente tres días para
concluirlos) los peones salieron de la colonia en parejas. Acompañé a dos de los más robustos y mejores.
No tenían otra arma que un hacha pequeña, ni otro
vestido que un chiripá ligado y gorro colorado, ni más
provisión que cigarros y chifle con agua, y no estaban
animados por otra esperanza y anhelo, de que yo me
apercibiese, que los de encontrar pronto una parte del
espeso bosque tachonado con árboles de yerba. También anhelaban descubrirla lo más cerca posible del
campamento para que el trabajo de acarrear las toscas ramas al sitio del beneficio disminuyese todo lo
posible.

Escasamente habíamos costeado un cuarto de milla el bosque que cerraba el valle donde vivaqueába-
mos, cuando llegamos a numerosos troncos de yerba
mate. Había de todos los tamaños, desde el de arbusto
hasta el de naranjo en pleno desarrollo ; las hojas son
muy semejantes a las de este lindo árbol. Cuanto más
pequeña es la planta, se considera que produce mejor
yerba. Los peones se pusieron a trabajar con sus hachas ; y en menos de dos horas, habían juntado una

montaña de ramas y amontonádolas en forma de parva. Luego ambos llenaron sus amplios ponchos con el codiciado artículo de comercio en estado crudo ; y marcharon con sus respectivas cargas, bamboleando de manera bastante parecida al modo en que veis en este país un carromato de nabo o trigo vacilante con su carga, o al que he visto en mis amigas las hormigas de los tacurús cayendo y levantando, bajo sus voluminosas cargas. Habiendo depositado su primera carga en el recinto de la colonia, los peones regresaban por la segunda, y así sucesivamente hasta haber transportado toda la masa de ramas y hojas cortadas y amontonadas durante aquel día. Cuando volví a la colonia, encontré a todos los peones viniendo en parejas de todas direcciones del valle, cargados de la misma manera. Había veinte *tatacúas*, veinte *barbacúas* y veinte rimeros de yerba cortada y lista para la operación. Dos días después toda la colonia era una llama. *Tatacúas* y *barbacúas* estaban envueltos en humo y el tercer día todo estaba almacenado en el cobertizo ; y el cuarto los peones salieron de nuevo en procura de más ramas y hojas. Durante los ocho días que presencié estas operaciones, me asombré en gran manera de la paciente y laboriosa perseverancia de los trabajadores. Después era más sorprendente, si fuese posible, su sobriedad. Charque y unas pocas sandías, constituían toda su comida, con, al caer el día, un cigarro y un vaso de caña. Ni los rayos perpendiculares del sol, ni los eternos ataques de insectos y reptiles, tenían poder para interrumpir la tarea, o amortiguar la alegría que seguía a la terminación de los trabajos del día. Preparados por la fatiga para un reposo profundo, todos treparon a la ramada para dormir ; y los suspiros de la brisa vespertina llevando las últimas armonías de guitarra y las últimas notas de melodía vocal, sumergieron a todos en profundo sueño.

Después de pasar ocho días en esta colonia incipiente se me proporcionó canoa, en que, evitando una segunda visita a Villa Real, fuí llevado aguas abajo del Ipané Guazú y pasando la Villa de Belén, llegué en tres días a Asunción.

Ya he intentado daros una idea de la manera cómo trabajan los yerbateros. Ahora os daré noción de lo que ganan y cómo se divierten.

Suponed que un peón va a los yerbales por seis meses. Se calcula y, por lo que vi, exactamente, que en ese tiempo puede producir ocho arrobas o doscientas libras de yerba diariamente.

Esto, al precio de dos reales (un chelín) por arroba, hace el jornal de ocho chelines ; y esto en seis meses a seis días de trabajo por semana, producirá al obrero la suma de............... £ 57 s.12

Pero se ha endeudado con su patrón antes de ir al bosque por .... £ 12 s.0

Ha gastado en el bosque otro tanto .... £ 12 s.0

Y por ninguna suma ha obtenido su valor................ £ 24 s.0

Como los marineros cuando vienen de un largo viaje, por consiguiente, el peón yerbatero vuelve a casa con £ 33 s.12

De esta suma gasta en adornos de plata para su caballo.... £ 12 s.0

En adornos personales......... £ 5 s.0

Y en el juego el saldo......... £ 16 s.12

£ 33 s.12

Al mes revende sus pilchas de montar y sus adornos personales ; una quincena después se queda sin un centavo ; y en una semana más se le vuelve a encontrar desnudo en los yerbales.

Mutatis mutandis el patrón es lo mismo. La ruina del peón se computa por decenas ; la del patrón por centenas y millares.

Ambos son esclavos ; esclavos de su vanidad y de sus pasiones. Habiendo satisfecho éstas por una temporada, se encuentran ambos contentos de volver a la dura tarea de trabajar en los yerbales, para proveer, con nuevos sacrificios y nuevo trabajo, a la renovada satisfacción de aquellos hábitos que, el goce temporal, lejos de haber dominado, no ha hecho sino fomentar más inveteradas tendencias.

Vuestro, etc.,

J. P. R.

CARTA XL

(El comienzo de esta carta está tomado de las que con los números XXXVIII
y XXXIX contienen la narración del
viaje de Europa a Sud América.)

Al señor J. G.

(Comienzo de las cartas de W. P. R.)

Partida para Sud América.—Zarpando de Inglaterra en
tiempo de guerra.—Llegada a Buenos Aires.—El general Artigas.—Viaje a Santa Fe.—Los artigueños.—
Mas de Candoiti.

Londres, 1838

En las cartas precedentes se os han dado tantos
detalles relativos a Francia y a los jesuítas, se os han
descripto tantas vistas del Paraguay, las Misiones y
los yerbales, que considero oportuno aventurarme,
como segundo y secundario escritor sobre estos temas, a cambiar de escena por el momento—para daros
tiempo de respirar antes de trasladarme yo mismo a
Asunción.

Mientras seguía mis cursos en casa, recibí cartas
de mi hermano instándome a reunírmele en el Paraguay. Sus referencias precedentes sobre aquel país y
la facilidad de hacer «fortuna» en él, junto con la
grandeza atribuída, en la mente de todo joven escocés, a la idea de ir al extranjero, hicieron que con gran
diligencia me preparase a abandonar mi tierra. Nos

enorgullecemos mucho de nuestros sentimientos nacionales—de nuestro profundamente arraigado *amor patriœ*; pero de un modo u otro, nunca se permite a estos sentimientos que refrenen nuestro anhelo de viajar fuera de Escocia así que podamos. Lo que es más extraño, son rara vez lo bastante fuertes para inducirnos a regresar a nuestro suelo natal, una vez que suavemente lo hemos dejado. Temo que nuestro amor patrio sea algo semejante a nuestra educación en Escocia—más bien metafísica.

Sea lo que sea, di tierno adiós a mi hogar en agosto de 1813. Antes de partir hice visitas de despedida a muchos antiguos parajes acostumbrados, en la vecindad de Edimburgo. Me aparté de aquellos objetos que habían sido fuente de tan puros placeres para mí, con el pesar profundo que experimentamos al separarnos de amigos que tenemos el presentimiento de no volver a ver.

Entonces no había vapores. Creíamos haber alcanzado el colmo de la perfección cuando botábamos al agua una linda balandra de Berwick. Por este medio de transporte fuí llevado de Leith a Londres en ocho días. La *morale* de los viajes ha progresado tanto desde entonces, que tengo grabado el recuerdo que todos los pasajeros de cámara se trabaron una mañana, en combate de almohadas—damas contra caballeros; y las almohadas volaban como otras tantas bombas de un camarote al otro. Entonces el *rendez-vous* general era Portsmouth; poderosas flotas de barcos mercantes se congregaban bajo las alas de los de guerra británicos; las señales habían de contestarse; se debían servir los cañones; y, en resumen, se daba nota muy alta de preparación, antes que, en aquellos tiempos de guerra, se permitiese a ningún súbdito del rey cruzar el Atlántico.

Así me hice a la vela de Portmouth el 23 de agosto de 1813, en un lindo buque llamado «Marianne» y en conserva con cerca de ochenta barcos mercantes, destinados a diferentes partes del Nuevo Mundo, convoyados por dos hermosas fragatas. Pasando por Madeira, y sufriendo calmas tropicales, entramos en la anhelada brisa y después de una travesía incómoda de noventa días llegamos a Río Janeiro, por el 20 de noviembre. Partimos de allí, y durante el viaje se desmanteló y luego naufragó el barco y fuimos salvados por Mr. Jacob, que nos condujo a Buenos Aires.

Después de los detalles que han sido antes dados, creo innecesario deteneros ahora en Buenos Aires. Mi objeto cuando llegué allí, fué seguir al Paraguay; y, no obstante la situación instable y desordenada del país intermedio, decidí emprender mis jornadas hacia la tierra de los Jesuítas. Os describiré brevemente, sin embargo, la naturaleza y amplitud de los disturbios a que aludo.

La desmembración de las provincias del Río de la Plata, tal como fueron constituídas por la vieja España, comenzó con el Paraguay. Pero aquel territorio podría decirse que en ningún tiempo ha formado parte de las «Provincias Unidas» creadas por los patriotas. Nunca les prestó su adhesión, sino que estableció, sobre las ruinas del poder español, su gobierno independiente.

El primer feudo intestino, fué erigido por el general Artigas, el hombre más extraordinario, después de Francia, que figura en los anales de la República del Río de la Plata.

Artigas provenía de familia respetable; pero, en sus hábitos, era solamente mejor calaña de gaucho de la Banda Oriental. Era completamente falto de educación y, si no me engaño, aprendió a leer y escribir en el último período de su vida. Pero era audaz, sa_gaz, atrevido, inquieto y sin principios. En todos los ejercicios atléticos y en todas las dotes del gaucho no tenía rival e imponía a la vez temor y admiración a la población campesina que lo rodeaba. Adquirió in_mensa influencia sobre los gauchos, y su espíritu tur_bulento, desdeñando los pacíficos trabajos rurales, atrajo a muchos de los hombres más resueltos y deses_perados, de quienes tomó la primacía y a cuya cabeza se hizo contrabandista.

. Marchaba con su banda por los caminos más ás_peros y, cruzando bosques al parecer impenetrables, entraba en el vecino territorio del Brasil y de allí traía mercaderías contrabandeadas y ganados robados para disponer de ellos en la Banda Oriental. Esto era bajo el dominio de la vieja España. Todos los esfuerzos del gobernador de Montevideo para suprimir al audaz contrabandista y a su banda, no solamente eran inúti_les, sino que siempre concluían con la derrota de las fuerzas enviadas contra él. El país, aun entonces, perteneció a Artigas. Encontraba, combatía y derro_taba a las tropas del rey ; hasta que al fin su solo nom_bre llevaba consigo el terror. Pero era rigorista es_tricto ; respetaba la propiedad de los que no se me_tían con él y solamente atacaba a aquellos que pre_sumían o se atrevían a poner impedimentos en el ca_mino de su tráfico ilegal. Era el Robin Hood de Sud América.

El gobernador de Montevideo, encontrando que el poder de Artigas se acrecentaba, concluyó por buscar su amistad en nombre del rey. Artigas, fatigado de su vida de correrías, escuchó las propuestas que se le hicieron. Se concluyó un tratado y, como consecuen_cia, entró a caballo en Montevideo con el grado de Ca_pitán de Blandengues o milicia montada de la campaña. Sus compañeros contrabandistas se convirtieron en soldados, y, en adelante, mantuvo todos los distritos de la provincia en un orden y tranquilidad de que muy raramente hasta entonces habían gozado.

En este estado la revolución de Buenos Aires encontró a Artigas ; y en 1811 ó 1812, desertó del servicio del rey en la Banda Oriental y se unió a los patriotas. Fué considerado como grande adquisición para la causa ; y cuando Montevideo, en 1813, fué sitiado por las fuerzas de Buenos Aires al mando del general Alvear, Artigas sirvió a sus órdenes con el grado de coronel.

Se abría nuevo y más amplio teatro ante las miradas de este jefe ambicioso y sin principios. Su espíritu altanero y dominador no podía avenirse más tiempo con un mando inferior, a las órdenes de un general de Buenos Aires, y en presencia de sus propios paisanos, a quienes, desde que la autoridad del rey de España se discutía, empezó a considerar como a sus súbditos legítimos. Por otro lado, los más corteses y civilizados jefes, lo conideraban semibárbaro y lo trataban sin el respeto a que se creía acreedor por su rango. Así, él los odiaba. Conspiró con las tropas a sus órdenes. Todos eran orientales y se adhirió hasta el último hombre. Proyectó el plan con su habitual sagacidad ; silenciosamente abandonó el sitio en la obscuridad de la noche con ochocientos hombres ; y cuando se le notició el suceso al general Alvear por la mañana, Artigas ya estaba a muchas leguas de distancia con lo que entonces llamó «su ejército». Esto sucedió a fines de 1813.

Cuando Artigas avanzó en dirección a Entre Ríos, toda la población gaucha se agrupó alrededor de su bandera. Al principio él solicitaba solamente que Buenos Aires otorgase al país el cambio de gobierno.

Afirmaba que el ejecutivo era corrompido e imbéciles los jefes de las fuerzas de la patria. Pero el gobierno general, declarándole traidor a la causa, destacó del sitio tropas al mando del general Quintana, quien alcanzando a los desertores, los atacó y fué derrotado por Artigas.

Quinientos hombres al mando del barón Holemberg, alemán, al servicio de la República, también cruzaron de Santa Fe a la Bajada y marcharon contra el ex contrabandista y ahora Lord Protector Artigas. Sus fuerzas ya habían sido aumentadas entre dos y tres mil hombres ; y al saber esto, así como la derrota de Quintana, el barón contramarchó a la Bajada. Pero ese punto había sido ocupado previamente por mil doscientos soldados de Artigas que atacaron y vencieron a Holemberg, quien capituló y se entregó con sus hombres como prisioneros de guerra.

Tal era el estado de los negocios poco después que yo llegué a Buenos Aires. El general Alvear continuaba el asedio de Montevideo mientras el capitán Brown (después el almirante Brown, famoso durante la guerra del Brasil) bloqueaba el puerto. Don Gervasio Posadas, anciano caballero de mucha respetabilidad y buena familia, era entonces director de las Provincias Unidas.

Después de agradable residencia en Buenos Aires y cuando derivaba mis pensamientos a la mejor manera de proseguir a mi ulterior destino del Paraguay, don Luis Aldao, el hospitalario sobrino de Candioti, llegó de Santa Fe. Se proponía retornar muy pronto, y de buen grado acepté su ofrecimiento de tomarme bajo su protección.

Para un «chapetón», poco mejor que «maturrango» (tales eran los nombres desdeñosos dados por los verdaderos gauchos al europeo que intentaba montar a caballo), la tarea que emprendí era difícil. Don Luis era uno de los más cumplidos «caballeros gauchos» de su tiempo y uno de los más sólidos jinetes del camino. La estación era a principios de febrero (1814) cuando el sol ardiente ha tostado y marchitado todo vestigio de vegetación.

Sin embargo, resolví probar y partimos. Nunca vi a caballo un joven más elegante y gracioso que el sobrino de Candioti. De talla elevada y delgado, se vestía con ropa militar por ser mayor de Blandengues. Sus ojos eran grandes, negros y penetrantes, alta su frente; la piel, aunque tostada, clara, y sus mejillas ligeramente sonrosadas; las facciones eran hermosas e inteligentes, desprendiéndose del conjunto un aire serio, próximo a la tristeza, algo contradictorio de su carácter real. Séame permitido anotar aquí que muchos de los jóvenes sudamericanos que conocí eran aficionados al juego, y a menudo solía pensar que la ansiedad inherente a tal empeño, da gradualmente a su semblante apariencia sombría y pensativa. Partimos, bien aviados, bien servidos y bien montados en la mañana del 11 de febrero. Al abandonar las quintas y chacras, a unas seis leguas de la capital, entramos en los cardales que, en la época de que hablo, llegaban hasta el Arroyo del Medio, límite de Buenos Aires.

Desde entonces han ido extendiéndose sus dominios por todos lados y parecen destinados a convertirse al fin en los grandes usurpadores vegetales de todas las Pampas.

Cuando abandoné a Escocia, creía haber dejado atrás el país por excelencia de los cardos y encontré que los de mi tierra natal, comparados con los cardales de las Pampas, eran unos pocos dispersos liliputienses delante de las cerradas filas de Brrobdignagianos.

De una a otra posta una callejuela estaba abierta a través de estos gigantescos cardales que os cercaban a ambos lados tan completamente como si fuerais cabalgando entre dos muros de quince pies de altura : se ve lo mismo en uno y otro lado. El ganado encuentra sombra en estos cardales y se pierde a menudo en ellos por días ; dan buen refugio a los bandoleros y cuando llegan a su completo crecimiento son sitio preferido por los caballeros del camino. Suben arriba de vuestra cabeza y, en muchos casos, ocultan la posta, hasta llegar a la puerta. En resumen, los cardos pampeanos, como todas las cosas en Sud América, son en grande escala (1).

Hay una cosecha regular de cardos como en cualquier otra sementera ; están a punto para cortarlos a fines de febrero. Son abatidos, dispuestos en grandes atados y llevados en carros a las ciudades más vecinas para usarlos como combustible, especialmente por los panaderos en sus hornos.

El primer día hicimos más de veinte leguas (salimos tarde) y dolorido y envarado estuve ; el segundo día veintiséis leguas, más dolorido ; el tercer día mis sufrimientos llegaron al colmo, pues después de hacer veintinueve leguas nos quedaban cinco por andar

---

(1) Un acaudalado ciudadano de Londres, en un gran círculo social, algunos años ha, preguntó a uno de nuestros viejos amigos sudamericanos, el finado general Paroissien qué clase de país era la América del Sur. La cuestión era amplia. «Señor» dijo el general, «todo en Sud América es en grande. Sus montañas son estupendas. sus ríos inmensos, sus llanuras interminables, sus selvas sin fin, sus árboles gigantescos, sus millas tres veces más largas que las nuestras, y luego—aquí el general sacó del bolsillo un doblón, moneda de oro del tamaño de un peso y lo puso sobre la mesa,—«mirad sus guineas». El «quod erat demostrandum» fué irresistible.

en la obscuridad y al trote ; y como los caballos no estaban acostumbrados a ese paso, mi ya desgraciado cuerpo fué sacudido hasta los átomos ; todos mis huesos parecían haber cambiado de sitio en cada empellón que me daba el caballo. Anduvimos desde las cinco de la mañana hasta cerca de las once de la noche.

Al cuarto y último día, finalmente, esperaba no poder seguir con don Luis ; sin embargo, cosa extraña de decir, me levanté perfectamente bien, sin un dolor. Hicimos las treinta y tres leguas con facilidad y así completamos el total, ciento diez y seis leguas, en poco más de tres días y medio.

La bondad del señor Aldao durante todo el viaje, fué extraordinaria. Estuvo constantemente a mi lado ; me procuró algunas pequeñas comodidades (no eran muchas) que se podían obtener en el camino ; eligió y él mismo probó mi caballo en cada posta, para ver si tenía buen andar ; prestó atención asidua a todas mis necesidades, y trató, en resumen, por todos los medios posibles, de disminuir la fatiga de nuestra rápida y dura jornada. Tenía en el más alto grado, lo que es característico de los sudamericanos en general, bondad y hospitalidad para los extranjeros, unido a maneras corteses y aun graciosas, al prestarles sus servicios.

Era también mi intento, al finalizar el viaje, hacer algunas observaciones sobre el país que habíamos recorrido. Sabéis, no obstante, cuán poco interesante se muestra a la mirada del viajero. Me llamó especialmente la atención la belleza del sitio de una pequeña población en el territorio de Buenos Aires, llamada San Nicolás de los Arroyos. Está sobre una linda ribera inclinada del Paraná, y, como indica su nombre, los arroyos que por ambos lados de la población entran en el Río padre y casi los circundan en su curso, dan al lugar aspecto muy pintoresco.

Fuimos directamente a casa de Aldao cuando llegamos a Santa Fe ; pero, a la mañana siguiente, fuí a vivir con el único inglés, residente en la ciudad, el ya finado Mr. Postlethwaite, viejo e íntimo amigo de mi hermano.

Me encontré completamente instalado en Santa Fe, sin saber cuándo seguiría mi ruta al Paraguay. Los artigueños (así se denominaban las tropas y secuaces de Artigas) estaban en completa posesión de todo el lado Oriental del Plata y Paraná, desde los alrededores de Montevideo hasta Corrientes. El desorden y anarquía más horribles prevalecían en sus vastos dominios. El nombre de Artigas, en efecto, era tenido por sinónimo de ladrón y asesino, y no había siquiera que soñar en viajar ciento sesenta leguas a través de un país poseído por estos merodeadores. Los pasos precisos del río, donde el cañal estaba bien encerrado entre una isla y la costa firme de Entre Ríos, eran todos guardados por las fuerzas armadas de Artigas, de modo que los barcos no podían remontar el río sin correr serios peligros ; y como el Paraná, en sus crecidas periódicas, traía corriente rápida y turbulenta, ninguna canoa podía intentar con seguridad el largo viaje entre Santa Fe y Asunción.

Así, pues, me establecí tranquilamente con mister Postlethwaite, en Santa Fe. Allí comencé asiduamente a cultivar el modo de hablar español gramaticalmente ; y, con este propósito, empleé todo mi tiempo en la sociedad de los naturales. Mediante su bondadosa ayuda, en seis semanas llegué a hablarlo si no correctamente, con suficiente facilidad para sostener la conversación sin dificultad. En Buenos Aires, en dos meses, a causa de frecuentar principalmente la sociedad inglesa, no había hecho ningún progreso en español.

Al día siguiente de nuestra llegada Aldao cayó postrado por un ataque de bilis, a consecuencia del rabioso calor del sol durante todo nuestro galope desde Buenos Aires. Lo visité por la noche y encontré a su familia, en el patio; la mayor parte de las damas fumando sus horribles cigarros. A los pies de cada una (no incluyendo, sin embargo, las solteras) se sentaba una mulatilla esclava, de nueve o diez años de edad, con un gran rollo de tabaco paraguayo y, con éste las mismas señoras hacían sus inmensos cigarros sobre las faldas. Los caballeros eran invitados con pequeños cigarros por la dueña de la casa; y, por añadidura, teníamos, en abundancia, mate, fruta, panales, vino y agua deliciosamente fresca; se extraía del aljibe, grande y profunda cisterna con que estaba provisto el patio principal de las mejores casas.

Alrededor de las diez y cuando la luna proyectaba su suave y clara luz en el patio desde un cielo sin nubes—«una majestuosa bóveda tachonada con fuego de oro»,—don Francisco Candioti, el patriarca de Santa Fe, entró a caballo hasta el centro de nuestra reunión. Estaba vestido en mucho de la manera descripta en el primer volumen de estas cartas, con la diferencia, sin embargo, de un hermosísimo gorro de noche en vez de sombrero. De su muñeca derecha y oscilando de una manija de correhuela, colgaba un lujoso rebenque con cabo de plata maciza bellamente engastada. No se apeó, sino que llevando su pierna derecha sobre la cabeza del recado, tomando el rebenque con la mano y golpeando ligeramente su bota con la lonja—e inclinándose sobre el pescuezo del caballo al mismo tiempo que fumaba su cigarro—allí se sentó completamente «a son aise» el más jocoso y locuaz de la reunión.

Se complació en cumplimentarme por la hazaña del viaje, y ciertamente parecía que ya no podría presentar mejor recomendación a sus buenas gracias que el certificado de un penoso galope. Estuvo lleno de observaciones socarronas y sarcásticas sobre el mentado gaucho, su sobrino, a consecuencia de la indisposición que sufría, la cual, aunque proveniente de la bilis, el tío quería hacer creer a los circunstantes que era efecto de lastimadura o mal de montura.

Vuestro, etc.,

W. P. R.

CARTA XLI

Al señor J. G.

Permanencia en Santa Fe —Los indios y sus caciques.—
Plaga de langostas.—Escasez.—Puesta a precio la ca·
beza de Artigas.—Comida dada por el gobernador.—
Las vizcachas.—Partida para la Asunción.

Londres, 1838

Estuve seis semanas detenido en Santa Fe y durante la mayor parte de ese tiempo se prohibió tanto
a los barcos como a los individuos proseguir aguas
arriba. Tales eran los temores producidos por Artigas
y sus mirmidones. La ciudad de Santa Fe estaba go-
bernada por un general porteño y guarnecida por tropas de Buenos Aires : porque los mismos santafecinos
eran sindicados de tendencias artigueñas. El hecho
es que los oficiales de Buenos Aires generalmente trataban como inferiores a los provincianos, y de aquí
surgió la aversión, casi el odio a los porteños.

Santa Fe era el depósito de tránsito para la producción paraguaya y otras que se dirigían a Córdoba y
al alto y bajo Perú, y a estos últimos países suplía
con grandes tropas de mulas que principalmente se
criaban en las estancias de Entre Ríos ; de modo que
la presente interrupción del intercambio con las regio-

nes más altas y fronterizas del país, oprimía con especial severidad al comercio de Santa Fe. Otros tres males locales—los indios, una plaga de langostas y la seca—aumentaban los sufrimientos de aquella provincia.

Los indios del Gran Chaco, durante mi permanencia en Santa Fe, hicieron grandes estragos en el país circunvecino ; y estando todas las tropas ocupadas en otras partes, los salvajes encontraron tan débil resistencia que, a veces, se aproximaban a seis u ocho leguas de la ciudad. Arrebataban el ganado, quemaban las casas, a menudo asesinaban a los hombres y siempre hacían cautivas a las mujeres de las estancias que asaltaban. Al fin se envió una expedición contra ellos y entonces los indios propusieron la paz. Los santafecinos eran demasiado débiles para rechazarla, aun cuando temiesen la traición de los bárbaros. Se tuvo un gran parlamento y todos los caciques principales vinieron a la ciudad a ratificar las paces.

Más o menos quince de estos caciques entraron cabalgando a la ciudad y atrajeron muchísimo mi curiosidad. Era un bello grupo de hombres altos, bien formados y de color cobrizo obscuro. Montaban lindos caballos fastuosamente enjaezados y sus personas estaban adornadas a la moda bárbara, con profusión de cascabeles y avalorios, y cortos tubos de plata dispuestos en hileras y dibujos caprichosos sobre sus ponchos y mantas. En sus extraños sombreros tenían clavadas muchas plumas multicolores ; iban escasamente cubiertos con telas de algodón teñidas y abigarradas de su propia fabricación y algunos usaban adornos de plata en sus horadados labios y orejas. Sus armas eran viejos sables, clavas, arco y flechas.

La ratificación del tratado fué proclamada con salvas de artillería, que deleitaron grandemente a los bárbaros, y copiosos tragos de aguardiente, que les suministraron al mismo tiempo, les agradaron aún más. Oscilaban sobre sus caballos, proferían horribles alaridos, o apeándose, medio danzaban, medio representaban sobre el suelo. Esto se hizo en procesión por la ciudad durante la mañana. Por la tarde se unieron a sus fuerzas distantes diez leguas de la ciudad ; y la conclusión fué que estos indios, «amigos», volviendo a sus tolderías, cometieron toda clase de fechorías y llevaron consigo todo lo que pudieron robar en su marcha.

No necesito hablar de lo que ha sido tan frecuentemente descripto por otros—una plaga de langostas. Hubiera tenido para ennegrecer el aire y obscurecer el sol con ellas, como otros viajeros lo han hecho antes que yo, y únicamente os diría que las langostas de Santa Fe, como las de Egipto y otros países, devoran todo lo verde y dejan los campos y huertas, los jardines y naranjales, pelados, obscuros y sin fruta. Sus huestes parecen divididas en grandes ejércitos, uno de los cuales desciende en algún sitio particular, y en increíble corto espacio de tiempo, lo descorteza de todo vestigio de vegetación. La pobre gente cuando ve aproximarse a este ejército, lo espanta con tambores, cacerolas de bronce, matracas y todas las cosas imaginables con que se puede hacer ruido. El estrépito se aumenta con alaridos y gritos y de esta manera se evita frecuentemente el ataque de los asaltantes. Pero lo que se salva hoy, es devorado el día siguiente ; y sólo el aspecto de la horrenda desolación que ellas mismas han producido puede realmente alejar las langostas del teatro de su obra devastadora.

Tal desolación cubría siniestramente con sus alas a Santa Fe antes de mi partida, y habiendo una seca de varias semanas destruído muchos ganados y rebaños y llevado a otros en busca de pastos a tierras más lejanas, trajo a la ciudad escasez que se aproximaba al hambre. Con dificultad conseguíamos carne o aves y nada teníamos de verdura.

Algunas viejas de nuestra vecindad, teniendo buena cantidad de gallinas y viendo que su valor aumentaba todos los días, se rehusaban a venderlas por ningún precio, esperando recoger una cosecha de oro. Esto también fué causa de que nuestros vecinos de puerta (dos paraguayos) recurriesen a la siguiente curiosa, aunque no honrada estratagema, para proporcionarse comida de cuando en cuando. Durante las horas de siesta, cuando no se mueve un alma, estos caballeros salían provistos de maíz y empezando a arrojarlo ante una gallina medio muerta de hambre, la llevaban a su puerta y al patio. La gallina, inconsciente de su destino, seguía picoteando el grano, hasta que atraída de este modo dentro del patio, se le torcía el pescuezo, para la comida del día siguiente. Las sorprendidas y luego espantadas viejas, apercibidas de que su gallinero desaparecía misteriosamente, se sometieron, y el sistema tramposo cesó.

Mi gran anhelo de ir a la Asunción y la monótona inactividad de mi vida en Santa Fe, comenzaron pasado un mes, a hacer mi residencia allí molesta y fastidiosa. Sin embargo, la situación de la Banda Oriental era cada día peor. Tal era la exaltación del sentimiento contra Artigas en Buenos Aires, que se promulgó un bando ofreciendo seis mil pesos o mil doscientas libras esterlinas por su cabeza ; procedimiento que tuvo la consecuencia natural de exasperar al Protector y a todos sus secuaces en el más alto grado. La recompensa fué pregonada con toques de tambor por un escribano público que hacía de heraldo, en las plazas públicas de Santa Fe ; pero allí, general y justamente, la medida fué condenada por impolítica e ineficaz. Descubriendo los sentimientos vengativos de los porteños, solamente aumentó la popularidad del Protector.

El gobernador de Santa Fe, que había mantenido cerrado el puerto durante mi estadía, al fin consintió en suspender la clausura en favor de un bergantín paraguayo, bajo penas severas si el barco tocaba en cualquier puerto que estuviese en posesión de Artigas o de quienes reconociesen su autoridad. Ciertamente no había peligro de que se infringiese la orden, pues el patrón y tripulación temían demasiado a los artigueños para caer voluntariamente en poder de tales merodeadores. Yo, por consiguiente, determiné tomar pasaje en el bergantín para la Asunción.

Corto tiempo antes de estar listos para partir, el gobernador nos invitó a Mr. Postlethwaite y a mí, a una gran comida, y a muchas personas de rango en Santa Fe se les pidió que nos acompañasen.

Alrededor de treinta o cuarenta comensales se sentaron a la mesa, en el amplio y mal amueblado comedor de la Casa de Gobierno. Había militares, abogados, uno o dos sacerdotes, médicos y comerciantes, con muchas de sus caras mitades y otras tantas de sus hijas. Don Francisco Candioti fué personaje distinguido en el «convite» o banquete, y su sobrino Aldao se colocó entre los comerciantes. No obstante la general escasez que se padecía, las cosas buenas de toda clase se colocaron sobre la mesa. Las hambres y escaseces son malas compañías, y jamás, en cuanto he visto, son admitidas a la presencia de gobernadores, o cabezas, sea de estados o provincias.

Tres cosas muy especialmente llamaron mi atención durante la comida : primero, la extremada libertad (usando la palabra más suave) adoptada en la conversación con señoras, jóvenes y maduras ; era tal que, con mis puros sentimientos ingleses, me hacía ruborizar a cada momento, aunque tal modestia siempre que se manifestaba, causaba cordial hilaridad.

La otra cosa que me sorprendió y complació fué la gran facilidad que todos los caballeros presentes poseían para improvisar versos. Casi todos los brindis fueron así pronunciados y con una prontitud, precisión y a menudo elegancia, que completamente me asombraron. Encontré después que esta disposición es general en toda la América del Sur, como, según creo, en Italia y España.

La tercera costumbre sudamericana (y ésta me confundió) era la de los comensales que se arrojaban pelotitas de migajón del tamaño de un poroto. Las arrojaban valiéndose del dedo del medio y del pulgar, generalmente con puntería infalible y en tan prodigiosa cantidad, que el piso era literalmente invisible en muchas partes del comedor. Todos en la mesa, sin excepción alguna, participaron de la broma y con creciente apresuramiento a medida que avanzaba. Muy frecuentemente desde entonces he visto la misma cosa ; pero jamás en tan extraordinaria proporción como en la mesa del gobernador de Santa Fe (1).

Gran cantidad de vino se bebió durante la comida que, con el postre y la batalla de pelotitas, duró desde las tres hasta las siete. Todo ese tiempo las señoras permanecieron en el comedor. Mucho de lo que hoy

---

(1) He visto degenerar esta costumbre en groseros combates en que se disparaban con violencia panes enteros. En cierto caso se utilizó como proyectil un candelero. Pero dicen los sudamericanos que este abuso de su no muy delicada pero inocente y bien intencionada costumbre, se introdujo por algunos de los primeros jóvenes y bulliciosos ingleses que llegaron al país.

llamamos «calandrear» tuvo lugar—brincar y otras extravagancias ;—hasta que algunos de los más excitados por el vino se entregaron a actos indecorosos que, aun en aquel país de manga ancha, no podían tolerarse. Por tanto, pasamos al salón, donde estaba una excelente banda de música militar. Se bailó hasta media noche, y aquella hora, aunque sea la de empezar nuestros bailes, es muy tardía para que los santafecinos cesen en la hilaridad de su día.

A mediados de marzo el río había subido a grandísima altura y se aprovechó la desusada crecida para aniquilar las colonias que habían usurpado gradualmente muchísimo terreno en la vecindad de Santa Fe. Eran vizcacheras o cuevas de vizcachas, animales destructores y del todo inútiles. Tienen algo de la conformación del conejo, pero son más grandes y mucho más ordinarios. Se cavaron gran cantidad de canales desde las márgenes del río hasta el asiento de las vizcacheras desparramadas en todas direcciones. Dejando entrar el agua en las cuevas, las vizcachas se ahogaban adentro o eran obligadas a salir y las mataban grandes grupos de peones y muchachos congregados con duelas y otras armas a propósito.

Os he dado aquí los pequeños detalles de mi larga permanencia en Santa Fe que he creído dignos de observación. Pocos días después de la comida del gobernador se me avisó que el bergantín de Cañiza estaba listo para hacerse a la vela con destino a la Asunción.

Vuestro, etc.—W. P. R.

CARTA XLII

Al señor J. G.

Viaje aguas arriba

Londres, 1838

Habéis tenido relación completa del viaje aguas abajo ; pero el de aguas arriba, es asunto muy distinto, en mi opinión, y creo que llegaréis a la misma conclusión antes que yo haya terminado de describirlo.

El barco en que estaba a punto de partir se llamaba «Nuestra Señora del Carmen» y su propietario era un paraguayo residente en Asunción. El patrón era español y el baquiano, como sucede siempre, paraguayo. La tripulación se dividía en marineros y peones. Los primeros eran de mejor clase y mejor pagados. Hacían el deber propio de los marineros y algunos eran españoles y otros criollos, en número de ocho. Todos los peones eran paraguayos, raza anfibia, medio de mar, medio de tierra ; pero con algo de ambos. Había doce y sus obligaciones se especificarán en adelante.

El 23 de marzo, nuestro bergantín fué sirgado

hasta cerca de la boca del brazo del Salado en que está Santa Fe y allí quedó oculto entre los árboles. Se convino en que los pasajeros lo alcanzarían, tan pronto como se afirmase el viento del Sur, con el que pasaríamos la Bajada, durante la noche. Del mismo modo el patrón se proponía salvar todos los pasos precisos de que ya he hablado.

Viento sur sopló el 25 y aquel día once pasajeros, no contándome, se despidieron de Santa Fe. Entre éstos se encontraban los dos ladrones de gallinas. Fuimos en canoa hasta el barco ; y así que hubo caído la noche izamos las velas y nos pusimos en demanda del canal del Paraná. Ayudados por la obscuridad y por la brisa creciente pasamos la Bajada sin tropiezo.

El viento empezó a amainar por la noche y a las diez de la siguiente mañana era apenas suficiente para cortar la corriente. El cielo obscuro y descendiendo anunciaba tormenta. El trueno rodando pesadamente primero en la distancia se hacía más fuerte y distinto, y el relámpago que empezó por proyectar sus débiles reflejos en el lejano horizonte, iluminaba gradualmente las masas de nubes suspendidas pesadamente arriba y en derredor nuestro.

Al fin, toda la furia de la tormenta estalló sobre nuestras cabezas. Un gran fulgor de relámpagos, acompañado, no seguido por el estallido del trueno fuerte como para despertar los muertos, nos hizo a todos estremecer ; y éstos fueron seguidos instantes después por un huracán tan espantoso, que antes de poder guarecernos o prepararnos, cada puntada de la lona que teníamos fué volada en pedazos. Nuestro barco fué echado contra una isla, el bauprés despedazando y aplastando a las ramas y los árboles que se oponían a su avance. Ahora el relámpago era casi un resplandor continuado y el trueno rodaba, y estallaba y aturdía en nuestro derredor hasta pasmar aún a la tripulación y pasajeros paraguayos, tan acostumbrados a tormentas tropicales de esta clase. El huracán duró poco. Lo siguió una lluvia completamente armónica con los otros caracteres de la tormenta. Se derramaba casi un continuo chorro de agua; y así continuó sin interrupción una hora, acompañado con truenos y relámpagos de la misma intensidad. La tormenta, en realidad duró todo el día tan pronto con lluvia, como con violentas ráfagas y siempre con flúido eléctrico.

La tempestad paró; pero nuestras velas habían sido despedazadas; y, no habiéndose contado con el huracán, no las había de repuesto a bordo de la «Nuestra Señora del Carmen». ¿Qué íbamos a hacer? Los restos que habían sido hechos volar aquí y allí sobre la isla fueron cuidadosamente recogidos; y poniendo todos sus hombres el trabajo, sobre estos pingajos y retazos, el patrón se dió maña para rehacer una vela mayor y una gavia. Con éstas íbamos a navegar contra ochocientas millas de corriente fuerte de tres millas por hora. Este paño, con buena brisa y sin corriente podría llevarnos con velocidad de cinco nudos; deduciendo, por consiguiente, tres de la corriente, teníamos la cómoda perspectiva, con buen viento, de adelantar dos millas por hora.

Con *buen* viento; este era el tropiezo. Ibamos a adelantar dos millas por hora con buen viento; ¿pero dónde encontrar esos buenos vientos? Los reinantes eran del Norte; los del Sur que necesitábamos eran pocos y espaciados: de modo que el patrón respondía a nuestras lamentaciones, diciendo que si le dábamos buenos vientos, no tendríamos por qué quejarnos de su falta de lona.

Pronto supe por triste experiencia que la escasez

de velas era el mal menor del viaje aguas arriba. Los eternos vientos del Norte, las varaduras, las vueltas del río, y los temores del enemigo, se habían todos combinado, sin ninguna escasez de paño, para hacer nuestro pasaje horriblemente largo.

Cuando había calma, nuestros peones recurrían a las dos canoas y espiaban el barco de esta manera : una canoa iba adelante primero con un cable adujado que se dejaba correr mientras la embarcación avanzaba y, atando esta cuerda a un árbol, el buque era halado. Entretanto la otra canoa avanzaba más allá del árbol y amarraba otro cable ; de modo que las dos canoas, trabajando alternativamente, mantenían el barco siempre en movimiento. De esta manera hacíamos a veces seis millas por día, nunca más ; y cuando el viento Norte era fuerte, aun el halar se dejaba de lado y se amarraba a un árbol. A veces también teníamos que hacer una gran cruzada sobre la que nuestro cordaje no alcanzaría, y otra vez permanecíamos amarrados a un árbol.

Estábamos así amarrados, a veces hasta ocho días ; entonces venía el ansiado viento del Sur ; y después que lo habíamos disfrutado quizás por un día—a veces solamente pocas horas,—nuestro sueño de avanzar se desvanecía con una varadura.

Remontando el río, nunca se descarga el barco para alijarlo, como aguas abajo ; si no podemos sacarlo atrás o lateralmente de los bancos, se sondan los alrededores, se suspende de su varadura. Esto se efectúa fijando dos largas y fortísimas vigas, junto a ambas bandas del casco, siendo horquilladas las puntas que salen del agua ; se llaman horcones. Sobre esto se hace fuerza por medio de motones y cuerdas y de este modo el casco se suspende entre los dos horcones.

Es operación trabajosa y a menudo pesada, que suele tomar todo el día ; y como el viento a menudo amaina entretanto, dejamos el barco, otra vez, amarrado a un árbol.

Las más irritantes de nuestras demoras eran causadas por las vueltas del río. Eran tan completamente circulares en algunos sitios, que el buen viento en alguna parte de ella, se convertía en contrario en otras. Entonces debíamos halar, que es operación lenta, muy lenta ; luego antes de montar el preciso punto, el viento cambiaba y entonces nos amarrábamos a un árbol.

Una dificultad que no provenía de la navegación aguas arriba, sino de circunstancias especiales, nos acompañaba. Aquellos puntos que creíamos podrían ser vigilados por los artigueños, los pasábamos solamente de noche. Si llegábamos cerca de uno de los pasos precisos por la mañana, estábamos obligados a escondernos hasta la noche amarrados a un árbol ; y si el viento cambiaba, pues—hasta que viniese otro viento del Sur—continuábamos amarrados a un árbol.

Estas fueron algunas de las dificultades que encontré en el viaje aguas arriba. Su retardo lo consideré como el mal mayor, pero de ningún modo, fué el único.

La cámara de nuestro bergantín—sucia e incómoda—era de doce pies por ocho ; y en ella cabíamos apretados doce pasajeros. Apenas teníamos sitio para estar de pie cuando en ella nos reuníamos. Durante todo el viaje no estuvo libre del olor del humo de tabaco aventado, pues con doce hombres de la tierra en que crece aquella hierba—teniendo cada día quince horas que pasar en la ociosidad,—podéis imaginaros cómo fumigaban el barco.

Poquísimas provisiones, con excepción de las mías,

se pusieron a bordo de la «Carmen», sea por el patrón o por los pasajeros.

Las mías pronto se consumieron. Para la tripulación, la provisión del buque era de sal y para los pasajeros sal y galleta—un bizcocho de mar más duro que cualquiera otro con que mis dientes hubieran estado nunca en contacto : la principal manutención del viaje para la tripulación y pasajero, debía procurarse en el camino.

Nuestro baquiano conocía todas las estancias a lo largo de la costa que debíamos recorrer tanto como su propia casa. En tiempos ordinarios todas estas estancias se podían visitar y procurarse en ellas abundante provisión de carne ; pero ahora se mezclaba la política con la cuestión de los abastecimientos ; el baquiano se veía obligado precaucionalmente a elegir aquellas estancias que no era verosímil tuvieran relación con los artigueños ; y solamente a ésta se enviaban las canoas para carnear.

La carneada consiste en esto.

Las dos canoas con cuatro peones en cada una, se dirigían a la estancia, y el director de la expedición compraba los animales que se necesitaban.

En tiempos ordinarios un par de bovinos se toman de una vez ; pero viajábamos en tiempos extraordinarios, de modo que necesitábamos también provisiones extraordinarias. Nuestros hombres generalmente compraban cinco o seis cabezas. Estas se traían vivas y les eran entregadas en el corral. Nuestros gauchos fluviales, ayudados por la gente de la estancia, mataban los animales, los desollaban, los cortaban en pedazos y llevaban todo a las canoas. Se convertían en nuestros carniceros ; y éramos muy felices cuando podíamos emplearlos en esta calidad.

Hubo alternativamente un día de fiesta y otro de

ayuno en todo el camino. Los temores abrigados hacia los artigueños corrían por todo el barco ; y era solamente el hambre la que obligaba a los carniceros fluviales a ir a carnear. Generalmente empleaban todo
el día en esta operación ; y no os puedo describir la
intensa ansiedad con que se esperaba su retorno. Nos
alarmábamos continuamente creyendo ver llegar las
canoas llenas de artigueños armados ; y en lugar de
costillares gordos, nos aterraba la idea de que se nos
obligase a mirar sables lucientes, o escuchar silbidos
de balas cerca de nuestros oídos.

Cuando la canoa regresaba con verdaderos costillares, grande era nuestra alegría e inmediatamente
se hacían preparativos para saciar nuestra hambre de-
voradora.

El día siguiente a aquel en que habíamos hecho
carnear era también de carne fresca a discreción ; pero
por el tercer día nos llegaba en forma de charque—
tiras y mantas secadas al sol, en cuerdas, como las
lavanderas secan la ropa en este país ; solamente que
camisas, pañuelos, calzoncillos y enaguas eran todos
de carne.

Cuando el charque estaba por agotarse, era seco,
de mal gusto y desabrido—a veces incomible ; y entonces volvía a repetirse la mezcla de nuestros temores y esperanzas y ansiedades, consiguientes a los movimientos de nuestros carniceros fluviales.

Estas excursiones nos mantenían en ocasiones vivos en todo el sentido de la palabra y otras veces éramos tenidos sobre el quien vive por enemigos más terribles que los artigueños ; pues, al fin no vi ninguno
de éstos y los otros eran mis constantes asaltantes.
Hablo de los mosquitos. Este susurrante insecto es
malo en todas partes ; pero en un río sudamericano
durante una noche obscura sin brisa y sofocante, el

mosquito es demonio que os atormenta con infatigable constancia. En tal caso, en tal lugar, nada he encontrado impenetrable para el mosquito. Forraos con «aestriplex» y él os alcanzará, picará, cantará a vuestro oído, volverá a picaros, os ampollará, y, en resumen hará todo lo que pueda para enloqueceros.

Sobre el Paraná el viento Norte trae los mosquitos; el Sur los aleja. El primero es nuestro sirocco. Sigue gradualmente aumentando en velocidad y calor hasta que finalmente semeja el soplo de una hornalla. Entonces viene tormenta de la parte opuesta y cargada del cielo seguida de un pampero, que, con su soplo frío, procedente de la zona glacial del sur, aclara la atmósfera y da nueva vida a la creación animal.

Solíamos esperar la llegada del pampero con intensa ansiedad. No hay que admirarse, pues nos iba a aliviar de una larga y completa detención de nuestro viaje, disipar las huestes de mosquitos hambrientos que nos asediaban e infundirnos esperanza de llegar por fin a la Asunción.

En tales ocasiones comenzaban los penosos deberes de nuestro baquiano. Era entonces el hombre importante a bordo. Tan pronto como empezábamos a adelantar camino con la brisa, se sentaba sobre el bauprés, y allí, fijo e inmóvil como roca, permanecía todo el tiempo que durase el viento Sur. Tenía un peón a cada banda tomando sondajes con largas tacuaras. Sus órdenes las daba en guaraní y lo mismo las preguntas que les dirigía. Su manutención, mientras de esta suerte cumplía los deberes de piloto, consistía casi enteramente en mate y cigarros. No solamente de día sino en la larga noche se mantenía, esforzando la vista sobre el haz del agua y, por el color de la superficie y las cleaditas, guiaba su barco, aun en la completa obscuridad. Parecía el mago del río, escudriñando su propio elemento, y timoneándonos por algún arte nigromántico a través de toda la confusión de la tortuosa corriente. Los bancos de este gran río cambian de sitio constantemente y se requiere toda la habilidad del baquiano para establecer, al pasar de largo, los movimientos que se han efectuado, para timonear el barco por los canales recién abiertos.

He sabido que nuestro baquiano había estado así sentado y observando las aguas, sin ninguna interrupción, en cuanto me informé, durante tres días y tres noches consecutivas. Es ése el período más largo a que el viento del Sur nunca se extendió.

Vuestro, etc.—W. P. R.

CARTA XLIII

Al señor J. G.

Paisajes del Paraná.—Camalotes.—Diversiones.—Tigres.
—Desembarco en Corrientes.—La familia de Perichon.

Londres, 1838

Los disgustos de nuestro viaje, como los del viaje
de la vida, fueron múltiples; pero así como en el segundo dolores y pesares se alternan con placeres, también durante nuestra permanencia transitoria sobre
las aguas del Paraná, no carecíamos de solaces, de
cuando en cuando, en los muchos días tediosos que
pasamos a bordo de la «Nuestra Señora del Carmen».

El Paraná es una sucesión continua de bellos paisajes desde su origen hasta la desembocadura. De
Santa Fe a Corrientes, parte que entonces recorrí,
la nota más sorprendente de ese panorama, eran las
islas. Son realmente innumerables. En todo el viaje
no recuerdo un solo lugar donde tuviéramos el Gran
Chaco por un lado y Entre Ríos o Corrientes por el
otro, separados por la despejada corriente. Todo el
camino encontramos islas de toda forma y tamaño
interponiéndose entre ambas márgenes del río. Hay

no solamente una línea de islas, sino que están en frente unas de otras ; algunas formando largas cintas extendiéndose paralelas con otras dos o tres de menores dimensiones, y otras empezando frente a la mitad de la isla siguiente y terminando frente al centro de otra. Así es que siempre estábamos rodeados por una intrincada cadena sin fin de islas e isletas ; el canal a menudo trazando su camino desviado a través de sus vueltas, a veces yendo a Oeste y retornando de nuevo a la banda oriental del río.

Las islas son variadas, verdes, umbrosas y bellas. Los árboles son generalmente pequeños pero casi todos de hoja perenne ; los arbustos floridos y las flores silvestres brotan lozanas en todos los rincones ; mientras variedad infinita de enredaderas, ascendiendo a la corona de los árboles mayores y luego proyectando sus flores colgantes en el aire, contribuyen grandemente a la belleza de sus moradas insulares.

Encontré también muchas variedades de flor del aire, la más delicada y fragante de la tribu floral.

La mayor parte de las islas son muy bajas y muchas de las más chicas pantanosas. Con muy pocas excepciones, se inundan por las crecidas periódicas. Esto, naturalmente, las hace inhabitables para el hombre ; pero allí viven todos los animales montaraces y las variadas tribus aladas peculiares del país. Jaguares, pumas, yacarés, gran variedad de monos, con ardillas y otros animales pequeños, se encuentran en abundancia en estas islas ; mientras todos los pájaros mencionados en carta anterior, comunes a este país y al Paraguay, por todas partes se presentaban a mis ojos cuando navegábamos, y más especialmente, cuando el canal revolvía su camino por las islas agrupadas.

Cuando están bajo de agua por las crecidas del

Paraná, sucede frecuentemente que se desprenden grandes porciones y flotan río abajo. El espeso y fuerte enmarañamiento de la materia vegetal así desprendida, se conserva, de modo que los camalotes descienden con la corriente muchas leguas. A veces un tigre o león, con frecuencia dos o tres, están sobre los camalotes cuando éstos se desprenden ; y los animales en tales casos parecen aterrorizados en su habitación flotante. Vimos un tigre en estas condiciones, pero a la distancia. Aun cuando le hicimos fuego no se movió, temeroso, aparentemente, de dejar el lugar en que se encontraba. Es histórico que años atrás, otro camalote como el que describo llevó tres tigres hasta las cercanías de Montevideo. Entraron a la ciudad al venir del día. Un pulpero había abierto la pulpería a esa hora temprana y estaba ocupado en algo detrás del mostrador, lo que le obligó a agacharse algún tiempo. Al incorporarse, uno de los tigres que había entrado saltó sobre él. No recuerdo si la suya, u otra vida, se perdió ; pero mucha gente quedó herida antes que mataran las tres fieras. Frecuentemente solía desembarcar así en las grandes islas como en las costas de Entre Ríos y Corrientes. Los temores abrigados por mis no muy corajudos compañeros de viaje (casi todos paraguayos) a causa de los tigres y de los artigueños, rara vez les permitían acompañarme. Nada significaba para ellos el paisaje. Se contentaban con jugar a la malilla y fumar a bordo.

A veces cuando estábamos junto a una barranca antojábaseme subirla con muchas amonestaciones del patrón ; y entonces disfrutaba en toda su belleza el noble paisaje del majestuoso río corriendo a mis pies. En tales sitios era generalmente de milla y media a dos de ancho.

Una de mis diversiones era adelantarme con las

dos canoas cuando halábamos el barco, para aprender a bogar. Es ejercicio agradable ; había que ver para admirar la fuerza y destreza y simetría con que los paraguayos impulsaban el liviano esquife.

En una o dos ocasiones acompañé a los carneadores. Nada veía en estos casos sino la pacífica ocupación del estanciero y era recibido donde desembarcaba con la característica hospitalidad del país. Estas excursiones en realidad me convencieron de que nuestros peligros eran grandemente exagerados. Durante todo el viaje, con todos los contratiempos, cuando frecuentemente había comida escasa y mucho trabajo, la tripulación, y especialmente los peones paraguayos formaban grupos, siempre contentos, felices y alegres. Nunca les oí un rezongo o una queja.

Cuando halábamos el barco, y esta operación nos ocupó la mitad del viaje, estos hombres trabajaban duramente desde la madrugada hasta el anochecer, tomando solamente durante el día un almuerzo de carne, un *déjeuner sans fourchette*. Cuando se ponía el sol, se llevaba el bergantín a su amarradero, generalmente, y siempre que se podía, al abrigo de una barranca alta que hacía imposible aproximarse desde tierra. En la base de estas barrancas corría una ceja de árboles y enmarañada maciega.

Se colocaba luego la planchada y toda la tripulación saltaba alegremente a tierra. Se encendían al punto tres o cuatro fogones y servían no solamente para cocinar la cena, sino además para proporcionar las ramas encendidas que se arrojaban entre los árboles y arbustos para hacer volver a su guarida al tigre vagabundo. Por medio del humo ascendente, también, los mosquitos se alejaban y quedábamos dueños indiscutidos del terreno.

Sería difícil imaginaros nada más pintoresco que

la escena que en estas ocasiones, y especialmente en las bellas noches de luna, se ofrecía a mis ojos. El gran volumen de aguas transparentes deslizándose en silencio con la luz de la luna durmiendo gentilmente sobre su pecho tranquilo—las densamente boscosas islas, claramente dibujadas a mi derredor; pero uniéndose más allá con el agua y las riberas y formando a lo lejos un claro-obscuro,—las barrancas prominentes y casi proyectadas sobre nuestro barco ponían sus altos mástiles en la sombra,—las figuras de los paraguayos medio desnudos, cuando, reunidos alrededor de los fogones, el resplandor de las llamas daba un aspecto salvaje a sus rostros atezados, formaban un conjunto en que bien podía haberse empleado la pluma de Byron o el pincel de Claude Lorraine.

Después que los peones habían concluído su cena sencilla, que era invariablemente de la carne que teníamos, asada en fogones encendidos sobre la ribera, cantaban sus baladas extrañas acompañadas por la guitarra. Algunos de sus aires eran llenos de sentimiento y los hombres, a menudo cantaban agradablemente en coro. Su faena, su penosa condición en la vida, eran echadas al olvido. Sus conciertos a veces duraban hasta la media noche; y luego, volviendo al barco, cada hombre se acostaba sobre cubierta envuelto en su poncho y pronto ignoraba si dormía sobre el blando lecho con colgaduras de damasco en un aposento tapizado, o sobre la tablazón dura de un bergantín en el río Paraná y bajo la ancha bóveda azul del cielo.

Tenía conmigo flauta y octavín, con que acostumbraba entretener las horas tediosas de nuestro largo viaje. Aprendí poco a poco algunos de los sencillos y plañideros aires paraguayos, y con uno u otro de aquellos instrumentos acompañaba a los cantores. Cuando la suave pero poderosa corriente en la noche callada, y «en aquellas profundas soledades» silenciosamente apresuraba su curso, al pasar nuestro barco, el efecto de la música combinada era extremadamente bueno.

Muy a menudo nos divertíamos con nuestros anzuelos, algunas veces con nuestros fusiles ; y lo que obteníamos en las aguas o en los bosques servía para variar algo nuestras comidas de carne.

Una noche tuvimos caza extraordinaria. Mientras estábamos amarrados a un árbol y a punto de retirarnos para dormir, sonó la voz de alarma. Todos corrimos a la cubierta y encontramos que un yacaré había trepado a una de las canoas que llenaba por completo. Hachas, picas, sables herrumbrados y fusiles se procuraron en un momento y golpes, seguidos y fuertes, empezaron a caer sobre el cuero del reptil. Recibió muchas heridas. Pero, por la popa de la canoa, echó su enorme cuerpo al agua y lo perdimos. Este fué el único yacaré que vi.

Raras veces se nos permitía alejarnos del barco, por temor de los tigres. A lo largo de la costa encontramos muchas toscas crucecitas indicadoras de que en su vecindad había perecido alguna víctima humana de la rapacidad de aquel feroz animal. Uno de estos sencillos pero conmovedores monumentos, recientemente erigido, conmemoraba un hecho que constituía toda una tragedia doméstica. Un joven paraguayo enamorado, habiendo logrado el consentimiento de su dulce amiga para casarse, determinó previamente ir y volver a Buenos Aires para iniciarse mejor en el mundo. El hermano de su prometida lo acompañó, ambos como peones. Al regresar, parte de la tripulación estaba ocupada una noche, del modo que antes he descripto, en cocinar la cena sobre la ribera, cuando un tigre medio hambriento que se había arrastrado a escondidas hasta tres o cuatro yardas del lugar, saltó al medio del círculo formado por los hombres. El joven enamorado era uno de ellos, y de él la fiera hizo presa. El grito simultáneo de los otros, el angustioso chillido de la víctima sobrecogieron al momento a los de a bordo. El amigo y futuro cuñado de nuestro infeliz enamorado estaba allí. Tomó un mosquete, hizo fuego y aunque naturalmente había apuntado al tigre, traspasó el corazón del amigo. El triste y único consuelo del infortunado tirador fué que las heridas hechas por el tigre eran mortales. La muerte del amante, detallada con todos sus horrores, llegó a oídos de la pobre niña en el Paraguay. Se entristeció, se hizo melancólica, gradualmente perdió su salud; y la muerte temprana atestiguó la fidelidad de su cariño por el primer hombre que había cautivado su corazón y que tan trágicamente la había precedido en la tumba.

Cuando habíamos pasado treinta y dos días a bordo de la «Nuestra Señora del Carmen» estábamos justo a setenta y cinco leguas de Santa Fe, a razón de poco menos de dos leguas y media diarias. Esto era el 26 de abril; y aquel día nuestros peones fueron enviados a la carneada y nuestro barco, como de costumbre, en tales casos, ocultado detrás de una isla. A su vuelta nos informaron que habían encontrado en el canal principal un buque paraguayo con destino a la Bajada; y uno de ellos me entregó la tira de papel que había recibido, según dijo de un pasajero, a bordo del barco de que habían hablado.

Era escrito en inglés y de este tema: «Mr. Guillermo Robertson, soy Andrés Gómez Rospigliosi. Vuestro servidor.»

Esta lacónica epístola era bastante enigmática y todo lo que pude sacar en limpio fué que don Andrés Gómez, dependiente de mi hermano, antes mencionado en estas cartas, estaba a bordo del barco referido. La sola información mayor que obtuve de los peones era que don Andrés había afirmado no haber novedad en el río.

Determiné en consecuencia y a todo evento dejar el barco en Corrientes aunque desembarcara solo. Empecé por sondar a mis numerosos compañeros acerca de la disposición en que se encontraban para acompañarme.

Ninguno se inclinaba a adoptar esta resolución. A pesar del estímulo de Gómez, todos y cada uno lamentaban mi decisión de ponerme en la boca del león, pues creían que yo haría eso si desembarcaba entre los artigueños en Corrientes. Con suma dificultad conseguí la promesa del patrón de ponerme en tierra. Consideraba que él ayudaba y apadrinaba mi asesinato y que él mismo, el barco, los pasajeros y la tripulación peligraban.

Llegamos frente a Corrientes, el 14 de mayo, habiéndonos sido más favorable el viento en la última parte del viaje. La distancia total es, más o menos, ciento ochenta leguas, que hicimos así en cincuenta días. El piloto gobernó nuestro barco hacia la costa del Chaco, entre dos luces, y allí de nuevo se ocultó. El viento no era fuerte ni bastante favorable para hacer la travesía al río Paraguay aquella noche y el patrón, en consecuencia, decidió esperar donde estaba la buena voluntad de Eolo.

A las cuatro de la mañana del día 15, estaba sobre cubierta con una valijita en la mano, pronto para transbordarme a nuestra mejor canoa, tripulada por seis de mis concertistas que yo mismo había elegido. Todos los bondadosos peones habían ofrecido sus servicios para bogar en mi canoa hasta la orilla. Casi

todos los pasajeros se levantaron para decirme adiós ;
tomaban mate y fumaban ; y alguno de ellos mostraba evidente inquietud por mi precario destino.

Era casi completamente obscuro y teníamos que
bogar cuatro leguas para cruzar a Corrientes. Pero mis
bravos bogadores hacían deslizar la frágil canoa, li-
gera y silenciosamente sobre las aguas. No se hablaba una palabra. El miedo de los artigueños estaba
en el corazón de cada uno de mis hombres. Pero llegaron a puerto con precisión, me desembarcaron en la
costa a las cinco y media, todavía obscuro y luego,
conforme a las órdenes estrictas del patrón, al instante volvieron a bogar en dirección al barco.

Estaba solo en la costa, con la valija en mi mano,
irresoluto en cuanto al modo de proceder. Estaba en
país totalmente extraño para mí ; no tenía un solo
conocido en la ciudad ; sin pasaporte, tan indispensable en aquellos países ; y había llegado del territorio de un enemigo declarado.

Sin embargo, sabía que allí estaba M.`Perichon,
amigo y agente de mi hermano en Corrientes, y a él
determiné dirigirme tan pronto como el pleno día me
permitiese dar con su casa.

Con la aurora, empecé a caminar lentamente para
el centro de la ciudad. No se movía un alma. Toda la
población parecía sumergida en un profundo sueño.
Había esperado que los centinelas me dieran el alto,
a no ser abiertamente atacado por algún artigueño vagabundo ; pero, ni se oyó al centinela, ni se vió artigueño alguno.

«Seguramente», me decía, «si la anarquía, la rapiña y la matanza predominase en la tierra, como se
nos había dicho, la gente nunca dormiría profundamente en sus lechos como lo hacen aquí». Tranquilo
caminaba ; y al doblar por una calle principal, vi al fin

una persona que estaba bostezando en la puerta de su casa, en camisón, calzoncillos y gorro de dormir.

Imaginad mi sorpresa cuando me acerqué a este individuo ; y lo vi primero clavarme los ojos y luego oirlo exclamar con verdadero asombro. «Robertson, por amor de Dios, ¿de dónde sale usted?»

Era el mismo M. Perichon, el único hombre levantado, creo, a aquella hora en todo Corrientes. Que de este modo le hubiera encontrado fué gran fortuna para mí. Me confundió (como sucedía a muchos) con mi hermano ; y cuando me aproximé saludándole cortésmente, me miró aún más fijamente, y pienso que empezó a imaginar que soñaba. La verdadera situación del caso, sin embargo, pronto se le aclaró. Me dió la bienvenida con la mayor cordialidad ; me introdujo a su casa y luego llamando en voz alta a su esposa que estaba en su dormitorio : «¡ Pastora ! ¡ Pastora ! ¡ Levántate ! ¡ Levántate ! aquí está don Guillermo, el hermano de don Juan, yo creo que he caído de la luna !»

¿Habéis visto la inundación de alguna calle principal en una ciudad después de un copioso aguacero durante una tormenta de verano, donde primero un acueducto sobrecargado derrama sus aguas y luego otro todavía mayor hincha el canal principal, hasta que al fin la progresiva e impetuosa corriente se precipita a la calle y se acumula en un vasto charco en algún punto céntrico de la ciudad?

Del mismo modo la familia del digno Perichon se derramó gradualmente en la sala donde estábamos sentados. Primero la marea empezó con doña Pastora, su esposa, a medio vestir, llena de asombro por mi aparición, y rebosando con sus exclamaciones en guaraní de «Guah ! Bahé ! Ba-e picó». Luego entró su linda hermana soltera, de cabello enrulado con

papelitos y su pequeña figura en un batón matinal,
y alzó las manos en señal de admiración al ver «el
retrato de don Juan». Después aumentó la avenida
con el «ama de llaves», negra gorda con el mate para
don Guillermo. Detrás de ella rodó un bribonzuelo
en camisa de dormir y restregándose los ojos medio
abiertos ; y así, uno después de otro, cuñado, hijos,
esclavos y parientes vinieron al centro común, abru-
mándome con la rápida sucesión de sus exclamaciones, preguntas, felicitaciones y bienvenidas.

Habiendo inesperadamente obtenido tan buena
acogida y entre tantos afectuosos, aunque novísimos
amigos, proseguiré la narración en mi próxima carta.

Vuestro, etc.—W. P. R.

CARTA XLIV

Al señor J. G.

Noticias políticas.—Partida de Corrientes.—Paso del Rey.—Artigueños.—El cura de Ñeembucú.—Pesadilla.

Londres, 1838

Tomé asiento para un almuerzo temprano pero suntuoso y abundante, con el hospitalario Perichon y su numerosa familia. Cuando lo informé de todos los temores y alarmas que nos acecharon desde Santa Fe hasta Corrientes, a menudo me interrumpía con sus carcajadas.

Me aseguró que las alarmas no tenían fundamento; que la navegación del Paraná estaba expedita y libre de peligro; que el bergantín habría entrado a Corrientes y obtenido provisiones sin la mínima probabilidad de detención; y que todo el país estaba en tranquila posesión de Artigas. «Desde que usted salió de Santa Fe», añadió Perichon, «su amigo Candioti ha intervenido de mediador con aquel jefe, en representación de Buenos Aires y conseguido un arreglo amigable entre el Protector y el gobierno central de las Provincias Unidas. Cuánto durará el tratado, es otro cantar». Perichon declara al mismo tiempo que, aunque las ciudades estaban tranquilas bajo el mando de los gobernadores de Artigas, la campaña en muchos lugares se hallaba perturbada y enloquecida por artigueños armados cuyos atropellos desordenados era imposible suprimir completamente.

Perichon me informó también que «Andrés Gómez, mi servidor» había salido de Corrientes el 21 de abril, siendo uno de los principales objetos de su viaje ayudarme al llegar al Paraguay, y que el 28 había llegado a la Bajada, completando en siete días el viaje aguas abajo que nos había tomado cincuenta aguas arriba.

Yo había dejado el bergantín, resuelto, si era posible, a seguir el mismo día al Paraguay ; y en esta decisión me afirmé a despecho de las reiteradas instancias de Perichon y de su bondadosa familia. Resistí aún a las miradas persuasivas de su bella cuñada, cuyos papelitos se habían convertido ahora en rizos negros, y quien me aseguró se celebraría aquella misma noche una agradable tertulia en casa del gobernador, donde, naturalmente, se me esperaba.

Después de almorzar, en compañía de Perichon visité al gobernador, el coronel Méndez, que me recibió amablemente. Me expresó su pesar de que no asistiese a su tertulia ; ordenó que se me extendiese pasaporte especial ; y me ofreció, aunque rehusé aceptar tal favor, dos hombres de su escolta hasta el Paso del Rey, límite de su provincia. Este Méndez era uno de los jefes más respetables de Artigas y recibí de sus manos muchas finezas, cuando, en período posterior, Corrientes se convirtió en nuestro cuartel general.

M. Perichon me procuró todo lo necesario para el viaje ; recado y sus accesorios, poncho, sombrero de paja, enormes espuelas, un par de pistolas, dos chifles llenos de aguardiente ; maletas que fueron henchidas de cosas buenas por madama Perichon ; los mejores caballos de posta y un guía de confianza llamado Jerónimo, para acompañarme hasta Neembucú.

El gobernador y varios caballeros correntinos habían sido invitados por Perichon para comer conmigo. Nos sentamos a la una y tuvimos una reunión agradabilísima. La honrada y bondadosa cara del gobernador Méndez, disipó todas mis antipatías artigueñas ; y llené una copa, con aplauso general de los comensales, por la alianza perpetua del Protector Artigas y el gobierno de Buenos Aires.

Cuando mi guía *don Jerónimo* llegó con los caballos, entró al comedor y fué uno de los nuestros, al parecer como la cosa más natural. Encontré que la gente del interior era completamente ajena al orgullo del rango. En el caso presente, a juzgar por la conversación en la mesa, os hubiera sido difícil decir quién era el gobernador de la provincia y quién el guía del accidental viajero.

Cerca de las cuatro partimos ; y entonces hubo tantos adioses cordiales y tantas cariñosas expresiones de pesar, que habríais imaginado que yo era nacido y criado en Corrientes, en vez de, como sucedía, conocido de pocas horas.

El Paso del Rey es el punto por donde los viajeros cruzan el Paraná que allí divide el Paraguay de la provincia de Corrientes. El paraje dista siete leguas de la ciudad de este nombre, y ansiaba en extremo cruzar aquella tarde, alimentando poquísimos deseos de pernoctar en la costa guardada por los artigueños. El campo, a veces es despejado y otras con arbolitos naturales desparramados, la mayor parte del género de las mimosas. Cuando uno se acerca a las márgenes del Paraná, sin embargo, los árboles menudean más hasta concluir en espesos, y en algunos sitios, impenetrables bosques.

Después de duro galope y al salir de uno de estos bosques, nos hallamos en las orillas del noble Paraná. Su anchura es allí como de dos millas y ninguna isla se interpone entre las dos márgenes. Vi que el lado paraguayo era tan boscoso como donde estabamos.

El sol se ponía rápidamente y las grandes aguas del majestuoso río se deslizaban en solemne silencio, y en no turbada magnificencia. Cuando vi distintamente desde la ribera elevada la poderosa corriente, y los silenciosos, obscuros e impenetrables bosques prolongándose en ambas orillas hasta donde alcanzaba mi vista, fuí tocado por un pavor respetuoso. La enormidad de la escena—lo profundo y lóbrego de la soledad—el silencio no interrumpido que reinaba por doquier—todos eran impresionantes, e igualmente calculados para levantar el alma desde la contemplación del espectáculo a la adoración del Dios de la Naturaleza.

Mis ensueños fueron disipados por Jerónimo que se sentía inquieto con nuestra situación.

Mientras galopábamos, él había hablado difusamente sobre los horrores de los artigueños y manifestado sus temores de encontrar algunos de ellos en el Paso del Rey. Luego, me dijo que debíamos dirigirnos a la choza del canoero—aunque temía que fuese demasiado tarde para cruzar ; y que en tal caso no veía nada mejor que volver inmediatamente a Corrientes.

El hecho es que don Jerónimo era un gran collón, no obstante las pistolas y el sable con que iba armado. Mientras continuaba vertiendo en mis oídos sus temores, llegamos a la choza y encontramos solamente un muchacho, quien interrogado por don Jerónimo, respondió que los dos canoeros estaban ausentes. Apenas habíamos recibido esta respuesta cuando oímos el galope de dos caballos y ruido de sables detrás de nosotros. Dimos vuelta (Jerónimo blanco como papel) y, en un momento, dos artigueños se apearon literalmente saltando de sus caballos y vinieron hacia nosotros a pie, arrastrando las vainas de acero de su sable, y haciendo sonar las enormes espuelas de hierro al caminar.

«Buena tarde, amigo», dije en el tono más amable dando vuelta en la montura hacia el primero que se aproximó. «Buena tarde».

«¿Quién es usted?», dijo el artigueño bruscamente; «¿dónde está su pasaporte?» Lo saqué. «Bien, bien», agregó, «venga con nosotros». Así diciendo, él y su compañero volvieron a montar y nos guiaron a una choza que, habiendo sido convertida en cuerpo de guardia, se hallaba a la vera del monte.

Estos dos artigueños eran realmente salvajes y de fiera apariencia. Sus barbas eran negras y espesas; sus cabellos colgaban densos y apelmazados, debajo de viejos quepíes; y sus ojos pequeños y negros miraban ceñudos, sombreados por cejas muy peludas. Sus chaquetillas azules, con vivos punzoes, usadísimas; sus camisas (que al parecer nunca habían sido lavadas) con los cuellos desprendidos, dejaban ver el pescuezo áspero y bronceado. Chaleco chillón, chiripá, calzoncillos anchos y bota de potro de que salían los dedos desnudos, completaban su indumentaria. Cada uno llevaba carabina en la mano y un largo cuchillo. evainado, en el cinto; mientras el sable colgaba al costado zangoloteando y haciendo ruido.

Mi amigo Jerónimo se acoquinó con el aspecto de estos mirmidones; y confieso que yo mismo estaba todo menos satisfecho de sus talantes. Pero yo tenía seguridad de que, haciendo valer oportunamente el pasaporte del gobernador, todo nos saldría bien.

Comencé por interrogar al que llevaba la voz, si ellos mismos no podrían pasarnos al otro lado, en ausencia de los canoeros. El artigueño intratable contestó que no era su obligación. «Pero entonces», dije, «aquí está un pasaporte especial de mi amigo el coronel Méndez y él me aseguró que encontraría toda la ayuda de ustedes en el paso.»

En esto llegamos a la guardia, donde encontramos dos hombres más. Tomaron el pasaporte y le dieron vuelta de todos lados porque ninguno sabía leer. Entonces me lo entregaron expresando su deseo de que lo leyese, como lo hice. Aquí, dejándonos de lado, se retiraron a la choza y empezaron a consultarse en voz baja.

Desde mi propuesta a los artigueños para que nos hicieran cruzar el río, Jerónimo estaba afiebrado; y cuando los vió entrar al rancho, no pudo ocultar más sus terrores; agarraba mi brazo casi convulsivamente, y tartamudeaba que estaban deliberando sobre la manera de matarnos.

«Montemos», decía, «montemos y volvamos a Corrientes. Si no lo hace, esté seguro que en medio del río nos fusilan y echan los cuerpos al agua.»

Reproché a mi conductor su cobardía y le dije que el peligro existía en su imaginación. «De cualquier modo», agregué, «cuando subamos a la canoa seremos iguales en número. Mantenga asida la culata de su pistola y, si ve cualquier indicio de juego sucio, esté pronto para actuar conmigo.»

Los artigueños salieron y creo que solamente habían consultado sobre cuánto sería el máximum que cobrarían por el pasaje. «No sabemos bogar bien», dijo el primer interlocutor, «pero si gusta, como es amigo del gobernador, haremos lo posible para llevarlo a la otra orilla. El gobernador sabe», continuó con sonrisa torva, «que apretamos mucho mejor el gatillo de la carabina que lo que podemos bogar en la canoa.»

Se desensillaron los caballos y los recados se pusieron en la canoa, en cuyo centro los artigueños tomaron sus puestos y sus palas. Jerónimo y yo subimos y nos sentamos a popa tirando los caballos mientran hacían pie, y luego teniéndolos de las riendas con la mano izquierda, cuando los animales nadaron a ambos costados de la embarcación. Exhortaba a Jerónimo con mis miradas, a no perder de vista los movimientos de los artigueños, y así nos lanzamos a la correntada del gran río.

Los artigueños, me imagino, nunca tuvieron intención de hacernos mal alguno ; pero torpes en el arte de oponerse a la corriente, la dejaron, poco a poco llevar 'la canoa a sotavento del paso opuesto, de modo que al llegar a la orilla, estábamos casi dos millas abajo del desembarcadero. Los artigueños, sin embargo, habían hecho lo mejor que pudieron. Pidieron dos pesos y cuando les di cuatro, tomaron la paga aumentada con la misma taciturnidad y la misma impavidez de rostro que habían mantenido durante todo mi trato con ellos. Jerónimo no se sintió seguro hasta que el último rumor de las palas alejándose, murió en sus oídos.

Con todo, solamente aquí nuestro peligro verdadero comenzaba. Las bandas del río, como he dicho, están cubiertas con ancha y enmarañada ceja de montes. Las sombras de la noche caían rápidamente en nuestro derredor y Jerónimo se apuraba para ensillar y entrar al bosque mientras viese todavía su camino para atravesar las confusas e intrincadas sendas. Tenía muchos recelos y pronto encontré que estábamos empeñados en una empresa difícil.

Teníamos que abrirnos sendas entre zarzas y acacias espinosas y matorrales de todo género. Esto lastimaba muchísimo nuestras piernas y los gajos no solamente nos rasguñaban la cara a cada vuelta, sino que nos impedían muchísimo adelantar. Los caballos estaban asustadizos e inquietos—Jerónimo se mostró confundido y perturbado,—invocó a todos los santos del almanaque,—hizo votos y promesas de misas y cirios a San Jerónimo en particular. Rebosaba en invocaciones a la Virgen María, bajo todas las advocaciones dadas por los devotos católicos. ¡ Nuestra Señora del Socorro nos ayude ; Santa María Purísima nos favorezca! ¡ Oh, siempre bendita Madre de Dios, ten piedad de nos! En medio de estas y mil otras exclamaciones, el pobre hombre continuaba echando atrás las ramas para que no me rasguñaran ; iba adelante y, en cuanto podía, me despejaba el camino. Todo fué en vano—la obscuridad aumentaba y Jerónimo finalmente exclamó con desesperación : «Nos perdemos, nos devorarán los tigres, apresurémonos a retroceder hasta la orilla del río.»

Retrocedimos a través de zarzas, y matorrales y árboles espinosos y llegamos a la ribera del plácido río bastante felizmente, aunque lacerados, en particular el pobre Jerónimo, que presentaba aspecto muy lastimoso. No obstante, dimos muchas gracias de corazón a la Virgen, cuando encontré que estábamos sobre la costa. Aquí descargué una pistola con un gran taco seco y Jerónimo inmediatamente comenzó a encender fuego. Mi experiencia a bordo del bergantín me había enseñado la necesidad de esta precaución. Quebramos y juntamos gajos y astillas y los amontonamos sobre el fogón. Luego lanzamos tizones encendidos entre los arbustos y removimos las chispas y llamas lo más alto que pudimos en el aire. Nuestros esfuerzos, que eran incesantes, no fueron de ningún modo malogrados. Media hora, o menos, después que nuestro fuego había encendido bien, oímos bramar un tigre a la distancia. Mi carne se estremeció, cuando otro gruñido, en otra dirección, dió prueba indudable de que estábamos rodeados por bestias feroces. A veces llegaban muy cerca de nosotros y luego su profundo bramido se introducía horriblemente preciso en mi oído, y bien podría haber espantado a un corazón más fuerte que el mío. Redoblamos nuestros esfuerzos con los haces de leña : nuestros caballos estaban listos y ensillados a la orilla del agua ; temblaban excesivamente cuando oian los tigres y parecían completamente conscientes de su peligrosa situación como nosotros lo estábamos de la nuestra. Nuestras pistolas estaban en el cinto y de cuando en cuando, enviábamos una bala a la espesura, como rechazo adicional sobre los animales salvajes que tanto y tan justamente temíamos.

Nunca pasé noche más penosa ; jamás la obscuridad me pareció más prolongada ; y nunca me sentí más verdaderamente agradecido a Dios, que cuando, a eso de las tres, los sonidos más débiles del bramido del tigre daban indicio de que se retiraban a sus guaridas, o de que buscaban otros parajes donde vagar en busca de presa.

No nos atrevimos a movernos hasta que clareó bien el día y, entonces, con la ausencia completa de peligro, el valor de Jerónimo revivió. He de hacerle justicia y decir que se mostró aún más solícito por mí que por él mismo, durante la noche. Ahora bromeaba sobre el aspecto calamitoso de nuestras caras con la luz del día ; pero agregaba que todo se arreglaría cuando llegáramos a casa de «su hermano el cura» de Ñeembucú. No era poco orgulloso de la sabiduría y habilidades de «mi hermano, el cura» y dividía su locuacidad humorística entre él y los tigres. Los artigueños entraban como accidental reminiscencia ; y ciertamente, seguía embelleciendo el tema de tal modo, como para hacer aparecer claramente al fin que éramos un par de héroes que habíamos hecho frente a los turcos y a los tigres con innegable coraje y bravura, y conquistado inmarcesibles laureles en ambas márgenes del Paraná.

Pronto y fácilmente con la luz del día dejamos atrás el bosque.

Cambiamos caballos en la posta y antes de mediodía nos acercamos a la cabaña realmente limpia de «mi hermano el cura» en la villa y puerto de Ñeembucú, bellamente situada, como se ha mencionado antes, sobre el Paraguay.

«Mi hermano el cura» era el pastor sencillo de un rebañito ingenuo y escuchó con admiración y congoja el relato grandilocuente que Jerónimo le hacía, como Falstaff, de nuestra terrible aventura. Entretanto, sus dos sirvientes se ocupaban en prepararnos la comida, que se puso a la mesa a las doce. Inmediatamente después, acepté de bonísima gana el valioso ofrecimiento de su lecho que me hizo el cura. Había estado treinta y seis horas sin dormir, pasando rápido de una escena de excitación a otra, de modo que mi cuerpo ahora sentía no poder sostenerse más sin «el dulce restaurador de la fatigada naturaleza, balsámico sueño.»

La sobreexcitación y fatiga excesivas, sin embargo, no procuran un sueño profundo. Aun el suave lecho y el fresco dormitorio del cura de Ñeembucú no me consiguieron un inmediato reposo. Primero me daba vueltas a un lado y otro ; y luego se me representaban las escenas que acababa de presenciar en forma de los más fantásticos y confusos sueños. Aquí veía a Perichon con cabello enrulado con papelitos, sentado sobre el lomo de un tigre y guiándolo para atacarme ; allí su bella cuñada con gorro de dormir sobre los rizos, valsaba con los parduscos artigueños. Ahora, estaba cortando la corriente del Paraná a caballo, con doña Pastora en ancas, exclamando : «Bahé picó !» Después estaba a bordo del bergantín, amarrado a un árbol, y mirando a Jerónimo ir aguas abajo sobre un camalote.

La exhausta naturaleza, tomando al fin el buen camino, estas visiones confusas gradualmente se disiparon y, a poco andar, me sumergí en profundo y tranquilo reposo.

Vuestro, etc.—W. P. R.

CARTA XLV

Al señor J. G.

Camino a la Asunción.

Londres, 1838

Cuando desperté no sabía adónde me encontraba. Estaba completamente a obscuras y tuve que trazar mi camino, paso a paso, desde el bergantín, para recordar que yacía sobre el lecho de «mi hermano el cura» de Ñeembucú.

Había dormido una siesta de siete horas. Cuando me levanté encontré al cura y Jerónimo sentados a la puerta de la cabañita, con mate y cigarros, disfrutando el fresco de la tarde. Eran cerca de las ocho, Jerónimo todavía hablaba de nuestras aventuras y justamente, cuando me uní a ellos, protestaba que por nada del mundo volvería a dejar Corrientes con un inglés—por la tarde.

El bueno y cortés cura—después lo conocí bien—me condujo sin dilación a visitar al comandante don José Joaquín López, que había esperado mucho tiempo mi arribo y que ahora me esperaba en su casa. Fuí recibido con la acostumbrada cordial consideración y se dispuso todo pasa seguir viaje la mañana siguiente.

Hay dos caminos de Ñeembucú a Asunción ; uno por las Misiones y el otro por las riberas del Paraguay —por la costa como dicen allá. La primera ruta es tortuosa, pero los caminos son comparativamente buenos. La distancia se llama ciento treinta leguas. El camino de la costa sólo mide como ochenta y cinco leguas, pero pasa a través de muchos esteros, pantanos y tierras inundadas. Estaba particularmente en mal estado a la sazón por la altura inusitada del Paraguay y las inundaciones consiguientes de los campos vecinos. El comandante me instó que tomase la ruta más larga ; pero la economía de cuarenta y cinco leguas me tentó a recorrer la otra ; y como la cosa podía hacerse, por la costa determiné ir.

El comandante eligió el mejor hombre que tenía a su servicio para acompañarme como guía y escolta en el camino. Era verdaderamente 'lindo y hermoso joven—bravo, inteligente, activo, aunque enteramente modesto y nada presuntuoso en su porte.

Tuve de veras una escena de despedida con mi bueno y sensible amigo Jerónimo, por la mañana. Consideré que era deber positivo, al pagarle su honorario, tener en cuenta los riesgos de vida que había corrido con artigueños y tigres, y aumentar el monto en la debida proporción. Jerónimo quedó agradecidísimo y volvió a Corrientes complacido en extremo con el resultado del viaje, que alguna vez estuvo a punto de tan desastroso fin.

El comandante, sencillo, honrado soldado, me entregó antes de partir una carta que no puedo menos de transcribir, escrita por un instruído personaje llamado Araujo, que ocupaba el puesto de secretario privado del comandante.

«*Villa del Pilar (Ñeembucú), 16 de mayo de 1814.*

»Mi estimado amigo : La presencia del portador, vuestro querido hermano, ha sido uno de los momentos más felices que el hado podría proporcionarme, desde que me ha permitido ofrecerle mis humildes servicios como lo he hecho ; pero siento el pesar al mismo tiempo de que no los haya aceptado enteramente como era mi deseo ; pues ruego creáis que yo hubiera sido su guía para proveer a su seguridad, que me interesa profundamente. Nada más necesita decirse por quien se cuenta entre el feliz número de vuestros amigos, que verdaderamente os estima en el grado más superlativo y que siempre besa vuestras manos.

José Joaquín López.»

Habiendo el comandante preparado los despachos para su excelencia el Cónsul de la república, me despedí de él, el 17, y eché a andar acompañado por mi nuevo guía Francisco.

Tuve muy pronto prueba práctica de lo atinado del capitán López al aconsejarme no tomar el camino elegido por mí. Habíamos avanzado solamente pocas leguas de Ñeembucú cuando nos encontramos con tierras cenagosas. Vadeábamos horas enteras lagunas que parecían interminables, o grandes charcos. Aquí y allí se veían albardones con chozas miserables. Costeábamos los bosques que se extienden a lo largo de las orillas del Paraguay, pero el río mismo nunca lo tuvimos a la vista.

A tres o cuatro leguas de distancia vinimos a los ahora hinchados y anchos ríos, aunque ordinariamente la mayor parte de ellos eran arroyuelos fácilmente vadeables. En estos casos teníamos que cruzarlos en balsa o pelota. La primera es medio fácil y seguro de pasar : la balsa consiste en dos canoas unidas y atadas una con otra. Pero la pelota es asunto inquietante. Consiste sencillamente en un cuero cuadrado, atado por las cuatro puntas formando una especie de saco. Se ponía nuestros recados en ella y luego me sentaba en cuclillas en el centro con órdenes de permanecer perfectamente inmóvil. Atando una soga de cuero a la pelota, Francisco se desnudaba, se echaba al río y mordiendo la cuerda, nadaba tirándome en la pelota hasta el otro lado.

Con grande esfuerzo y perseverancia hicimos diez y siete leguas el primer día y al caer la noche nos alojamos en un rancho miserable, siendo nuestro lecho el piso húmedo de barro. Dos tercios del día habíamos estado con el agua a la barriga del caballo y supe que viajaríamos de igual modo hasta Angostura, nueve leguas de Asunción.

El segundo día encontramos una laguna que no daba paso y donde no había ni balsa, ni pelota, ni barquero. Francisco retrocedió a galope un par de leguas y de la tolda de un carro que habíamos visto estacionado en uno de los albardones, cortó un pedazo de cuero, lo remojó, lo dobló en cuatro, y así me trajo bote bajo de su recado. Luego lo convirtió en pelota y aunque apenas me sostenía, crucé la laguna felizmente en este vehículo portátil.

Pasé así muchas lagunas ; pero al fin en una corriente algo rápida, topé con un remolino, se tumbó la pelota, y caí al agua y, con alguna dificultad, Francisco me sacó a la orilla. No quise fiarme más en la pelota : en adelante, cuando no había balsa, me desnudaba y atravesaba ríos y lagunas agarrado con una mano a las crines del caballo, y teniéndolo de la rienda con la otra.

De cuando en cuando salíamos de los esteros y entrábamos a los bosques naturales del país. Aun allí la tierra en muchos sitios estaba saturada de agua y el viaje en todas partes era cansador y trabajoso. Nunca pude andar más de diez y seis millas por día.

El segundo día, cuando acabamos de vadear uno de los esteros pestilentes y cubierto de mosquitos, Francisco, horrorizado, descubrió que la valija que traía a los tientos de su recado había desaparecido. En ella tenía mi dinero y estábamos en la *única* parte del Paraguay donde se necesita numerario para viajar. Francisco estaba *au désespoir*. No obstante, pensó que alguno de los enmarañados gajos del monte que habíamos pasado, debía haber hecho caer la valija. Volvió atrás, en consecuencia, a través del pantano, estero y río, mientras yo, sentado debajo de una palmera, esperé su retorno. Cuando él partió, mis vecinos más próximos eran tigres y leones de la selva, y no estaba sin mis temores de que alguno de ellos me hiciese una visita en donde había establecido mi morada transitoria.

En un par de horas, Francisco volvió con la valija que alzaba triunfante mientras vadeaba el estero ; y seguimos viaje. Cuando llegamos a la siguiente posta, Francisco, con aire serio y respetuoso, se dirigió a mí de este modo : «Patrón, cuando me volví a buscar su valija prometí a Nuestra Señora de Mercedes que, si me concedía encontrarla, encendería cuatro velas en el altar de la capilla que está como a tres leguas de este lugar y que haría decir una misa por las pobres ánimas del Purgatorio. Le suplico que se quede aquí en tanto que voy a cumplir mi promesa, y regreso con toda la premura posible.»

«Francisco», repliqué con la debida seriedad, «estoy muy satisfecho de observar el cuidado que pone para cumplir sus deberes religiosos; y me intereso tan vivamente en su propósito actual, que deseo sea transferido para cuando lleguemos a Asunción, y allí, en la catedral, se encenderán doce velas, se dirán tres misas y el mismo obispo sabrá que es en cumplimiento de las promesas suyas a Nuestra Señora de Mercedes.»

El honrado Francisco se opuso; ello era muy bueno—se sintió obligado a mí para siempre,—pero lo que yo proponía no era el cumplimiento de su promesa, que sólo en la capilla podía cumplirse. Francamente me opuse a esta terrible pérdida de tiempo. Francisco se apesadumbró y asombró de que yo me cuidase tan poco de la salvación de su alma; el resultado fué que me vi *obligado* a permanecer tres horas en la posta, mientras el escrupuloso y devoto Francisco concienzudamente cumplía sus deberes en la capilla.

Creo que hicimos una buena escapada de nuestra vida, el día siguiente. Estaba ansioso por partir muy temprano—con el alba,—pero Francisco se oponía seriamente, pues, inmediatamente de dejar la posta, teníamos que atravesar un monte donde hay siempre tigres hasta que el sol está arriba del horizonte. Mientras estábamos en la puerta del rancho, esperando que abriese más el día, cayó un aguacero y poco después seguimos nuestra jornada. Entramos al bosque y, en los mismos lindes, Francisco tranquilamente llamó mi atención sobre los rastros patentes de dos tigres, impresos donde había caído la lluvia. Estos enemigos deben haber cruzado nuestra senda un cuarto de hora antes de nosotros.

La parte de la república por donde iba es una angosta aunque marcada excepción del carácter general del país. La fertilidad, abundancia, hospitalidad, son sus grandes y prominentes rasgos en cualquier parte, menos en las tierras cenagosas que se extienden a lo largo del río Paraguay y en las dos *Botany bays* de Francia—Curuguaty y Tevego.

Los esteros de que hablo, por supuesto hacen el suelo estéril; y el país por donde pasaba es escasamente habitado por familias que derivan su desdichada y precaria subsistencia del corte de maderas en las márgenes del Paraguay. Son el desecho de la población y viven en sórdida pobreza. En los cuatro días que viajé, ni una vez me desvestí; y dos días enteros nos alimentamos con el maíz duro que se da a los caballos y con maní, nuez seca e insípida, producto de un árbol que crece por todo en aquella porción del interior. Los hombres eran rudos de maneras y semisalvajes en su aspecto. La pobreza y suciedad con una brutal especie de apatía en los moradores, eran las características de todos los miserables ranchos a que entré.

Escasa como era la población, en esta pequeña mancha del Paraguay, muchos de los infelices habitantes habían sido forzados por la magnitud desusada de las inundaciones y el hambre consiguiente a refugiarse en las tierras altas, donde siempre eran hospitalariamente recibidos y cuidados por sus más prósperos y ricos paisanos. Sin embargo, sólo el hambre hace salir a los «costeros» de sus miserables albardones a las asoleadas y exuberantes tierras altas que tienen cerca; y tan luego como las aguas se retiran lo bastante para permitirles hacerse de nuevo cortadores de madera, vuelven a su acostumbrado modo de vivir.

En las primeras horas de la tarde del cuarto día, abandonamos al fin las tierras cenagosas y llegamos al terreno alto de Angostura—un paso estrecho del río. Aquí apareció a la vista el Paraguay por la primera vez desde que salí de Ñeembucú. Corre rápidamente por Angostura en medio de una profusión del más rico paisaje boscoso. Un poco arriba el noble Pilcomayo vacía sus abundantes aguas tributarias en el Paraguay y éste es también aumentado por numerosos afluentes menores. Corre hasta que el celebrado Bermejo, un poco abajo del Ñeembucú, entrega enorme caudal de agua al río padre, que éste lleva a Corrientes. Allí pierde su nombre y se confunde con el Paraná. Aquí también o un poco más arriba, en escala de la más espléndida magnificencia, tiene lugar la unión del Paraguay y el Paraná.

El país, desde Angostura a Asunción, después de lo que había visto y sufrido en los esteros, me pareció nada menos que el paraíso terrenal. Pero ya se os ha descripto antes : galopé hasta que vinimos a las profundas y umbrosas sendas que forman los accesos a la ciudad ; y el veinte de Mayo, nueve meses después de mi salida de Portsmouth, nos dimos las manos con mi hermano en Asunción, y así concluí mi larga y accidentada jornada. Vuestro, etc., W. P. R.

FIN